CASAMENTO *sagrado*

editora
ESPERANÇA
para uma vida melhor

Gary Thomas

Casamento sagrado

E se o objetivo de Deus para o casamento, mais do que nos fazer felizes, for nos tornar santos?

2ª edição

Tradução: Mariângela Antonella Chirico França Oliveira

Curitiba
2022

editora Esperança
para uma vida melhor

Gary Thomas
Casamento Sagrado
E se o objetivo de Deus para o casamento, mais do que nos fazer felizes, for nos tornar santos?

Coordenação editorial: Claudio Beckert Jr.
Tradução: Mariângela Antonella Chirico França Oliveira
Revisão: Josiane Zanon Moreschi
Edição: Sandro Bier
Capa: Endrik Silva
Diagramação: Josiane Zanon Moreschi

Dados Internacionais de Catalogação na Publicação (CIP)
(Câmara Brasileira do Livro, SP, Brasil)

Thomas, Gary

Casamento sagrado : e se o objetivo de Deus para o casamento, mais do que nos fazer felizes, for nos tornar santos? / Gary Thomas ; tradução Mariângela Antonella Chirico França Oliveira. -- 2. ed. -- Curitiba, PR : Editora Evangélica Esperança, 2022.

Título original: Sacred marriage.
Bibliografia
ISBN 978-65-87285-93-1

1. Casamento - Aspectos religiosos - Cristianismo 2. Cônjuges - Vida religiosa - Cristianismo 3. Vida espiritual - Cristianismo
I. Título

13-12027 CDD-248.4

Índices para catálogo sistemático:

1. Casamento : Aspectos religiosos : Cristianismo 248.4

As citações bíblicas foram extraídas da Bíblia de Estudo NVI, Editora Vida (2003).

Editora Evangélica Esperança
Rua Aviador Vicente Wolski, 353 - Bacacheri
CEP 82510-420 - Curitiba - PR
Fone: (41) 3022-3390
comercial@esperanca-editora.com.br
www.editoraesperanca.com.br

editora ESPERANÇA para uma vida melhor

ASEC Associação de Editores Cristãos

Para Lisa

Agradecimentos

Em primeiro lugar, gostaria de agradecer a todos os que contribuíram com suas histórias para a realização desse projeto. Em razão de alguns de vocês desejarem se manter anônimos por motivos pessoais e os advogados da editora desejarem manter os outros anônimos pelos motivos deles, não posso agradecer a cada um de vocês individualmente, mas sou profundamente grato.

Fui muito bem servido pela Editora Zondervan ao escrever este livro. John Sloan fez um trabalho maravilhoso mantendo-o dentro do objetivo proposto e bem estruturado. Dirk Buursma me ofereceu as experiências de cópia e edição mais satisfatórias que eu já tive. Agradeço muito sua capacidade de me dirigir na busca de uma palavra mais precisa e sua determinação de, ainda assim, preservar minha voz. O diretor de Marketing John Topliff também tem sido um tremendo incentivo.

Gostaria também de agradecer a Scott Waxman, meu agente, por me apresentar à Zondervan; Rob e Jill Takemura, por sua amizade – tanto prática quanto espiritual (não sei como Lisa e eu conseguíamos viver quando não morávamos a meia quadra de vocês); Dr. Bob Stone, meu pastor, cujo encorajamento e ensino continuam a me inspirar e desafiar; Carolyn McCulley do Sovereign Grace Ministries[1], cujas orientações, indicações e amizade são grandemente apreciadas; Gene Breitenbach, por seus comentários úteis e paciência com um escritor sem noção de tecnologia, para que eu sobrevivesse em um mundo dominado pela internet; e a meus filhos Allison, Graham e Kelsey, pelas risadas, pelos abraços, orações e comentários que iluminam minha vida (e por permitir que algumas de suas histórias divirtam os outros).

Finalmente, esse livro tem sido vivido por uma mulher além de qualquer comparação. Eu a testei e fui testado por ela; pequei contra ela e busquei seu perdão; ri e chorei com ela, orei com ela e tive filhos com ela. Lisa, amo você mais e mais a cada dia. Não posso imaginar a vida sem você. Obrigado por compartilhar essa vida comigo. Sua personalidade trouxe festa ao nosso casamento, sua fé o tornou sagrado. Você é um verdadeiro tesouro.

---

1 Ministério fundado em 1982 na Covenant Life Church em Gaithersburg, Maryland. O nome originalmente era People of Destiny International (PDI), mas mudou para Sovereign Grace Ministries em 2003. (N. de Revisão)

Sumário

I

O MAIOR DESAFIO DO MUNDO

UM CHAMADO À SANTIDADE, MAIS DO QUE À FELICIDADE

De qualquer forma, se case. Se você tiver uma boa esposa, será um homem feliz. Se tiver uma esposa ruim, será um filósofo.

— Sócrates

Como tudo aquilo que não é o resultado involuntário de emoção fugaz, mas criação do tempo e da vontade, qualquer casamento, feliz ou infeliz, é infinilamente mais interessante do que qualquer romance, ainda que apaixonado.

— W. H. Auden

Vou abri-lo.

Os historiados não têm certeza de quem foi o primeiro médico a ter essa ideia, mas a prática revolucionou a medicina. A vontade de abrir um cadáver, retirar a pele, arrancar o escalpo de um crânio, retirar a carne até chegar aos ossos e remover, examinar e catalogar os órgãos internos foi o primeiro passo crucial para descobrir como realmente funciona o corpo humano.

Por milhares de anos, os médicos fizeram especulações a esse respeito, mas havia uma relutância, e até certa aversão, em dissecar um corpo de fato. Alguns recusaram por motivos religiosos, outros simplesmente não conseguiam vencer o temor supersticioso de cortar uma caixa torácica humana. Embora ocasionais almas corajosas se aventurassem a remexer dentro de um corpo morto, foi apenas no período da Renascença (mais ou menos entre os séculos 14 e 16) que os médicos europeus começaram a abrir as pessoas.

Quando o fizeram, os antigos conceitos equivocados caíram por terra. No século 16, Andreas Vesalius recebeu um grande suprimento de cadáveres de criminosos, permitindo que contradissesse definitivamente pressuposições a respeito da anatomia humana que permaneceram inquestionáveis por mil anos ou mais. Os desenhos de anatomia de Vesalius tornaram-se documentos de valor inestimável, mas ele não poderia tê-los desenhado a menos que, em primeiro lugar, estivesse disposto a abrir um corpo.

Quero fazer uma coisa semelhante nesse livro, mas com um toque espiritual. Abriremos inúmeros casamentos, vamos dissecá-los, descobrir o que está acontecendo de verdade e então estudar como podemos obter significado espiritual, profundidade e crescimento a partir dos desafios que estão encerrados lá dentro. Não estamos em busca de respostas simples: três passos para uma comunicação mais íntima, seis passos para uma vida amorosa mais excitante – porque este não é um livro que procura dizer a você como ter um casamento mais feliz. Este é um livro que indica como podemos usar esses desafios, alegrias, lutas e celebrações do casamento para chegarmos mais perto de Deus e desenvolvermos o caráter cristão.

Este é um livro que indica como podemos usar esses desafios, alegrias, lutas e celebrações do casamento para chegarmos mais perto de Deus e desenvolvermos o caráter cristão.

Estamos em busca daquilo que o grande escritor cristão, Francisco de Sales, escreveu no século 17. Por ser um extraordinário mentor espiritual, as pessoas muitas vezes se correspondiam com ele compartilhando suas preocupações espirituais. Uma mulher escreveu em grande desespero, arrasada porque desejava muito casar-se e uma amiga a estava encorajando a permanecer solteira, insistindo que cuidar de seu pai e se devotar a Deus como celibatária depois da morte dele seria uma atitude "mais santa".

Francisco de Sales aquietou a atribulada jovem dizendo que, além de ser um compromisso, em certo sentido o casamento poderia ser o mais difícil ministério que ela poderia assumir. "O estado do matrimônio é o que exige mais virtude e constância do que qualquer outro", escreveu. "É um perpétuo exercício de mortificação... A despeito do sumo amargo dessa planta, você poderá fabricar o mel de uma vida santa".[2]

E se Deus tiver projetado o casamento para nos tornar santos, mais do que nos fazer felizes?

Veja que Sales fala da "natureza ocasionalmente amarga" do "sumo" do casamento. Para se beneficiar espiritualmente do casamento temos que ser honestos. Temos que olhar para nossos desapontamentos, assumir nossas atitudes ruins e confrontar nosso egoísmo. Precisamos também nos livrar da noção de que as dificuldades no casamento podem ser vencidas se apenas orarmos mais e aprendermos uns poucos princípios simples. A maioria de nós já descobriu que esses "passos simples" funcionam somente em um nível superficial. Por quê? Porque há uma questão mais profunda, que vai além do "como podemos melhorar" nosso casamento, que precisa ser abordada: E se Deus não tiver criado o casamento para ser "mais fácil"? E se Deus tivesse em mente um fim que fosse além da nossa felicidade, do nosso conforto e do nosso desejo de ser realizado e feliz como se o mundo fosse um lugar perfeito?

E se Deus tiver projetado o casamento para nos tornar santos, mais do que nos fazer felizes? E se, como Francisco de Sales sugere, devêssemos aceitar o "sumo amargo" porque dele podemos aprender a extrair os recursos de que necessitamos para fabricar "o mel de uma vida santa"?

2 Francis de Sales, *Thy Will Be Done: Letters to Persons in the World* (Manchester, N. H. : Sophia Institute, 1995), 42.

O truque do romantismo

Se isso parece uma visão de casamento radicalmente diferente, é importante lembrar que o próprio conceito de "amor romântico", tão celebrado nos filmes, canções e livros de bolso baratos, era desconhecido em tempos antigos. Houve exceções – basta lermos o livro Cântico dos Cânticos, por exemplo – mas tomado como um todo, o conceito de que o casamento deveria envolver paixão, satisfação e excitação é um desenvolvimento relativamente recente na história humana, fazendo sua entrada popular perto do final do século onze.[3]

C. S. Lewis, cujo casamento com uma mulher doente foi visto como "estranho" por muitos de seus contemporâneos, explicou que mudanças tão monumentais no pensamento cultural, como o desenvolvimento do amor romântico, são "muito raras, há talvez três ou quatro casos, mas creio que elas ocorrem e que ele [o amor romântico] é uma delas".[4]

Isso não é uma sugestão de que o romance em si ou o anseio por mais romance seja necessariamente uma coisa ruim; os bons casamentos se esforçam para preservar um senso de romance. Mas a ideia de que o casamento possa sobreviver só de romance, ou que sentimentos românticos sejam mais importantes do que qualquer outra consideração na escolha de um cônjuge, tem afundado muitos navios conjugais.

O romantismo ganhou uma grande força com os poetas românticos do século 18, como Wordsworth, Coleridge e Blake, seguidos por seus sucessores literários Byron, Shelley e Keats. Esses poetas argumentavam apaixonadamente que era um crime contra si mesmo alguém casar-se por qualquer outra razão que não fosse o "amor" (o que era amplamente definido por sentimentos e emoções), e as vidas de muitos deles foram paródias de irresponsabilidade e tragédia.

Um dos escritores que adotou essa noção romântica com fervor foi o sensual novelista D. H. Lawrence cujo lema era "Com o dever e com a obrigação não terei nada a ver!". Lawrence apaixonou-se por Frieda Weekley, uma mulher casada, e procurou afastá-la de seu marido, como o

3 Derrick Sherwin Bailey, *The Mystery of Love and Marriage: A Study in the Theology of Sexual Relations* (Nova Iorque: Harper and Brothers, 1952), 4.

4 C. S. Lewis, *Alegoria do amor: Um estudo da tradição medieval* (São Paulo: É Realizações, 2012).

seu "amor" exigia que fizesse. Como parte de seus desígnios nada nobres, Lawrence enviou a Frieda um bilhete, afirmando que ela era a mulher mais maravilhosa de toda a Inglaterra.

Sendo uma mulher casada, mãe de três filhos, e tendo já passado por dois casos extraconjugais, a senhora Weekly acabou com os sentimentos de Lawrence e respondeu friamente que era óbvio que ele não conhecia muitas mulheres inglesas.[5]

Anteriormente nesse século Katherine Anne Porter lamentou como o "amor romântico infiltrou-se no leito conjugal, muito furtivamente, por séculos, trazendo suas noções absurdas sobre o amor como uma eterna primavera e o casamento como uma aventura pessoal destinada a produzir felicidade pessoal". A realidade da condição humana é tal que, de acordo com Portman (e eu concordo), devemos "resgatar nossos fragmentos de felicidade" dos inevitáveis sofrimentos da vida.

Em sua surpreendente e perspicaz dissertação sobre o casamento escrita nos anos 40 (curiosamente intitulada "O inimigo necessário"), Porter cuidadosamente explora os altos e baixos do casamento fazendo as seguintes observações sobre uma jovem noiva:

> Essa jovem contemporânea se vê enfrentando o mais antigo e mais terrível dilema do casamento. Ela está consternada, horrorizada, cheia de culpa e pressentimentos porque está descobrindo, pouco a pouco, que é capaz de odiar seu marido a quem ela ama fielmente. Às vezes ela pode odiá-lo tão feroz e misteriosamente quanto odiou seus pais, seus irmãos e irmãs, a quem ela ama, quando era criança...
>
> Ela pensou que tinha superado tudo isso, mas ali estava novamente, um elemento em sua própria natureza que ela não podia controlar ou temia não poder. Ela teria que esconder de seu marido, se conseguisse, a mesma mancha em seus sentimentos que ela tinha ocultado de seus pais, e pela mesma razão, sem dúvida alguma vergonhosa e egoísta: ela quer manter seu amor.
>
> Acima de tudo, ela quer que ele esteja absolutamente confiante de que ela o ama, porque essa é a verdade, não importa o quão insensato isso pareça e não importa como seus próprios sentimentos traiam os dois em alguns momentos. Ela depende desesperadamente do amor dele.

Com apenas uma visão romântica do casamento para se apoiar, Porter adverte, uma jovem pode "perder sua paz de espírito. Ela teme que

5 Mais tarde, porém, Frieda de fato deixou seu marido e filhos por Lawrence. Esse relato e vários outros casamentos literários são citados no livro de John Tytell, *Passionate Lives* (Nova Iorque: Birch Lane, 1991).

seu casamento fracasse porque [...] às vezes ela sente uma dolorosa hostilidade em relação a seu marido, mas não pode admitir sua existência porque admiti-la estragaria, aos seus próprios olhos, sua visão do que o amor deveria ser".[6]

O amor romântico não consegue resistir a isso. Nunca pode ser esticado, simplesmente se despedaça. O amor maduro, o tipo necessário para se obter um bom casamento, deve ser esticado, pois a condição humana pecaminosa é tal que todos nós carregamos emoções contraditórias. "Seu ódio é real, assim como seu amor é real", diz Porter a respeito da jovem noiva. Essa é a realidade do coração humano, a inevitabilidade de duas pessoas pecadoras se comprometendo a viverem juntas, com todas as suas falhas, para o resto de suas vidas.

O amor romântico não consegue resistir a isso. Nunca pode ser esticado, simplesmente se despedaça.

Um casamento exige o melhor e o mais elevado de nossos ideais. De fato, exige quase o impossível. É a maneira pela qual queremos viver. No entanto, o casamento nos relembra da realidade diária de viver como seres humanos pecadores em um mundo radicalmente falido. Aspiramos por amor, mas muito frequentemente caímos no ódio.

Qualquer visão madura e espiritualmente sensível de casamento deve ser construída sobre o fundamento do amor maduro, e não do romantismo, mas isso imediatamente nos lança em uma busca contracultural.

Um casamento exige o melhor e o mais elevado de nossos ideais. De fato, exige quase o impossível.

Em seu clássico *Cartas de um diabo a seu aprendiz,* C. S. Lewis satiricamente ridiculariza nossa obsessão cultural pelo romantismo. No livro, o demônio Screwtape se gaba: "Os humanos que não possuem o dom da abstinência sexual podem ser dissuadidos de buscar o matrimônio como solução porque não se encontram 'apaixonados' e,

6 Katherine Anne Porter, "The Necessary Enemy", In: *The Collected Essays and Ocasional Writings of Katherine Anne Porter* (Nova Iorque: Delacorte, 1970), 182-84.

graças a nós, a ideia de casar-se por qualquer outro motivo lhes parece baixa e cínica. Sim, eles pensam isso. Eles consideram a intenção de lealdade a uma parceria de ajuda mútua, para a preservação da castidade e para a transmissão da vida, como algo menor do que uma torrente de emoções".[7]

Creio que a maioria de nós que esteja casado por um período substancial de tempo sabe que a montanha-russa romântica do namoro parece uma estrada da região centro-oeste: longa e plana com uma ocasional elevação. Quando isso acontece, os casais reagem de formas diferentes. Muitos terminam seu relacionamento e tentam recriar o romance apaixonado com outra pessoa. Outros caem em um tipo de guerra civil conjugal, um jogo de poder passivo-agressivo no qual cada parceiro culpa o outro pela insatisfação pessoal ou falta de entusiasmo. Alguns casais decidem simplesmente "ir levando". Outros podem optar por buscar um significado mais profundo, uma verdade espiritual oculta na forçada intimidade da situação conjugal.

Podemos fugir dos desafios do casamento – como os médicos faziam com o corpo humano, recusando-se a cortar os cadáveres para ver o que realmente estava acontecendo – ou podemos admitir que todos os casamentos apresentam esses desafios, e isso exige que os enfrentemos com coragem. Se descobrirmos que os mesmos tipos de problemas são encarados por todos os casamentos, poderíamos supor que Deus tem um propósito nesse desafio que transcende algo tão ilusório como a felicidade.

A montanha-russa romântica do namoro parece uma estrada da região centro-oeste.

Este livro busca esse propósito – como podemos descobrir, nos desafios do casamento, as oportunidades de aprender mais a respeito de Deus, crescer em nossa compreensão dele e aprender a amá-lo mais?

Vários casais abriram suas vidas para nós neste livro, então acho justo que eu permita que meu casamento seja dissecado primeiro.

7 C. S. Lewis, *Cartas de um diabo a seu aprendiz*, 2ª ed (São Paulo Martins Fontes, 2009).

Um noivado inesperado

Lisa e eu muitas vezes nos perguntamos o que teria acontecido se ela tivesse dito "sim".

Durante uma tarde livre de um retiro do ministério com universitários, quando ainda estávamos namorando, pedi a ela que se juntasse a nós para uma rodada de frisbee.

"Não", ela disse. "Acho que vou dar um passeio".

Ela havia retornado recentemente de uma viagem missionária de verão ao México, e esse retiro deveria ser um tempo no qual poderíamos nos reconectar. Nos conhecíamos desde a oitava série, estávamos namorando por quase um ano e nosso namoro estava ficando "sério". Sem que Lisa soubesse, eu havia pedido a meu melhor amigo Rob Takemura para começar a orar sobre se eu deveria pedi-la em casamento. Sem que eu soubesse, Lisa e sua mãe tinham passado o sábado anterior vendo vestidos de noiva, "para o caso" de ela precisar de um.

Um pouco frustrado por Lisa não estar cooperando, eu disse: "Está bem. Então também não vou".

"Pode ir", disse Lisa. "Eu não me importo de caminhar sozinha".

"Não, eu vou com você". Eu disse. Nenhum de nós, naquele momento, sabia, mas essa pequena mudança de planos mudaria nossas vidas.

Andamos junto à margem do rio, nos sentamos em um vale deslumbrante junto ao Glacier National Park e conversamos por quarenta e cinco minutos. De repente, parei de correr os olhos pelas rochas e, praticamente do nada, disse a ela: "Eu quero me casar com você".

Lisa ficou de boca aberta.

"Isso é um pedido de casamento?" perguntou ela, surpresa.

Balancei a cabeça afirmativamente, tão surpreso quanto ela. Lisa se aproximou e me abraçou.

"Isso é um sim?", perguntei, e ela balançou a cabeça afirmativamente.

"Puxa", disse ela após um breve momento. "Imagine se eu tivesse ido jogar frisbee."

Rimos disso e então experimentei um dos momentos mais emocionalmente intensos que eu já vivera. Havia uma estranha e quase mística comunhão de almas. Algo estava acontecendo dentro de nós, ao nosso redor e através de nós que excedia qualquer conexão física. De certo modo, foi mais profundo, mais significativo e mais maravilhoso do que qualquer coisa que eu já tinha experimentado.

Pelos nove meses seguintes fizemos planos, como qualquer outro casal de noivos. Falamos de missões, família, seminário, servir a Deus – tudo. Foi um período intenso e sempre orávamos: "Senhor, aonde quer que tu nos leves, da maneira que quiseres nos usar, somos teus".

Nunca dormimos juntos até nossa noite de núpcias, portanto nossa lua de mel foi uma experiência inebriante. Assim que terminou, porém, a realidade imediatamente se instalou como um denso nevoeiro de Seattle.

Eu estava planejando poupar dinheiro para pagar o seminário, então passamos nossos primeiros meses morando em uma casa bem pequena, cedida por um amigo da família. Fui trabalhar dois dias depois que chegamos. Lisa viu-se encalhada em uma pequena comunidade, no meio do nada e começou a chorar.

Era um dia ensolarado, então ela me ligou no trabalho e perguntou se eu poderia chegar mais cedo para irmos de carro até um lago. Eu pensei que ela estivesse ficado maluca. "Eu não posso sair do trabalho só porque o tempo está bom!" protestei. "Além disso, acabei de começar a trabalhar!"

"Para que serve um casamento se eu te vejo menos do que quando éramos noivos?", ela reclamou.

Para que serve um casamento se eu te vejo menos do que quando éramos noivos?

De fato, para que servia?

Avance dez anos. Temos três filhos pequenos, dois deles ainda usam fraldas. Estou trabalhando para um ministério cristão e ainda estamos "tentando chegar lá" financeiramente, entocados em uma casa geminada no norte da Virgínia. Estamos nos preparando para iniciar nosso ritual de sexta feira – lavar as roupas e assistir um vídeo.

Quando foi que o "por favor, Senhor, mude o mundo através de nossas vidas" de repente se transformou em "vamos ver Arnold Schwarzenegger ou Julia Roberts?"

"O que você quer assistir?", perguntei enquanto pegava minhas chaves e saía.

"Que tal uma comédia romântica?", Lisa respondeu.

Então me encolhi todo. Os três últimos vídeos que assistimos foram comédias românticas. Se eu tivesse que ver mais um impossivelmente lindo casal se encontrar sob circunstâncias extremamente improváveis, se apaixonar, brigar e então passar sessenta minutos se apaixonando novamente eu achei que ia morrer.

Suspirei, me virei e olhei para Lisa. "Desculpe-me", disse. "Eu simplesmente não aguento. Tenho que ver pelo menos um prédio explodir e uma batida de carro. Se eu encontrar alguma coisa que tenha um pouco de romance junto, vou ver o que posso fazer".

Dei três passos para fora da porta e então pensei comigo: "Quando foi que o 'por favor, Senhor, mude o mundo através de nossas vidas' de repente se transformou em 'vamos ver Arnold Schwarzenegger ou Julia Roberts?' " Eu não me lembrava de nenhum desvio na estrada nem sinais luminosos apontando naquela direção, mas de alguma forma, em algum lugar, isso aconteceu.

Lembro-me da intensidade da noite em que ficamos noivos; da alegre exploração de nossa lua de mel; do preenchimento de nossa inscrição preliminar para a organização missionária; de trazer nosso primeiro filho para casa – mas agora, dez anos depois, "evoluímos" para o estágio de passar as noites de sexta-feira assistindo outras pessoas se apaixonarem de acordo com as maquinações de um roteiro de Hollywood.

Naquela noite não obtive nenhuma resposta, mas dar uma olhada honesta na minha situação definitivamente serviu para me acordar. O que era esse negócio chamado casamento? Como é que eu acabei aqui? Será que não havia nenhum outro propósito além disso?

"É bom que o homem não toque em mulher"

Tornei-me cristão ainda muito jovem. Para falar a verdade, quase não consigo me lembrar de um momento em que Deus não fosse uma presença ativa e consciente em minha vida. Por isso, me senti atraído por Jesus logo cedo. No entanto, fui atraído não só por Jesus. Também me lembro de me sentir atraído por garotas. Tive uma grande paixão por uma garota de cabelos castanhos no jardim da infância! A primeira vez que eu andei de mãos dadas com uma menina foi na quinta série. Eu e Tina deslizávamos pela pista de patinação e nós dois ficamos ruborizados enquanto a música dos Carpenters nos decrevia muito bem: "Estou no topo do mundo". Com certeza era exatamente assim que estávamos nos sentindo!

O que era esse negócio chamado casamento? Será que não havia nenhum outro propósito além disso?

Quando cresci, esses dois movimentos – em direção a Jesus e em direção às mulheres – algumas vezes criavam uma tensão desconfortável. O homem que eu mais admirava, a única pessoa na qual eu queria moldar minha vida e a quem eu queria expressar o meu compromisso era solteiro.

Tanto quanto me recordo, sempre tive plena consciência da antiga tradição do celibato – monges e freiras que dedicaram suas vidas a Deus comprometendo-se a abster-se do casamento e do sexo. Parte de mim desejava abraçar isso. Eu queria me entregar completamente a Cristo e, na faculdade, lutava com as palavras do apóstolo Paulo: É bom que o homem não toque em mulher (1Co 7.1).[8]

De fato, houve muitos períodos da história cristã que, extraoficialmente (e às vezes abertamente), consideravam os cristãos casados como "cristãos de segunda classe" que comprometiam sua integridade ou eram fracos demais para conter seus impulsos sexuais. Agostinho pensou estar

---

8 Entendo que, nesse versículo, Paulo está provavelmente repetindo uma frase proferida pelos coríntios – mas este não é lugar para se entrar em complexidades da língua grega ou da estrutura da sentença. O comentário de Gordon Fee sobre 1 Coríntios no *New International Commentary on the New Testament* (Novo comentário internacional sobre o Novo testamento) (Grand Rapids: Eerdmans, 1994) é a interpretação a mais completa e bem argumentada que eu já li.

sendo indulgente quando escreveu, referindo-se ao intento de procriar, que "o intercurso conjugal tira alguma coisa boa do mal da luxúria".[9] Ainda que as Escrituras sejam confiáveis, e mesmo infalíveis, a história cristã não o é, e preconceitos infundados realmente existem.

Não há dúvida de que o "primeiro papa", Pedro, era casado. (Jesus não poderia ter curado sua sogra se Pedro não tivesse uma esposa!). No entanto, há também evidência nas escrituras (1Tm 5.9-12) de que durante o primeiro século as viúvas já estavam fazendo votos de celibato. Em 110 d.C. os celibatários podiam fazer votos que se espelhavam nos votos matrimoniais. Isso se tornou um pouco mais institucionalizado, até que no século 3 os votos vitalícios de celibato não eram incomuns. No quarto século esses votos eram comemorados com uma celebração litúrgica completa.[10]

Houve muitos períodos da história cristã que, extraoficialmente, consideravam os cristãos casados como "cristãos de segunda classe" que comprometiam sua integridade.

Embora o cristianismo tenha nascido do judaísmo, uma religião que considerava o casamento uma obrigação religiosa (certo rabino sugeriu que um homem que não se casa não pode ser considerado um homem completo[11]), não demorou muito para que os cristãos casados fossem apenas a segunda opção durante os séculos de redação da "teologia espiritual" (estudando como os cristãos crescem na fé, aprendem a orar e chegam mais perto de Deus). A maior parte dos clássicos cristãos foi escrita por monges e freiras para monges e freiras. Os casados poderiam, na melhor das hipóteses, fazer uma débil tentativa de simular uma busca pessoal de Deus. A ideia de buscar Deus *através* do casamento não foi seriamente considerada; pelo contrário, a ênfase era amplamente colocada em buscar Deus *apesar* do casamento.

9 De "Goods of Marriage" citado em Evelyn Eaton Whitehead e James D. Whitehead, *A Sense of Sexuality: Christian Love and Intimacy* (Uma percepção da sexualidade: amor cristão e intimidade) (Nova Iorque: Dobleday, 1989), 100.

10 Mary Anne McPherson Oliver, *Conjugal Spirituality: The Primacy of Mutual Love in Christian Tradition* (Espiritualidade conjugal: a primazia do amor mútuo na tradição cristã) (Kansas City: Sheed e Ward, 1994), 12.

11 Citado em Oliver, *Conjugal Spirituality*, 12

Levei um pouco dessa bagagem para o meu relacionamento, mas em pouco tempo meus olhos foram abertos a uma realidade diferente. Lembro-me de responder algumas perguntas que meu irmão me fez sobre como era o casamento. Pensei por um momento e disse: "Se você quiser ser livre para servir a Jesus, não há dúvida – fique solteiro. O casamento exige muito tempo. Mas se você quiser ser mais parecido com Jesus, não posso imaginar coisa melhor do que se casar. Ser casado força você a encarar certos problemas de caráter que de outra forma você não enfrentaria".

Jesus, é claro, foi celibatário por toda a sua vida. Por isso, de certa forma, é irônico sugerir que o casamento seja o melhor caminho para se tornar como ele. No entanto, Jesus viveu em uma família e, como Betsy Ricucci argumenta, isso foi tudo o que ele havia feito quando o Pai proclamou: *Este é o meu Filho amado, em quem me agrado* (Mt 3.17). O que Jesus fez para receber esse elogio? Nada a não ser viver em sua casa, honrar seus pais e servir na carpintaria de seu pai. Aparentemente, isso foi o suficiente para agradar a Deus."[12]

A vida familiar não é uma fuga de nossas responsabilidades e, depois que você já está casado há algum tempo, compreende que a ênfase sobre as lutas do celibato é um pouco exagerada. Considerando todas as coisas, o aspecto sexual representa apenas uma fração do tempo da vida do casal. Eu fui o primeiro em meu grupo de amigos a me casar e lembro que um deles me perguntou se ainda poderia "aparecer" em minha casa sem avisar com antecedência.

"É melhor você telefonar primeiro", eu disse solenemente para captar sua atenção. "Os casados andam pelados o dia inteiro, sabe."

Por um segundo, quase o enganei!

A verdadeira obra transformadora do casamento é o compromisso vinte e quatro horas por dia, sete dias por semana. Esse é o ponto crucial que nos afia e nos molda no caráter de Jesus Cristo. Em vez de levantar às 3 da manhã para orar em um mosteiro, a questão se torna: "Quem vai levantar para trocar a fralda do bebê?"

12 Gary e Betsy Ricucci, *Love That Lasts: Making a Magnificent Marriage* (Gaithersburg, Md.: PDI Communications, 1993), 95.

O casamento nos chama a uma vida inteiramente nova e altruísta. Esse pensamento me ocorreu há alguns anos, quando Lisa e as crianças estavam viajando e eu tive que ficar em casa e trabalhar. Pela primeira vez teria um sábado livre. Desde quando eu conseguia me lembrar, acordava nos finais de semana e decidia com Lisa o que a família iria fazer. Eu quase não saberia responder à pergunta: "O que eu quero fazer?" Essa foi a pergunta que, como homem solteiro, fiz todos os sábados antes de me casar.

Qualquer situação que me leve a confrontar meu egoísmo tem um valor espiritual enorme.

Qualquer situação que me leve a confrontar meu egoísmo tem um valor espiritual enorme, e lentamente comecei a compreender que o verdadeiro propósito do casamento pode não ser tanto a felicidade, mas a santidade. Não que Deus tenha alguma coisa contra a felicidade ou que a felicidade e a santidade se excluam mutuamente, mas olhar para o casamento através das lentes da santidade me trouxe uma perspectiva inteiramente nova.

"Mas, por causa da imoralidade..."

Acho fascinante que logo após Paulo dizer: É bom que o homem não toque em mulher, ele escreve as seguintes palavras: mas, por causa da imoralidade, cada um deve ter sua esposa, e cada mulher o seu próprio marido (1Co 7.2).

Eu estaria cometendo uma violência contra o texto grego se sugerisse que essa passagem se refere a outra coisa que não seja relação sexual. A NVI é uma pouco mais branda, mas até uma exegese superficial revela claramente que ele está falando de sexo. Mesmo assim, sugiro que podemos elaborar o princípio para revelar uma verdade além das relações sexuais. Como há muita imoralidade dentro de nós – não somente luxúria, mas também egoísmo, ira, manipulação controladora e até ódio – devemos estabelecer um relacionamento íntimo com outra pessoa para que possamos enfrentar esses problemas à luz daquilo que nosso relacionamento matrimonial nos revelará sobre nosso comportamento e nossas atitudes.

Descobri que havia dentro de mim uma imaturidade muito grande, que foi confrontada diretamente pelo meu casamento. Se o propósito do casamento fosse simplesmente desfrutar de uma paixão e me fazer "feliz", eu precisaria de um casamento "novo" a cada dois ou três anos. No entanto, se eu realmente quiser ver Deus me transformando de dentro para fora, preciso me concentrar em mudar a mim mesmo em vez de mudar minha esposa. De fato, você poderia dizer que quanto mais difícil meu cônjuge for, maior a minha oportunidade de crescer. Assim como o exercício físico precisa ser em certa medida extenuante, assim também o "exercício relacional" precisa ser um pouco vigoroso para testar verdadeiramente a resistência do coração.

Se o propósito do casamento fosse simplesmente desfrutar de uma paixão e me fazer "feliz", eu precisaria de um casamento "novo" a cada dois ou três anos.

Eu não decidi me concentrar em mudar a mim mesmo para que eu pudesse ter um casamento livre de tensão, ou para ser mais feliz ou mais satisfeito com meu casamento. Em vez disso, adotei a atitude de que o casamento é uma das muitas situações da vida que me ajudam a extrair de Deus meu senso de propósito e realização. Lisa não pode me fazer feliz, não no sentido absoluto. Certamente temos ótimos momentos juntos e ela tem sido uma esposa maravilhosa, muito além de meus sonhos – mas esses momentos maravilhosos são pontilhados (e algumas vezes parecem estar soterrados) de obrigações, desafios e expectativas de pagar as contas em dia, disciplinar as crianças, ganhar a vida e limpar a casa.

Acho que o que eu busco é uma realização mais silenciosa, um profundo senso de significado, uma compreensão mais ampla do propósito por trás desse intenso relacionamento vitalício entre duas pessoas. Como um homem que crê que o seu significado fundamental vem de Deus, quero descobrir como o casamento pode me levar para mais perto de Deus.

Há outra razão para enfatizar isso: para todos nós o casamento é temporário à luz da eternidade. A verdade é que tanto o meu relacionamento quanto o de Lisa com Deus durarão mais do que o nosso casamento. É muito provável que chegará o dia em que um de nós precederá o outro na eternidade. O cônjuge que ficar será deixado só, não mais casado – talvez até se case novamente com outra pessoa.

Para o cristão, o casamento é uma realidade não tão definitiva. Por isso, nós dois podemos encontrar ainda mais significado buscando juntos a Deus e reconhecendo que ele é o único que pode preencher a dor espiritual de nossas almas. Podemos trabalhar juntos fazendo nossa vida no lar mais agradável e pacífica, podemos descobrir maneiras de manter o sexo renovado e prazeroso, podemos fazer mudanças superficiais que preservarão pelo menos a aparência de respeito e cordialidade. No entanto, o que ambos almejamos mais do que qualquer coisa é estar intimamente perto do Deus que nos criou. Se esse relacionamento estiver bem, não faremos exigências severas em nosso casamento, solicitando ou esperando coisas um do outro para compensar o vazio espiritual.

Infelizmente, como um ser humano falho eu não posso apreciar Lisa como Deus a aprecia. Não posso nem começar a entendê-la da maneira pela qual ela anseia ser entendida. Eu acharia muito chato estar casado comigo, portanto é compreensível que Lisa ocasionalmente se entedie – ou pelo menos se canse – de viver comigo, mas Deus se alegra comigo e com ela. Deus aprecia nossas peculiaridades e entende as boas intenções dos nossos corações, mesmo quando elas estão mascaradas por comportamentos incrivelmente idiotas.

Uma coisa é certa: Lisa não pode esperar que eu seja Deus para ela. E mesmo que tente amá-la como só Deus pode amar, eu falho a todo momento e em todos os aspectos. Procuro fazer o melhor, mas falho todos os dias.

Procurando o amor em todos os lugares errados

Precisamos nos lembrar de como é ridículo procurar nos seres humanos algo que só Deus pode oferecer. Um de nossos amigos mais chegados tem um filho chamado Nolan. Quando ele tinha apenas quatro anos me viu carregando umas caixas grandes e me perguntou com toda a sinceridade:

"Quem é o mais forte, você ou Deus?"

O pai dele deu risada, até demais. É claro que nós, adultos, achamos absurdo comparar nossa força física com a de Deus. No entanto, quantos de nós "adultos" temos olhado em volta e perguntado, talvez inconscientemente: "Quem vai suprir todas as minhas necessidades, você ou Deus?" Por algum motivo essa pergunta não parece tão absurda para nós como a pergunta sobre a força física, mas deveria!

Creio que muito da insatisfação que experimentamos no casamento vem de esperarmos demais dele. Tenho um computador antigo – um 486 – portanto sei que algumas coisas eu simplesmente não posso fazer com ele. Não há memória suficiente ou poder de processamento para fazer funcionar certos programas ou combinar certas tarefas. Não é que seja um computador ruim, apenas não posso, racionalmente, esperar nada além daquilo que ele tem para dar.

Creio que muito da insatisfação que experimentamos no casamento vem de esperarmos demais dele.

Da mesma forma, alguns de nós exigimos demais do casamento. Queremos tirar a maior parte da nossa realização pessoal do relacionamento com nosso cônjuge. Isso é pedir demais. Sim, sem dúvida deve haver momentos de felicidade, de significado e um sentimento geral de realização, mas minha esposa não pode ser Deus e eu fui criado com um espírito que anseia por Deus. Sofrerei com qualquer coisa menos do que Deus.

Esse é um livro que olha e aponta para além do casamento. O crescimento espiritual é o tema central, o casamento é apenas o contexto. Assim como os celibatários usam a abstinência e os eremitas usam o isolamento, assim devemos usar o casamento para o mesmo propósito – para crescermos em nosso serviço, obediência, caráter, busca e amor a Deus.

O propósito principal desse livro não é fazer você amar mais seu cônjuge. É equipar você para amar mais seu Deus.

Você provavelmente deve ter percebido que há um propósito para o seu casamento que vai além da felicidade. Talvez você não tenha escolhido a palavra "santidade" para expressá-lo, mas entende que há uma verdade transcendente além do romance superficial descrito na cultura popular. Vamos explorar esse propósito. Vamos cortar e abrir muitos casamentos, descobrir onde o compromisso causa atrito, explorar onde se escondem as atitudes venenosas, sondar onde somos forçados a confrontar nossa fraqueza e nosso pecado e aprender a crescer através de tudo isso.

O propósito principal desse livro não é fazer você amar mais seu cônjuge – embora eu creia que isso vá acontecer durante o processo. É equipar você para amar mais seu Deus e ajudá-lo a refletir o caráter de seu Filho de maneira mais precisa. No mínimo, você acabará apreciando mais a pessoa com quem embarcou nessa jornada.

Perguntas para reflexão e discussão

1. Por que você escolheu se casar (ou por que você quer se casar)? É uma razão bíblica?
2. Como você acha que a maioria dos cristãos descreve o propósito do casamento?
3. A premissa do autor de que o casamento é crucial para aprendermos mais sobre Deus e sobre nós mesmos animou ou desanimou você? Qual sua experiência pessoal nesse aspecto?
4. O que você pensa da crítica de Gary sobre o amor romântico ser a base ou a medida do sucesso do casamento? Como sua atitude a respeito do amor romântico mudou através dos anos?
5. Você concorda com Gary que, em certo sentido, os tempos modernos "exigem demais" do casamento? Em que sentido?
6. O que seu casamento tem revelado sobre suas atitudes pecaminosas, comportamentos egoístas e outras falhas de caráter? Em sua opinião, por que o casamento traz à tona tantos problemas de caráter?
7. Gary diz que Deus é quem nos satisfaz completamente, e não nosso cônjuge. Se isso é verdade, que contribuição nosso parceiro traz para nossa vida?
8. Como você reage à ideia de que Deus possa ter criado o casamento mais para nos tornar santos do que para nos fazer felizes?

2

Encontrando Deus no casamento

As analogias conjugais nos ensinam verdades a respeito de Deus

[O casamento] é o revelador implacável, o grande holofote voltado para os lugares mais escuros da natureza humana.

— Katherine Anne Porter

Todos os anos, nove de meus colegas de faculdade reúnem-se em um retiro de fim de semana. Vários anos atrás um de meus amigos me chamou de lado e me disse que estava pensando em voltar para casa naquela noite. Ele e sua esposa estavam na expectativa de conceber outro filho e, pelos cálculos dela, aquele seria o tempo certo.

"Vai!", disse a ele. "Você pode estar de volta no café da manhã."

"Não sei...", ele hesitou.

"Vai!", eu insisti, e outro amigo reforçou com o seu apoio.

Mais tarde ele concordou e foi para casa. Naquela noite, uma criança foi concebida.

Eu olho para aquela criança e sorrio, imaginando se ele um dia saberá como esteve perto de não existir – e do quanto ele me deve! Há poucas realidades mais extraordinárias na vida do que cooperar com Deus para produzir um outro ser humano. Se meu amigo e sua esposa esperassem mais um mês, talvez tivessem uma menina, ou um menino mais baixo, ou um menino com cabelos mais escuros. É maravilhoso.

Um fio gigantesco corre por toda a Escritura comparando o relacionamento de Deus com seu povo e a instituição humana do casamento.

Esse aspecto da experiência conjugal – cooperar com Deus para trazer crianças à vida – deveria ser particularmente significativo para os cristãos (e a principal razão pela qual ter dificuldades para ter filhos pode ser tão doloroso para tantos casais). O papel de Deus como Criador é fundamental para sua autoridade, identidade e propósito. De fato, a Bíblia é estruturada em torno do fato de que Deus é Criador. A primeira coisa que aprendemos sobre Deus no livro de Gênesis é que ele criou os céus e a terra (veja Gn 1.1); a última imagem do Novo Testamento mostra Deus criando um novo céu e uma nova terra. Quando Deus diz: *Estou fazendo novas todas as coisas!* (Ap 21.5), a palavra "fazendo" está no presente – é um processo em andamento. Deus caminha pela eternidade criando.

Essa é uma das várias analogias que conectam os vários aspectos do casamento com a nossa compreensão de Deus. Um fio gigantesco corre por toda a Escritura comparando o relacionamento de Deus com seu povo e a instituição humana do casamento. Neste capítulo vamos estudar como essas várias analogias usam a experiência do casamento para nos ensinar verdades absolutas sobre a natureza de Deus. Através da experiência de ser casado podemos vir a conhecer Deus de novas maneiras.

Romance divino

Oseias nos conduz a uma realidade surpreendente – Deus vê seu povo como um marido vê sua esposa: "Naquele dia", declara o Senhor, "você me chamará 'meu marido'; não me chamará mais 'meu senhor' " [...] "Eu me casarei com você para sempre" (Os 2.16, 19a). Pense na diferença entre "marido" e "senhor" – e tudo o que essas imagens trazem à sua mente. Deus quer que nos relacionemos com ele com uma obediência motivada por amor e intimidade, não por medo; e com lealdade a um relacionamento divino-humano, não como uma adesão cega a "princípios". Um marido nutre uma paixão por sua esposa que não existe em um senhor por sua escrava.

Como você vê Deus: como senhor ou como marido?

Isaías usa a alegoria conjugal para enfatizar como Deus se alegra com seu povo: assim como o noivo se regozija por sua noiva, assim o seu Deus se regozija por você" (Is 62.5b). Vivemos em um mundo onde muitas pessoas estão simplesmente ocupadas demais ou preocupadas demais para nos notar. No entanto, Deus se deleita em nós. Fazemos seu coração sobrenatural bater mais forte.

Algumas vezes o próprio Jesus empregou essa alegoria conjugal referindo-se a si mesmo como o "noivo" (Mt 9.15) e ao Reino dos céus como um "banquete de casamento" (Mt 22.1-14). Essa figura é transportada para a culminação da história terrena quando o livro de Apocalipse fala do casamento do Cordeiro para o qual a noiva já se aprontou (Ap 19.7).

O rompimento da fidelidade espiritual também é frequentemente representado com analogias conjugais. Jeremias compara a idolatria com o adultério: dei à infiel Israel uma certidão de divórcio e a mandei embora, por causa de todos os seus adultérios (Jr 3.8). Jesus utilizou a mesma imagem se referindo a uma geração adúltera (Mc 8.38). No contexto, Jesus não está atacando fraquezas sexuais, ele está sofrendo por uma nação espiritualmente infiel que está violando seu divino matrimônio com Deus.

No entanto, Deus se deleita em nós. Fazemos seu coração sobrenatural bater mais forte.

Através da história do cristianismo, os estudiosos têm explorado as similaridades entre a união conjugal e os vários mistérios da fé que também envolvem uma união: além da Trindade, há a união da divindade e humanidade na pessoa de Jesus Cristo; a Eucaristia, na qual o pão e o vinho se unem para significar o corpo e o sangue de Cristo; a união de Cristo com sua igreja e outras analogias similares.

Ponderar a respeito dessas analogias não é simplesmente um jogo de palavras divertido. Para os cristãos que estão buscando entendimento espiritual a partir de seus casamentos, essas analogias oferecem os ingredientes necessários para uma reflexão séria e profunda. A razão pela qual Deus se fez carne foi para que nós o conhecêssemos; correspondentemente, Deus não criou o casamento somente para nos proporcionar um meio agradável de povoar o mundo e oferecer uma instituição social estável para benefício da humanidade. Ele instituiu o casamento entre os humanos para sinalizar sua própria existência espiritual eterna.

Sendo humanos com mentes finitas, precisamos do poder do simbolismo para obter entendimento. Levando em conta o simples relacionamento entre um homem e uma mulher, a simbologia do casamento pode evocar praticamente infinitos significados. Isso acontecerá somente quando usarmos nosso casamento para conhecer Deus. Se nos concentramos em enfatizar as falhas do nosso cônjuge, perdemos os mistérios divinos do casamento e as lições que ele tem a nos ensinar.

Ele instituiu o casamento entre os humanos para sinalizar sua própria existência espiritual eterna.

No próximo capítulo usaremos uma analogia especial para exemplificar como esses retratos da vida real podem reunir nosso casamento e nossa fé e nos ensinar sobre o propósito do casamento. Os próximos capítulos parecerão mais "práticos", por isso é necessário que explanemos brevemente a doutrina por trás do casamento cristão e o que faz o casamento de cristãos ser diferente do casamento dos não cristãos. Essa diferença é evidenciada na importante analogia de Cristo e sua igreja.

Reconciliação

Há uma antiga história rabínica sobre como o local do santo templo foi indicado por Deus. Dois irmãos trabalhavam em um campo de propriedade de ambos e em um moinho que também pertencia aos dois. Todas as noites eles dividiam o grão que haviam produzido e cada um levava sua porção para casa.

Um irmão era solteiro e o outro era casado e tinha muitos filhos. O irmão solteiro decidiu que o irmão casado, com todas aquelas crianças para sustentar precisava de mais grãos do que ele, então, durante a noite, ele foi secretamente ao celeiro do irmão e lhe deu uma porção extra. O irmão casado chegou à conclusão de que o solteiro não teria ninguém que cuidasse dele quando fosse velho. Preocupado com o futuro do irmão, todas as noites, ele se levantava e secretamente depositava um pouco de grãos a mais no celeiro do irmão.

Uma noite, eles se encontraram no meio do caminho e um compreendeu o que o outro estava fazendo. Eles se abraçaram e, conta a história, Deus viu o que aconteceu e disse "esse é um lugar santo – um lugar de amor – e aqui meu templo deve ser construído. Esse lugar sagrado é o local de amor onde Deus se dá a conhecer a seu povo, "o lugar onde os seres humanos descobrem-se uns aos outros em amor".[13]

Por toda sua ambivalência sobre o casamento ser uma condição inferior, os primeiros pais da igreja pelo menos reconheceram que a analogia da reconciliação é o maior objetivo do casamento.

O casamento pode ser esse lugar sagrado, o local de um relacionamento que proclama o amor de Deus ao mundo. No entanto, os pensadores cristãos nem sempre têm optado por enxergar o casamento dessa forma. Por toda sua ambivalência sobre o casamento ser uma condição inferior, os primeiros pais da igreja pelo menos reconheceram que a analogia da reconciliação é o maior objetivo do casamento, apontando como um sinal para a união de Cristo com sua igreja. Paulo explora esse tema em sua carta aos Efésios (5.22-33).

Agostinho, um dos primeiros pensadores cristãos (354-430 d.C.), sugeriu que há três benefícios no casamento: descendência, confiança (fidelidade) e sacramento. Destes, ele claramente aponta para o terceiro

13 Belden C. Lane, "Rabinical Stories", *Christian Century* (16/12/81), citado em Thomas A. Hart e Kathleen Fischer Hart, *The First Two Years of Marriage* (Nova Iorque: Paulist, 1983), 117-18.

Agostinho (354-430 d.C.) sugeriu que há três benefícios no casamento: descendência, confiança (fidelidade) e sacramento.

(sacramento) como o mais importante. Isso porque é possível ser (ainda) casado sem descendência ou sem confiança, mas não é possível ser casado sem a indissolubilidade, que é o que o sacramento determina. Enquanto um casal permanece casado, continua a apresentar – embora imperfeitamente – o contínuo compromisso entre Cristo e sua igreja. Portanto o simples "continuar juntos" se torna vitalmente importante.

Séculos depois de Agostinho, os reformadores anglicanos responderam a essas três bênçãos com três "causas". Um antigo livro de orações (1549) sugere que o casamento serve para a procriação, é um remédio contra o pecado sexual e serve de consolo mútuo.[14] Esse último elemento, infelizmente, substituiu o aspecto sacramental do casamento (isto é, apresentar Cristo e sua igreja) por algo muito menos etéreo (ou seja, consolo).

Manteremos o casamento enquanto nosso conforto, nossos desejos e expectativas terrenas forem atendidos.

Saber por que estamos casados e devemos permanecer casados é crucial. Isso nos leva a uma discussão brilhantemente elaborada pelo pastor C. J. Mahaney, de Maryland nos EUA, em sua série de fitas de áudio sobre casamento intitulada *According to Plan* (De acordo com o plano). A questão-chave é a seguinte: Vamos abordar o casamento com uma visão centrada em Deus ou no homem?[15] Em uma visão centrada no homem, manteremos o casamento enquanto nosso conforto, nossos desejos e expectativas terrenas forem atendidos. Em uma visão centrada em Deus preservaremos o casamento porque isso traz glória a Deus e aponta um mundo pecador a um Criador reconciliador .

Mais do que ver o casamento como um consolo mútuo, devemos vê-lo como uma imagem da notícia mais importante que os seres humanos já receberam: de que existe um relacionamento divino entre Deus e seu

14 Bailey, *The Mystery of Love and Marriage*, 101.

15 C. J. Mahaney, "God's Purpose and Pattern for Marriage", da série de fitas de áudio *According to Plan* (De acordo com o plano), (Gaithersburg, Md.: PDI Communications, 1994).

povo. Paulo explicitamente faz essa analogia em sua carta aos Efésios. Você provavelmente já leu essas palavras ou ouviu a citação delas uma dúzia de vezes (se não uma centena): *Maridos, ame cada um a sua mulher, assim como Cristo amou a igreja e entregou-se por ela para santificá-la, tendo-a purificado pelo lavar da água mediante a palavra, e para apresentá-la a si mesmo como igreja gloriosa, sem mancha nem ruga ou coisa semelhante, mas santa e inculpável* (Efésios 5.25-27).

Embora teologicamente eu esteja do lado dos protestantes, tenho que declarar a meus irmãos anglicanos medievais que é triste ver algo tão profundo como viver a analogia de Cristo e sua igreja ser reduzida a experimentar esse relacionamento apenas para evitar o pecado, manter o mundo povoado e curar a solidão.

De fato, tanto o Velho Testamento quanto o Novo usam o casamento como analogia central – a união entre Deus e Israel (Velho Testamento) e a união entre Cristo e sua igreja (Novo Testamento). Compreender a profundidade dessas analogias é crucial para nos ajudar a determinar o próprio fundamento no qual um casamento verdadeiramente cristão é baseado. Se eu creio que o propósito principal do casamento é servir de modelo do amor de Deus por sua igreja, começarei e manterei esse relacionamento com uma motivação inteiramente nova, aquela que Paulo menciona na segunda carta aos Coríntios. Por isso, temos o propósito de lhe agradar (2Co 5.9).

O que faz Deus feliz?

Paulo responde a muitas perguntas quando diz "temos o propósito de lhe agradar". Pergunte a dez pessoas na rua qual é o seu objetivo de vida e você terá uma tremenda variedade de respostas.

Para o cristão, Paulo não poderia ser mais claro – "a ambição que nos consome e a força motivadora por detrás de tudo o que fazemos"[16] é agradar a Deus. Porém, Paulo não diz somente que agradar a Deus é a "ambição que o consome", ele supõe que essa também seja a nossa: "temos o propósito de lhe agradar".

16 Philip E. Hughes, *The Second Epistle to the Corinthians: New International Commentary on the New Testament* (Grand Rapids: Eerdmans, 1962, 1982), 178.

Quando algo é a força motivadora por trás de tudo o que fazemos, torna-se a força motriz de cada decisão que tomamos. E Paulo é muito claro: A primeira coisa que devemos nos perguntar quando fazemos qualquer coisa é "Isso agradará Jesus Cristo?"

O propósito principal do casamento – além de felicidade, expressão sexual, ter filhos, companheirismo, cuidado mútuo e provisão ou qualquer outra coisa – é agradar a Deus. O desafio, obviamente, é que se trata de uma vida altruísta. Em vez de perguntar "O que me faz feliz?", devemos perguntar "O que faz Deus feliz?" E, no caso de não entendermos imediatamente, Paulo insiste alguns versículos adiante: *E ele morreu por todos para que aqueles que vivem já não vivam mais para si mesmos, mas para aquele que por eles morreu e ressuscitou* (2Co 5.15).

Como cristão, eu não tenho escolha. Tenho essa dívida com Jesus, preciso viver por ele, preciso fazer dele a paixão que me consome e a força motriz da minha vida. Para alcançar isso tenho que morrer para meus próprios desejos todos os dias. Tenho que crucificar a necessidade de medir cada ação e decisão de acordo com o que é melhor para mim. Paulo é enfático a esse respeito: Trazemos sempre em nosso corpo o morrer de Jesus, para que a vida de Jesus também seja revelada em nosso corpo (2Co 4.10).

Assim como Jesus foi para a cruz, eu também devo ir, sempre carregando o "morrer de Jesus" para que sua nova vida – suas motivações, seus propósitos, seu favor – possa dominar tudo o que eu faço.

Essa realidade me constrange a olhar para minha esposa com olhos cristãos: *De modo que, de agora em diante, a ninguém mais consideramos do ponto de vista humano* (2Co 5.16a). A razão é clara: *Portanto, se alguém está em Cristo, é nova criação. As coisas antigas já passaram; eis que surgiram coisas novas!* (5.17). Parte dessa nova identidade é um novo ministério que é concedido a todos os cristãos e que é inerente à pessoa de Jesus Cristo: *Tudo isso provém de Deus, que nos reconciliou consigo mesmo por meio de Cristo e nos deu o ministério da reconciliação* (5.18).

Pense nisso. A própria natureza da obra de Cristo era uma obra de reconciliação, nos trazendo de volta para Deus. Nossa resposta é nos tornarmos reconciliadores também. C. K. Barret define reconciliação como "pôr fim a uma relação de inimizade e substituí-la por uma relação de paz e boa vontade".[17]

Paulo está falando claramente de levar a mensagem de salvação. Não podemos, no entanto, falar com um mínimo de integridade do fim de "uma relação de inimizade" e do nascimento de um relacionamento de "paz e boa vontade" se nossos casamentos são marcados por divórcios, brigas e animosidade. Tudo o que eu disser e fizer em minha vida deve corroborar com esse ministério do evangelho de reconciliação e esse compromisso começa demonstrando a reconciliação em meus relacionamentos pessoais, especialmente em meu casamento.

Se meu casamento contradiz minha mensagem, estou sabotando o alvo da minha vida: ser agradável a Cristo e cumprir fielmente o ministério da reconciliação, proclamando ao mundo as Boas Novas de que fomos reconciliados com Deus através de Jesus Cristo. Se minha "força motriz" é a que Paulo diz que deveria ser, vou trabalhar para construir um casamento que realce esse ministério de reconciliação – um casamento que, de fato, encarne essa verdade colocando carne sobre ela, construindo um relacionamento que seja modelo de perdão, de amor sem egoísmo e de sacrifício.

Não podemos falar com um mínimo de integridade do fim de "uma relação de inimizade" e do nascimento de um relacionamento de "paz e boa vontade" se nossos casamentos são marcados por divórcios, brigas e animosidade.

O último testemunho que desejo dar ao mundo é ter decidido deixar de amar alguém e me recusar a continuar servindo essa pessoa, ou não ter conseguido manter a promessa que fiz anos atrás. Mesmo assim, essa é a mensagem que muitos cristãos estão proclamando através de seus atos. De acordo com as pesquisas de George Barna, os cristãos americanos que dizem ser "nascidos de novo" têm um índice de divórcio mais alto do que os não cristãos (27% a 23%). Aqueles que adotam o rótulo de "cristãos fundamentalistas" têm o maior índice de divórcio de todos (30%).[18] Não

17 C. K. Barrett, *A Commentary on the second Epistle to the Corinthians. Harpers's New Testament Commentaries*, 2ª edição (Nova Iorque: Harper e Row, 1973), 175.

18 Citado em Philip Yancey, *Maravilhosa Graça* (São Paulo: Vida, 1999).

podemos levar essa mensagem de forma correta se não a vivermos primeiro.

Como posso dizer aos meus filhos que a promessa de Deus de reconciliação é segura quando eles veem que a minha própria promessa não vale nada?

Como posso dizer aos meus filhos que a promessa de Deus de reconciliação é segura quando eles veem que a minha própria promessa não vale nada? Eles podem superar isso, mas nesse caso, eu lhes apresentei um obstáculo em vez de um caminho para o Evangelho.

O que a maioria dos divórcios significa é que pelo menos uma das partes, e possivelmente ambas, deixaram de colocar o Evangelho em primeiro lugar em suas vidas. Eles não vivem mais sob o princípio orientador de Paulo de "temos o propósito de lhe agradar" porque a Bíblia é clara em seus ensinos. Deus diz: Eu odeio o divórcio (Ml 2.16). Se o objetivo de um casal é agradar a Deus, eles não buscarão o divórcio.

Sei que há exceções. Paulo permite o divórcio quando um cônjuge não é cristão e abandona o cônjuge cristão. Jesus considera a infidelidade conjugal como um possível motivo para o divórcio. Certamente há exceções – pelo menos no campo da separação – se os filhos correm perigo vivendo com um dos pais, mas a maioria dos casos de divórcio entre cristãos não envolvem esse tipo de situação. É muito mais provável que se trate de dois cristãos que distorceram suas prioridades de vida.

Uma razão pela qual estou determinado a manter meu casamento não é porque ao fazer isso estarei mais feliz (embora eu creia que vá ficar), não porque desejo que meus filhos tenham um lar seguro (embora eu queira isso), não porque ficaria arrasado ao ver minha esposa "refazendo a vida" com outro (embora isso seja verdade). A principal razão pela qual mantenho meu casamento é porque essa é minha obrigação cristã. Se a base da minha vida é levar a mensagem de Deus ao mundo, não quero que nada ponha em dúvida essa mensagem: como vou proclamar reconciliação quando estou buscando dissolução?

Essa analogia da reconciliação vai mais além do que apenas mostrar o propósito do nosso casamento, ela nos ajuda a levar adiante esse propósito, mesmo quando "raios nos atingem".

Quando raios nos atingem

Fiquei fascinado quando parei embaixo de uma árvore de setecentos anos. "O que estava acontecendo aqui quando essa árvore começou a crescer?", minha filha me perguntou enquanto escalávamos a encosta oeste das Montanhas North Cascades, no estado de Washington.

"Pouca coisa", respondi, rindo, ao perceber que essa árvore já existia há quase duzentos anos quando Martinho Lutero nasceu.

Uma das razões pelas quais as árvores da encosta oeste vivem tanto é bem simples: as florestas de Washington são tão úmidas que os raios que as atingem causam relativamente poucos incêndios. Enquanto a floresta comum, se deixada à sua sorte, passa por um incêndio causado por raios a cada cinquenta ou sessenta anos, essa parte da North Cascades enfrenta um incêndio a cada duzentos anos. Os raios ainda ocorrem, mas não são tão devastadores, então as árvores têm muito mais tempo para aprofundar as raízes e crescer.

Creio que essa é uma boa figura de um casamento que é baseado no ministério da reconciliação. Casamentos cristãos fortes ainda serão atingidos por raios – tentações sexuais, problemas de comunicação, frustrações, expectativas não realizadas – mas se o casamento é abundantemente regado com um inabalável compromisso de agradar a Deus acima de tudo, as condições não serão propícias para o incêndio devastador que segue o raio.

Se estou casado apenas pela felicidade e minha felicidade se desvanece por alguma razão, uma pequena fagulha queimará a floresta inteira do meu relacionamento. Se o meu objetivo, no entanto, for proclamar e refletir o ministério de reconciliação de Deus, minha perseverança será à prova de fogo.

Se estou casado apenas pela felicidade e minha felicidade se desvanece por alguma razão, uma pequena fagulha queimará a floresta inteira do meu relacionamento.

Praticar a disciplina espiritual do casamento significa colocar meu relacionamento com Deus em primeiro lugar. Só o fato de aguentarmos firmes é uma vitória por si só e cria uma certa glória. O único fato que a destaca em meio a uma floresta cheia de árvores é que ela tem setecentos anos. Até onde a estética pura alcança não se pode ver o topo dessa árvore da floresta de Washington em particular. De onde estávamos, víamos apenas um tronco reto e extremamente largo, coberto de teias de aranha. Estávamos andando em uma floresta cheia de árvores, mas o Serviço de Parques Nacionais colocou um aviso diante dessa árvore por uma única razão: ela sobreviveu por sete séculos. Ela simplesmente foi longe, e por isso chama a atenção.

Em uma sociedade na qual os relacionamentos são descartáveis com uma regularidade assustadora, cristãos podem chamar atenção simplesmente permanecendo casados. Quando nos perguntam a razão, podemos oferecer a plataforma da mensagem de Deus de reconciliação, seguida por um convite: "Você gostaria de saber mais sobre as boas novas de reconciliação?"

Nesse sentido, nossos casamentos podem ser plataformas para o evangelismo. Ele pode atrair pessoas para uma verdade que aponta para além desse mundo e para o mundo que virá. Apenas mantendo nossos casamentos, podemos construir um monumento ao princípio e à prática da reconciliação.

Anos atrás, Paul Simon escreveu uma famosa canção indicando "cinquenta maneiras de abandonar sua amante" (Fifty Ways to Leave Your Lover). Um cristão precisa de uma só razão para ficar com seu ou sua "amante": a analogia de Cristo e sua igreja.

Perguntas para reflexão e discussão

1. Que aspecto, evento ou elemento de seu casamento tem lhe ensinado mais sobre como Deus nos ama?

2. Como um cônjuge desanimado pode aplicar diretamente a exortação de Gary para buscar Deus em meio às decepções, em vez de ficar obcecado com as falhas de seu parceiro? Que exercícios mentais você sugeriria?

3. Você pode pensar em algumas analogias que Gary não mencionou sobre como o casamento revela Deus e seu amor ao mundo?

4. Gary contrasta uma visão do casamento centrada no ser humano (permanecendo desde que seus desejos e expectativas sejam atendidos) e uma visão centrada em Deus (conservando o casamento porque isso traz glória a Deus e aponta um Criador reconciliador para um mundo pecaminoso). O que mais motiva você a manter e conservar seu compromisso matrimonial?

5. Em sua experiência conjugal você é mais motivado pelo que lhe deixa feliz ou pelo que agrada a Deus? Como as igrejas apoiam e incentivam essa última e mais elevada motivação?

6. Que aspecto do caráter de Deus você mais gostaria que seu casamento revelasse ao mundo? Como você pode realizar isso?

3

Aprendendo a amar

Como o casamento nos ensina a amar

O casamento exige o compromisso radical de amar nossos cônjuges como eles são, enquanto desejamos que se tornem o que ainda não são. Todo casamento caminha na direção de glorificar um ao outro ou de degradar um ao outro.

— Dan Allender e Tremper Longman III

Se você trata um homem como ele é, ele permanecerá como é. No entanto, se você o trata como se fosse o que deveria e poderia ser, ele se tornará um homem maior e melhor.

— Johann Wolfgang von Goethe

Se você fosse um homem crente nos tempos de Moisés e Josué, seu trabalho seria lutar. Quando os israelitas entraram na Terra Prometida, foram, algumas vezes, repreendidos por sua covardia e letargia ao recusar-se a entrar na batalha: *Até quando vocês vão negligenciar a posse da terra que o Senhor, o Deus dos seus antepassados, lhes deu?* (Js 18.3).

"Entre na batalha" foi o chamado de Deus por muito tempo.

Jesus veio com um novo chamado – muito mais difícil. Alguém lhe perguntou qual era o maior mandamento e Jesus respondeu que eram dois (veja Mt 22.34-40). Não era suficiente amar Deus de todo o seu coração, alma e entendimento. Se você realmente quer agradar a Deus, você deve amar os outros.

O casamento cria um clima no qual esse amor passa pelo teste mais difícil.

O casamento pode ser a academia de ginástica na qual nossa capacidade de experimentar e expressar o amor de Deus é fortalecida e, mais tarde, desenvolvida. Para chegar lá temos que entender que o amor humano e o amor divino não são dois oceanos separados, mas uma massa de água com muitos afluentes.

Nunca poderemos amar "demais" alguém. Nosso problema é que, geralmente, amamos Deus muito pouco. A resposta não é diminuir nosso amor por nenhum ser humano em particular, mas aumentar a resposta do nosso coração à nossa Alegria Divina.

O casamento cria um clima no qual esse amor passa pelo teste mais difícil. O problema é que o amor tem que ser conquistado. Katherine Anne Porter escreve: "O amor precisa ser aprendido, e aprendido repetidamente: isso não tem fim. O ódio não precisa de instruções, só espera ser provocado".[19]

O amor cristão precisa ser perseguido, desejado e praticado.

O amor não é uma resposta natural que flui de nós espontaneamente. A paixão algumas vezes faz isso – pelo menos no início de um relacionamento – mas o ódio está sempre pronto para jorrar naturalmente, como o gêiser "Old Faithful" (ou Velho Fiel) do Parque Nacional de Yellowstone nos Estados Unidos. O amor cristão, por outro lado, precisa ser perseguido, desejado e praticado.

19 Porter, "The Necessary Enemy", In: *The Collected Essays*, 184.

A cultura popular não compreende esse princípio. Uma das coisas mais cruéis e egoístas que já ouvi é quando um homem deixa sua esposa por outra mulher e diz: "A verdade é que eu nunca amei você". O objetivo é atacar a esposa dizendo, na realidade: "A verdade é que eu nunca achei que você merecia ser amada". Se colocarmos no contexto cristão, esse homem está confessando seu total fracasso em ser um cristão. Se ele não ama sua esposa, não é culpa da esposa, mas sua. Jesus nos chama a amar os que não são amáveis – até mesmo os nossos inimigos! – portanto, um homem que diz "nunca amei você", basicamente está dizendo: "Eu nunca agi como um cristão".

Quando amamos bem, agradamos a Deus. Isso não deve ser difícil de entender. A melhor maneira de alguém cair nas minhas graças é ser gentil com meus filhos. Todos os cristãos são filhos de Deus, amando os outros trazemos enorme prazer ao Pai Celestial.

Um homem que diz "nunca amei você", basicamente está dizendo: "Eu nunca agi como um cristão".

Costumo visitar regularmente as bibliotecas públicas. Quem frequenta esses lugares encontra eventualmente moradores de rua que se abrigam ali nos dias frios. Um dia, eu estava indo em direção a um computador quando o cheiro de um determinado indivíduo se tornou quase insuportável. Pelo canto do olho, vi um homem curvado sobre uma mesa. Suas roupas esfarrapadas e seu cabelo desgrenhado denunciavam sua ausência de endereço fixo.

Há homens e mulheres que dedicaram suas vidas em alcançar pessoas como essas. A maioria das cidades possui uma "missão evangélica" que recolhe essas pessoas das ruas. Algumas vezes ouço alguém dizer como Deus me "usou" em sua vida, mas me envergonho quando penso no trabalho com moradores de rua. É fácil ser usado quando você está sentado em frente a um computador em sua casa fazendo uma coisa que você gosta. Não é nenhum sacrifício quando preciso me hospedar em bons hotéis e viajar de avião para o outro lado do país.

O amor cristão, porém, é demonstrado em amar as pessoas mais difíceis de amar. Philip Yancey escreve: "Através dos séculos, os cristãos santos têm escolhido os objetos mais 'não darwinianos' para amar".[20] Essa é a resposta ao chamado de Jesus para que quando déssemos um banquete, não convidássemos nossos amigos porque é possível que eles retribuam nossa hospitalidade. Em vez disso, disse Jesus, convide os pobres, os aleijados, os cegos e os mancos – aqueles que não podem retribuir (ver Lc 14).

Essa é a parte difícil do chamado de Jesus de amarmos os outros. Em certo sentido, é fácil amar Deus, porque ele não cheira mal, não tem mau hálito, não recompensa o bem com o mal, não critica. Amar Deus é fácil, nesse sentido, mas Jesus realmente nos desafia quando atrela nosso amor por Deus com o nosso amor por outras pessoas.

No contexto do casamento, não temos absolutamente nenhuma desculpa. Deus nos deixa escolher quem vamos amar. Se escolhemos e, em seguida, achamos difícil colocar o amor em prática, que motivos nós temos para deixar de amar? Deus não nos ordena que nos casemos, nos oferece o casamento como uma oportunidade. Uma vez que entramos no relacionamento conjugal, não podemos amar Deus sem amar também nosso cônjuge.

O divórcio representa nossa falta de habilidade para manter nosso compromisso com o mandamento de Jesus. É desistir de uma coisa que Jesus nos mandou fazer. Se eu não amo minha esposa, como vou amar o morador de rua? Como vou amar o dependente de drogas ou o alcoólatra? Sim, em alguns momentos esse cônjuge pode ser difícil de ser amado, mas é para isso que serve o casamento: *para nos ensinar a amar*.

> *É fácil amar Deus, porque ele não cheira mal, não tem mau hálito, não recompensa o bem com o mal.*

Permita que seu relacionamento conjugal amplie seu amor e aumente sua capacidade de amar, ou seja, lhe ensine a ser cristão. Use o casamento como um campo de treino, onde você aprende a aceitar outra pessoa e servi-la. E, por favor, não limite esse "amor" a coisas "espirituais" como oração, pregação e exortação. Parte da experiência de amar é se deleitar um no outro de maneiras muito "terrenas". Isso também é uma verdade bíblica, como veremos na seção seguinte.

20 Yancey, *Maravilhosa Graça*.

Santa felicidade

Embora os jovens em Israel fossem chamados para servir a Deus lutando nas guerras, Deus fez uma exceção: *Se um homem tiver se casado recentemente, não será enviado à guerra, nem assumirá nenhum compromisso público. Durante um ano estará livre para ficar em casa e fazer feliz a mulher com quem se casou* (Dt 24.5).

Em toda a minha teologia de seminário deixei pouco espaço para a ideia de que Deus queria que eu me dedicasse a fazer minha esposa feliz. Ela estava ao meu lado enquanto eu evangelizava, estudava as Escrituras, ensinava jovens convertidos, "trabalhava na obra". A ideia de que Deus quer que eu o sirva me concentrando em fazer minha mulher feliz foi extraordinária. Então, se minha esposa está infeliz, significa que estou falhando com Deus?

Embora o versículo 5 de Deuteronômio 24 se refira somente ao primeiro ano do casamento, é razoável supor que todos os casados devam gastar algum tempo pensando em como fazer seu cônjuge feliz – e celebrar a profunda realidade de que fazer o cônjuge feliz agrada a Deus. De forma muito prática, um marido que encontra maneiras de fazer sua esposa sorrir de vez em quando está servindo a Deus. Uma esposa que planeja uma experiência sexual inesquecível para seu marido está servindo a Deus. Um marido que faz sacrifícios para que sua esposa tenha os momentos de lazer de que precisa, está amando a Deus.

Então, se minha esposa está infeliz, significa que estou falhando com Deus?

Quando Jesus disse: *"Ame o Senhor, o seu Deus... e ame o seu próximo"*, abriu novas perspectivas do amor e removeu os muros que nos encarceravam. Ele tornou o amor divino e a "religião" muito maiores do que podemos imaginar.

Essa é uma palavra profética para a sociedade de hoje. Há milhares de livros publicados todos os anos que nos ensinam a cuidar de nós mesmos. Conforme nossa sociedade se torna cada vez mais fracionada, há uma verdadeira obsessão em cuidar de nós mesmos, defender a nós mesmos e melhorar a nós mesmos. Essa ênfase em atender às nossas necessidades pode se tornar ridícula. Você só precisa considerar o livro que, certa ocasião, vi anunciado, cujo título era: *Sex for One: The Joy of Self-Loving* (Sexo para um: a alegria de amar a si mesmo).

À medida que nossa sociedade vem se tornando especialista em autocuidado, nós aparentemente perdemos a arte de cuidar dos outros. Sacrifício tem assumido tantas conotações negativas que as pessoas têm mais medo de serem "codependentes" do que de parecerem egoístas.

Contudo, na realidade as Escrituras dizem: "Faça sua esposa feliz. Sacrifique-se *diariamente*. Você encontrará sua vida apenas quando perdê-la".

Um capelão universitário chamado Brady Bobbink decidiu levar a sério as admoestações que as Escrituras fazem sobre o amor. Brady casou-se relativamente tarde. Havia se tornado um palestrante famoso nas áreas de discipulado e vida de solteiro. Ele era muito solicitado, com muitas oportunidades de "servir" a Deus através de seu dom de ensino.

Sacrifício tem assumido tantas conotações negativas que as pessoas têm mais medo de serem "codependentes" do que de parecerem egoístas.

Quando Brady pediu Shirley em casamento, sua vida mudou dramaticamente. Shirley tinha dois filhos de seu primeiro casamento e não demorou muito para que eles começassem a orar para que tivessem um filho deles.

"O que significa amar minha mulher nessa situação?", Brady se perguntava. Em oração, fez uma promessa. Se Shirley tivesse outro bebê, no primeiro ano ele não aceitaria nenhum compromisso além daqueles que sua posição exigia. Shirley logo engravidou e deu à luz seu primeiro menino, Micah.

Meses depois, Brady recebeu um convite lucrativo para fazer uma palestra em Cingapura. Ele é um estudante de história e adora viajar. A chance de ir para o extremo oriente era uma oportunidade única na vida e ele poderia ensinar cristãos de outra cultura.

Todo animado, contou a Shirley a grande oportunidade que teria, mas no meio da conversa lembrou-se da promessa que tinha feito e disse em voz alta: "Não posso ir".

Shirley tentou liberá-lo de sua promessa: "Amor, eu vou ficar bem", ela disse.

Seria fácil para Brady fazer um jogo espiritual aqui: "Eu poderia ter justificado com uma ideia nobre, pregar para outra cultura", ele admitiu, "mas se isso fosse a minha paixão, eu teria me mudado para lá e levaria minha mulher e meus filhos junto".

Alguns poderiam pensar que Brady estava deixando passar uma oportunidade de agradar a Deus levando o Evangelho a outra nação, mas ele compreendeu que poderia agradar a Deus amando sua esposa em um momento em que ela precisava de ajuda e atenção extras. Ficar em casa e cuidar de sua esposa e suas necessidades era um serviço cristão tão importante quanto deixar sua cidade para pregar o Evangelho quando ele era solteiro.

"Deixar de amar minha mulher e meus filhos para amar outras pessoas é uma hipocrisia", insiste Brady.

John Barger: aprendendo a amar

O dr. John Barger trouxe uma mensagem extraordinária em uma reunião de homens em 12 de dezembro de 1987. A palestra incluiu seu testemunho sobre como havia percorrido a estrada que ia de ser um marido dominador a ser um marido servo. O ponto crucial, no entanto, não foi apenas que os maridos podem melhorar. Todos nós sabemos disso. O que mais me inspirou em suas palavras foi a mensagem de que, aprendendo a amar sua esposa, ele teve uma melhor compreensão de como poderia amar seu Deus.

Gostaria de compartilhar um pouco da história do dr. Barger. Ela começa com uma confissão de como os homens veem as mulheres:

> É fácil desprezar as mulheres, e a maioria dos homens despreza. Vemos as mulheres como fisicamente fracas, facilmente intimidadas, ligadas às tarefas servis da maternidade, emocionais, ilógicas e muitas vezes insignificantes. Às vezes, são sedutoras; em desejo as idolatramos e as desfilamos nas páginas de revistas,

> mesmo assim, as desprezamos e odiamos por seu poder de dominação sexual sobre nós. O desprezo dos homens pelas mulheres afeta todos os aspectos de nossa vida: nosso relacionamento com nossas mães, namoradas, secretárias, esposas, filhos, nossa igreja e até com o próprio Deus.
>
> Eu não falo aqui apenas do seu desprezo pelas mulheres; falo do meu também. Minha família cresceu nas ruas durante a Depressão, aprendendo desde cedo a fúria e o desprezo que caracterizam tantas pessoas em circunstâncias adversas: bebendo muito e vendo as mulheres como objetos sexuais ou empregadas. [...] Como resultado, fui arrogante em meu casamento por muitos anos, dominando minha mulher e meus sete filhos com mão de ferro enquanto citava as Escrituras como justificativa para os meus privilégios e minha autoridade. Afinal de contas, a Bíblia explicitamente ordena que as esposas obedeçam a seus maridos.
>
> Anos de dominação sobre minha mulher e meus filhos fizeram com que eles se sentissem habitualmente ressentidos e tivessem medo de mim, mas receavam me confrontar por causa da fúria que poderiam desencadear. [...] Eu alienei Susan e as crianças e quase perdi seu amor. O lar não era um lugar agradável – nem para eles, nem para mim. Em 1983 Susan teria me deixado se não fosse pelas crianças, e até esse laço estava perdendo sua força.
>
> Então, uma série de situações dramáticas produziu uma mudança profunda em minha vida espiritual, moral e psicológica.[21]

O primeiro desses "eventos dramáticos" foi quando o dr. Barger assistiu sua esposa enfrentar um parto muito difícil. A placenta de Susan descolou e ela teve uma hemorragia. O bebê nasceu morto. Ele descreve o que aconteceu em seguida:

> Às duas horas da manhã, em uma fria e clara sala de parto, segurei com minha mão esquerda meu filhinho sem vida e observei-o, incrédulo. [...] Eu tinha o poder de piorar a vida da minha família ficando furioso com a morte de meu bebê e a falta de amor da minha esposa, ou de melhorar a vida deles, aprendendo a amá-los de verdade. *Eu tinha que escolher*. E foi uma escolha clara, apresentada em um instante enquanto olhava para o meu pequeno bebê, morto em minha mão. Naquele momento crítico, com a graça de Deus, escolhi o caminho árduo, sem drama e desanimador de tentar ser bom.
>
> Eu não tenho tempo [...] para contar todas as aflições pelas quais passamos nos seis anos seguintes: crianças doentes, a morte súbita de minha mãe, a perda do meu emprego de professor, mais três abortos e, finalmente, um sofrimento secreto que atravessou o âmago do nosso ser.
>
> Em meio a essas muitas aflições, descobri que a única maneira de aprender a amar e de parar de causar dor, era sofrer, perseverar e vencer a cada minuto para

21 Extraído do folheto "Do You Love me?" de John Barger (Manchester Sophia Institute, 1987).

repudiar minha raiva, meu ressentimento, meu desprezo, meu ciúme, minha luxúria, meu orgulho e minha dúzia de outros vícios.

Comecei segurando minha língua.

Comecei a admitir meus erros e a pedir desculpas por eles.

Parei de me defender quando julgado duramente – porque o importante não era estar certo (ou que pensassem bem de mim), mas amar.

Por ter feito de mim mesmo o centro das atenções por tantos anos, comecei a falar pouco de minhas dificuldades e sofrimentos e procurei conhecer quais eram os sofrimentos de Susan e a ajudá-la a vencê-los.

E, falando francamente, uma vez que comecei a ouvir Susan – quando comecei realmente a ouvi-la e entendê-la – fiquei surpreso em ver quantas e quão profundas eram suas feridas e sofrimentos. [...] A maioria deles não eram exclusivamente dela. Eram dores que todos sentem: dores que fazem parte da fisiologia particular das mulheres e de sua vocação de mãe, que lhes outorga pesadas obrigações e responsabilidades enquanto estão quase que totalmente dependentes dos homens para o suprimento de suas necessidades materiais e seu apoio espiritual; sofrimentos que surgem por amar seus maridos e filhos intensamente, mas não serem capazes de manter o mal longe daqueles que elas amam; sofrimentos que surgem do fato de que, em nossa sociedade, as mais castas mulheres são regularmente ameaçadas por olhares libidinosos, comentários e avanços dos homens; e sofrimentos que surgem porque nossa sociedade, em geral, ainda considera as mulheres burras, volúveis e superficiais, lhes dá pouco valor e demonstra pouco respeito por elas. [...]

Mulheres [...] sofrem dessas feridas muito mais e com uma intensidade maior do que a maioria de nós, homens, imagina. E a menos que perguntemos, elas não falam conosco sobre esses sofrimentos – talvez porque nós geralmente consideramos seus problemas insignificantes ou taxamos as próprias mulheres simplesmente de fracas e manhosas. [...]

Podem os homens [...] guardar a espada que fere o coração de toda mulher? Acho que não. Seus problemas não são geralmente do tipo que têm uma solução simples, mas formam a própria estrutura de sua existência diária. [...]

Um de meus amigos, quando confrontado no fim de seu longo dia de trabalho com as queixas de sua esposa sobre o barulho, os problemas e o interminável serviço doméstico, explodiu, exasperado: "Bem, você quer que eu fique em casa e faça o serviço enquanto você vai para o escritório?" Você entende o que ele está dizendo: ele não poderia resolver os problemas dela. O que ela queria que ele fizesse?

Vou lhe dizer: ela queria que ele ouvisse, entendesse e fosse solidário. Queria que ele soubesse que, apesar de seus problemas, sua exaustão, seu cabelo despenteado, ele a ama – queria que ele dissesse que isso também lhe fazia sofrer e que, se fosse possível, ele mudaria a situação.

Os incansáveis esforços do dr. Barger de renovar seu amor por sua esposa e alcançar um novo entendimento funcionaram. Levou três anos "sendo paciente, ouvindo e ganhando sua confiança", passando "literalmente centenas de horas conversando", mas, com o tempo, a raiva de Susan se dissipou, vencendo seu cinismo, o que a "amoleceu e a suavizou".

Viver em um casamento renovado traz à vida uma doçura incomum. John e Susan pensavam que estavam no caminho de um longo e feliz casamento quando a tragédia os atingiu novamente.

Susan foi diagnosticada com câncer terminal.

Iniciou-se uma batalha de oito meses e o dr. Barger foi desafiado a expressar seu amor de maneiras bem concretas. Cuidar de uma pessoa gravemente enferma é uma tarefa extremamente difícil, mas John a viu como uma oportunidade "de mostrar a ela o quanto a amava".

Embora Susan tenha recebido o melhor tratamento médico, o câncer venceu e ela morreu. Ela deu seu último suspiro cercada por sua família e amigos queridos, e segurando a mão de seu marido amado.

O dr. Barger recorda sua vida com Susan com sentimentos mistos. A dor estava encerrada na restauração – agora que eles tinham se tornado os melhores amigos, agora que ele tinha aprendido o significado mais profundo de amar realmente em vez de dominar, tinha que dizer adeus. Mas a doçura estava na lembrança de um amor incomum, sabendo que tinha experimentado algo que a maioria de nós anseia, mas não encontra – o verdadeiro companheirismo de alma.

A doçura estava na lembrança de um amor incomum, sabendo que tinha experimentado algo que a maioria de nós anseia, mas não encontra – o verdadeiro companheirismo de alma.

Em suas meditações, o dr. Barger conta como essa experiência com sua esposa refletiu em seu relacionamento com Deus:

> Considere as virtudes que recomendei como necessárias para um relacionamento profundo com sua esposa: paciência, ouvir, ter humildade, servir e ter um amor fiel e doce. Espero não estar sendo herege ao dizer que em seu relacionamento conosco, Deus age, em muitos aspectos, como uma mulher.

> As mulheres são capazes, e algumas vezes cometem atos magníficos que manifestam um poder incrível e despertam em nós, homens, uma profunda admiração, se não temor e tremor. Ainda assim, quando elas amam, amam em silêncio; falam como que em sussurros e temos que escutar com atenção para ouvir suas palavras de amor e conhecê-las.
>
> Deus também não é assim?
>
> Ele não intervém na maior parte de nossas vidas em sussurros, aos quais perdemos se não nos relembramos e prestarmos muita atenção, se não lutarmos constantemente para ouvir esses sussurros de amor divino? As virtudes necessárias para amar verdadeiramente uma mulher e receber de volta esse amor – as virtudes de ouvir, ter paciência, humildade, serviço e amor fiel – são virtudes necessárias para amarmos Deus e sentirmos o retorno desse amor. Assim como não podemos nos assenhorear das mulheres se quisermos conhecê-las e nos tornarmos cada vez mais íntimos, assim também não podemos nos assenhorear de Deus se quisermos conhecê-lo e crescermos em intimidade com ele.
>
> É inútil exigir o amor de uma mulher ou o amor de Deus. Temos que esperar. E assim como o coração de uma mulher se derrete quando encontra em nós a fraqueza acompanhada de nosso humilde reconhecimento dela, da mesma forma se derrete o coração de Deus.

Embora essa história tenha com o alvo os homens, creio que o mesmo princípio é verdadeiro para as mulheres. Esse homem terrivelmente difícil de amar pode ser seu caminho para aprender a amar Deus. Essa é uma verdade bíblica. João, o discípulo amado, deixa isso bem claro: *Se alguém afirmar: "Eu amo a Deus", mas odiar seu irmão, é mentiroso, pois quem não ama seu irmão, a quem vê, não pode amar a Deus, a quem não vê. Ele nos deu este mandamento: Quem ama a Deus, ame também seu irmão* (1Jo 4.20s).

Esse homem ou essa mulher parece muito diferente de você, eu sei. É por isso que parece tão difícil amá-lo ou amá-la. Quando você pensa de uma maneira, ela pensa de outra. Quando você acha que essa perspectiva é a mais importante, ele a vê de forma completamente diferente. E você se pergunta: "Como posso amar alguém que é tão diferente de mim?"

> *Há uma distância muito menor para um homem amar uma mulher ou para uma mulher amar um homem do que para nós amarmos Deus.*

Mesmo assim, reflita, se você puder fazer essa pergunta com integridade, responda para você mesmo: Como você pode amar Deus? Ele é espírito e você está encerrado em carne e osso. Ele é eterno e você está preso ao tempo. Ele é santo, perfeito, sem pecado e você – como eu – está afundado no pecado.

Há uma distância muito menor para um homem amar uma mulher ou para uma mulher amar um homem do que para nós amarmos Deus.

Mas eu acho que é mais que isso. Acho que o casamento foi criado para sairmos de nós mesmos e aprendermos a amar o "diferente". Colocados na situação mais próxima imaginável – vivendo lado a lado, dormindo no mesmo quarto e até, de vez em quando, compartilhando nossos corpos um com o outro – somos forçados a respeitar e apreciar alguém que é radicalmente diferente.

Precisamos sair de nós mesmos porque, na verdade somos incompletos. Deus nos fez para encontrarmos nossa satisfação nele – o Totalmente Outro. O casamento nos mostra que não somos tudo o que existe, nos desafia a dar lugar ao outro, mas também encontrar alegria, felicidade e até êxtase em outra pessoa.

Não há lições a serem aprendidas quando um marido domina sua esposa. Não há exemplos inspiradores quando uma mulher manipula o marido. O amor, no entanto, desvenda os segredos espirituais do universo. O amor sopra a eternidade e faz chover suas gotas sobre nós.

A beleza do cristianismo está em aprender a amar e poucas situações da vida nos testam tão radicalmente quanto o casamento.

Ser cristão é crer em certas coisas, para ter certeza, mas seu arauto, sua marca registrada, sua glória não consiste apenas em apontar certas verdades intelectuais. A beleza do cristianismo está em aprender a amar e poucas situações da vida nos testam tão radicalmente quanto o casamento.

Sim, é difícil amar seu cônjuge, mas se você quiser amar verdadeiramente Deus, olhe agora mesmo para a aliança em sua mão esquerda, comprometa-se a descobrir novamente o que esse anel representa e ame apaixonadamente, loucamente e persistentemente a pessoa de carne e osso que o colocou ali.

Essa talvez seja uma das coisas mais espirituais que você pode fazer.

Perguntas para reflexão e discussão

1. Compare e contraste o que nossa cultura geralmente entende pela palavra amor e como a Bíblia a define.

2. Discuta algumas das maneiras pelas quais o casamento parece especialmente criado para nos treinar em como amar?

3. Se alguém tentasse descrever seu amor por Deus somente pela forma como você trata seu cônjuge, o que ele ou ela concluiria? Diga uma ou duas coisas que você pode fazer para servir seu cônjuge, fortalecer seu casamento e agradar a Deus.

4. Quanto tempo você passa pensando em como fazer seu cônjuge feliz, comparado com o tempo que passa avaliando como seu cônjuge está agradando você? Você acha que sua atitude está correta ou precisa melhorar nessa área?

5. Discuta como o casamento pode revelar as atitudes erradas e os preconceitos contra as mulheres e como isso pode também esclarecer os conceitos críticos que as mulheres têm dos homens. Seu casamento está confrontando esses estereótipos ou está sofrendo por causa deles? O que você pode fazer para revelar e renunciar a essas atitudes negativas?

6. Deus nos ama apesar de nossas falhas. Como o casamento nos ensina a amar nosso cônjuge a despeito de suas imperfeições?

7. Você e seu cônjuge são diferentes de muitas maneiras. Que diferenças você passou a apreciar? Quais ainda o aborrecem? Você pode aprender com essas diferenças e compreender melhor seu cônjuge? Como?

4

Honra Santa

O casamento nos ensina a respeitar os outros

Estamos todos na sarjeta, mas alguns de nós estão contemplando as estrelas

— Oscar Wilde

Não devemos ser tão ingênuos a ponto de pensar que o casamento é um porto seguro contra a Queda. [...] As lutas mais profundas da vida ocorrerão no primeiro relacionamento afetado pela Queda: o casamento.

— Dan Allender e Tremper Longman III

"Eu trabalho o dia inteiro", Brian se queixou para mim, "venho para casa, ajudo a fazer o jantar, brinco com as crianças, lavo a louça, coloco as crianças na cama e bang! São 9h30 e eu estou morrendo de cansaço".

"O que a sua mulher está fazendo esse tempo todo?", perguntei.

"Ela está na internet, passando todo o tempo dela em um daqueles chats."

"Sério?"

"É verdade. Ela passa horas todos os dias 'conversando' com pessoas no computador. Ela 'fala' mais com eles do que comigo ou com as crianças. É repugnante."

Apenas duas horas depois, Brian estava trocando a fralda de seu filho recém-nascido quando Cheryl chegou disparando sobre como ele estava estragando o casamento deles se endividando, nunca brincando com as crianças, não assumindo a liderança espiritual e nunca ajudando com o serviço de casa.

Minha esposa ficou pasma. Ela conhecia Brian desde o Ensino Médio e sempre pensou que ele seria o tipo de pai que se envolveria com a educação dos filhos e bem moderado em questões financeiras.

Foi impressionante ouvir dois relatos completamente diferentes do mesmo casamento. Durante o resto do dia, Brian e Cheryl foram bastante cáusticos em seus comentários. Eles tinham se tornado adversários, não aliados, e uma verdadeira mortalha invadiu o ambiente entre eles.

"Tenha desprezo pelo desprezo."

"É isso aí, Gary, *pega ele*!", disse Cheryl quando fiz algumas colocações que colocaram em perigo seu ponto de vista. Não foi propriamente uma exclamação bem-humorada de afeição genuína, foi satisfação maldosa diante da queda de um inimigo.

Quando penso naquele dia, lembro-me de uma coisa que eu li. Francisco de Sales, o escritor de *Introdução à vida devota*[22], do século 17, escreveu em uma carta algo simples, mas poderoso: "Tenha desprezo pelo desprezo".

Tanto Brian quanto Cheryl estavam tão cheios do seu desprezo um pelo outro que passavam o tempo todo ruminando sobre as falhas um do outro. Era óbvio que um deles (mais provavelmente os dois) estava mentindo sobre a situação em casa ou tinha uma visão seriamente distorcida sobre o que estava acontecendo em seu casamento.

Esse capítulo fala da disciplina de demonstrar respeito, particularmente para com o cônjuge. A triste verdade é que comparativamente poucos

22 São Francisco de Sales, *Filoteia ou Introdução à vida devota*, 19ª ed. (Petrópolis: Vozes, 2010) (N. de Revisão)

cristãos pensam no respeito como um mandamento ou uma disciplina espiritual. Somos obcecados pelo "ser respeitado", mas raramente consideramos nossa própria obrigação de respeitar os outros.

As escrituras têm muito a dizer sobre isso. Devemos respeitar nossos pais (Lv 19.3), os idosos (Lv 19.32), Deus (Ml 1.6), nosso cônjuge (Ef 5.33; 1Pe 3.7) e, na verdade, todos os outros: *Tratem a todos com o devido respeito* (1Pe 2.17), exorta Pedro, o dedicado discípulo de Jesus.

Todos nós temos um desejo visceral de sermos respeitados. Quando esse desejo não é atendido, somos tentados a cair no erro de reagir em autodefesa. Em vez de trabalhar para edificar nossa própria vida de forma que o respeito nos seja concedido, trabalhamos para destruir nosso cônjuge em uma tentativa desesperada de nos convencermos de que a falta de respeito não faz sentido. Espiritualmente, isso se torna um ciclo vicioso e debilitante que é extremamente difícil de ser quebrado.

Deus tem uma solução que, se a adotarmos, revolucionará nossos relacionamentos. Enquanto muita gente luta para *receber* respeito, o casamento cristão nos chama a nos concentrarmos em *dar* respeito. Somos chamados a honrar alguém mesmo que conheçamos bem demais as tremendas falhas do seu caráter. Somos chamados a nos esforçarmos até o nosso limite para descobrir como podemos aprender a respeitar essa pessoa com quem nos tornamos tão familiarizados. Nessa busca, somos exortados a "ter desprezo pelo desprezo".

O rio explorado

Tenho algumas lembranças muito vívidas de nossa primeira semana de casados. Uma delas foi encontrar no armário do banheiro aquela coisa de metal que parecia uma tesoura com uma mandíbula. "O que é isso?", perguntei pegando aquilo.

"É meu curvador de cílios", minha esposa respondeu – uma prática que não se vê muito por aí, mas era bem comum no início dos anos oitenta.

"Você usa isso?", perguntei.

"Claro que uso", ela disse.

Fiquei pasmo. Ninguém jamais me disse isso. Nunca me ocorreu que cílios retos fossem sinal de falta de higiene.

"Então o que as mulheres dizem quando vão ao shopping? 'Olha lá aquela mulher! Ela se esqueceu de curvar os cílios e saiu assim em público'?", perguntei.

"Não seja bobo", disse ela arrancando o curvador de cílios da minha mão.

O casamento jovem pode ser cheio de revelações. Você acha que todo mundo coloca a lixeira da cozinha do lado esquerdo da pia – até que descobre que a família da sua esposa coloca a lixeira lá fora.

"Mas não é aí que se põe", você protesta.

"Por que não?", ela pergunta.

"Porque minha mãe nunca coloca lá!"

Levei anos para aceitar que Lisa coloca certos remédios no armário de temperos. Se você me perguntasse, eu diria que há algo inerentemente errado em guardar o leite de magnésia perto da baunilha e do sal. Mas era assim que família dela fazia.

Depois de algum tempo, porém, esses interessantes pequenos mistérios tornam-se familiares, e é aí que o desprezo começa a invadir.

Mark Twain escreveu um sombrio conto sobre a exploração profunda do Rio Mississipi que ele tanto amava. Depois de literalmente memorizar todas as suas curvas e voltas e navegar em suas águas com arrebatadora admiração ele ficou mortificado ao acordar certo dia e descobrir que o rio havia perdido muito de sua poesia. O mistério daquele poderoso caminho de águas tinha sido substituído por uma tediosa previsibilidade. Ele, literalmente, gastou seu amor por aquele rio.

Todo casamento passa por esse estágio. Um amor arrebatador, se acalma e cai em uma rotina previsível. O mistério é substituído por uma familiaridade quase cômica – a esposa sabe exatamente onde o marido vai sentar no sofá, o marido sabe exatamente como a esposa vai atender ao telefone.

A esposa de um casal que conhecemos decidiu dar tacos de golfe a seu marido de presente de aniversário. Ela foi à loja e disse ao proprietário: "Aqui está o dinheiro para um conjunto de tacos. Meu marido e eu viremos aqui amanhã à noite. Ele vai olhar para esses tacos e então ele virá até mim para falar deles, então ele vai voltar para os tacos e tocar naqueles que ele acha que são a melhor opção. Nesse momento, eu quero que o senhor vá até ele e diga: 'Sua esposa já pagou por eles ontem. Feliz aniversário' ".

O balconista ficou surpreso e um pouco desconfiado, mas concordou em colaborar com o plano.

No dia seguinte, nosso amigo nos levou para jantar em um restaurante perto da loja de golfe. Depois do jantar, o marido (como previsto) apontou para a loja e disse: "Vocês se importam se a gente der uma paradinha ali?"

"De modo algum", disse a esposa.

O marido atravessou a loja e ficou olhando para dois conjuntos de tacos. Caminhou até a esposa e conversou com ela sobre eles. Depois retornou aos tacos e tocou o conjunto que ele achou que seria o melhor. O dono veio e representou seu papel.

Quando o amor é familiar dessa forma, é possível "gastar nosso amor" por uma pessoa?

Dizem que os poetas ingleses Robert Browning e sua esposa Elizabeth Browning (que escreveram os famosos – e muito copiados – versos: "Como eu te amo? Deixe-me contar as maneiras...") nunca viram um ao outro completamente nus. Sua duradoura paixão é lendária. Será por causa desse mistério físico que durou tanto e foi tão intensa?

À medida que nossos parceiros e suas fraquezas se tornam mais familiares para nós, muitas vezes o respeito fica cada vez mais difícil. Essa falha em demonstrar respeito, porém, é um sinal de imaturidade espiritual, mais do que um inevitável atalho do casamento. Pense no que Paulo disse aos Coríntios. Ainda que estivesse escrevendo a uma igreja de gente briguenta (1Co 1.11), simples e sem instrução (1.26), crianças "carnais" (3.1-3), egocêntricos arrogantes (4.18), infantis (14.20), que tinha um homem que estava dormindo com a mulher de seu pai (5.1) e homens avarentos que estavam processando irmãos em Cristo (6.1); Paulo ainda os honra dizendo: *Sempre dou graças a meu Deus por vocês* (1.4). Ele os conhecia bem o suficiente para estar familiarizado com todas as suas falhas, mas mesmo assim, continuou a ser grato por eles. Por quê? A chave está na segunda metade do versículo 4: *Sempre dou graças a meu Deus por vocês, **por causa da graça que lhes foi dada por ele em Cristo Jesus*** (ênfase acrescentada).

Como C. J. Mahaney explica de forma eloquente, podemos ser gratos por nossos irmãos pecadores quando passamos mais tempo procurando por "evidências da graça" do que procurando os defeitos. Se minha esposa estivesse mais consciente dos erros que ela comete aos meus olhos, do que está de como eu testemunho as evidências da graça de Deus em sua jornada de santificação progressiva, então sou um marido legalista, semelhante a um fariseu. Respeitar é uma obrigação, não um favor; é um ato de maturidade, nascido de um profundo entendimento da boa graça de Deus.

Desafiando nossos preconceitos

Entrei em casa uma noite e Lisa imediatamente me entregou o telefone. "Gail está pirando", ela disse, "e James precisa falar com você".

Peguei o telefone e vi que Gail e James realmente estavam passando por um momento difícil.

"Gail diz que eu a reprimo", disse James, meio sarcasticamente. "Ela diz que eu não tenho respeito por ela e que eu a diminuo".

"É mesmo?", eu disse.

"É. E agora ela quer que eu vá à psicóloga dela, mas eu não gosto nada dessa ideia".

"Por que não?", perguntei.

"Porque a psicóloga é mulher e eu não tenho a certeza de que posso confiar nela."

"Deixe-me ver se entendi", repliquei. "Gail acha que você não a respeita como mulher. Você diz que isso não é verdade, mas não quer ir à psicóloga porque ela é mulher e você não tem certeza de que pode confiar nela".

Houve um longo silêncio.

Eu sabia que esse desafio surgiria um dia. A primeira vez que vi Gail, soube por que James a escolhera. Ele foi criado como um "homem de verdade" e estava procurando pela "mulher de um homem de verdade". Nós falamos sobre as mulheres com quem ele tinha namorado. Não percebi nenhuma que pudesse desafiá-lo, que o instigasse, ameaçasse ou competisse com ele em qualquer aspecto. Vi mulheres que provavelmente haviam sido intimidadas pelo pai e estavam perfeitamente contentes em seguir um marido que quisesse uma esposa bonita, magra e, de preferência, loira, pendurada no seu braço direito, que soubesse como sorrir, falar, rir, fazer amor e cuidar de bebês.

Gail queria um relacionamento de verdade, estava farta de ser só um enfeite. E James estava enfrentando uma crise. Não era, no entanto, uma crise na qual Gail estivesse "pirando", como James pensou inicialmente. Era uma crise em que ele estava sendo forçado a confrontar suas atitudes preconceituosas contra as mulheres em geral e em relação a Gail em particular.

Jesus intencionalmente confrontou atitudes semelhantes ocultas no íntimo dos discípulos. Ele rompeu abertamente com a tradição rabínica ao conversar com uma mulher junto ao poço (veja Jo 4). Não era inédito apenas um rabino ficar sozinho com uma mulher, mas discutir teologia com ela era totalmente impensável. Certo rabino, ao receber a sugestão de que as mulheres deveriam aprender a Lei por circunstâncias particulares, ele replicou: "Se um homem der à sua filha o conhecimento da Lei é como se lhe ensinasse uma imoralidade."[23]

É por isso que, ao se referir à reação dos discípulos quando encontraram Jesus falando com a mulher (Jo 4.27), as palavras "surpresos" e "maravilhados" foram usadas para traduzir a palavra grega *thaumazo*, que tem um sentido de incredulidade: "Como isso pode estar acontecendo?", "Será que estou vendo o que acho que estou vendo?"

Sem dúvida, muito do espanto dos discípulos surgiu de sua exposição a uma cultura francamente antifeminina. As mulheres da Palestina na época de Jesus eram sujeitas a inúmeras rejeições. Elas não eram contadas entre aqueles que deveriam perfazer o mínimo de dez pessoas exigido para

23 Citado em Leon Morris, *The Gospel According to John: New International Commentary on the New Testament* (Grand Rapids: Eerdmans, 1971), 274.

se celebrar um culto na sinagoga; seu testemunho não tinha validade no tribunal; não eram consideradas aptas para receber educação (o Talmude diz: "As palavras da Torá serão destruídas pelo fogo antes que sejam ensinadas às mulheres") e muitas vezes eram segregadas do resto da sociedade e trancadas em suas casas. A depreciação da mulher é vista em uma oração audaciosamente depreciativa, proferida com frequência pelos antigos judeus: "Louvado seja Deus que não me criou como gentio, louvado seja Deus que não me criou como mulher, louvado seja Deus que não me criou como uma pessoa ignorante".

Com atitudes ousadas e palavras corajosas, Jesus desafiou e confrontou essas atitudes contra as mulheres, elevando-as e incluindo-as em seu grupo de confidentes e apoiadores.

Com atitudes ousadas e palavras corajosas, Jesus desafiou e confrontou essas atitudes contra as mulheres, elevando-as e incluindo-as em seu grupo de confidentes e apoiadores (veja Lc 8.1-3). Ele valorizava as mulheres e queria que elas estivessem ao seu redor. Contudo, nunca houve nem mesmo um boato ou insinuação de escândalo, pois Jesus agia com amor genuíno e pureza.

Só depois que meu amigo James se casou é que foi capaz de confrontar a visão misógina que tinha das mulheres. Ele teve que ouvir de sua própria esposa: "Você não me respeita porque eu sou mulher" e ser pego em suas próprias palavras "Ela é mulher, não sei se posso confiar nela" para enxergar sua atitude pecaminosa.

A diferença

Muitos dos problemas conjugais que enfrentamos não são problemas entre casais em particular – Jim e Susan, Mark e Diane ou Rob e Jill. São problemas entre homens em geral e mulheres em geral. Surgem porque somos preguiçosos demais ou egoístas demais para conhecer nosso cônjuge o suficiente para compreender como eles são realmente diferentes de nós.

Tive que aprender isso da pior maneira. Vou poupá-lo dos detalhes desagradáveis. Ir de Bellingham, no Estado da Carolina do Norte à cidade de Raleigh, no Estado de Washington significa cinco horas de carro, quatro aeroportos, três reservas de carro, dois motoristas cansados e um motorista de táxi absolutamente maluco que parecia um personagem de um episódio do Seinfeld (série apresentada pela emissora americana NBC).

Eu estava viajando com a minha filha mais velha, que tinha dez anos na época, e planejava deixá-la na casa de amigos no norte do Estado da Virgínia no caminho para Raleigh. Devido a um voo cancelado, deixei Allison às onze horas da noite e dirigi até uma da manhã, quando o cansaço me obrigou a fazer uma parada.

Levantei cedo pela manhã e completei o percurso até Raleigh, onde eu deveria falar a uma grande audiência à noite. Antes da reunião, tive que completar uma entrevista por telefone, enviar uns textos para uma editora pelo correio e retornar o telefonema de um casal – tudo isso enquanto tentava espremer um tempinho para preparar minha palestra.

Mais ou menos uma hora antes de eu sair para o salão de conferências do hotel fui ligar para minha esposa. Depois de umas poucas frases ela estava em lágrimas, algo sobre um programa de computador que não estava funcionando e se deveríamos gastar dinheiro para comprar um computador novo. Eu estava fazendo o possível para me preparar espiritualmente para minha palestra, depois de uma viagem exaustiva e precisava de um tempo para me concentrar. Fiquei ressentido com as lágrimas de Lisa. Lembro-me que pensei "Será que ela não poderia ser um pouquinho mais forte quando estou viajando? Não tenho tempo para isso".

Tentei orar em minha frustração, mas continuei agitado. "Maravilha!", pensei. "Que animado eu fico logo antes de encarar todas aquelas pessoas!" Tentei não culpar minha esposa por me deixar daquele jeito, mas estava tendo menos de 100% de sucesso.

"Um cara que viaja precisa ter alguém mais forte em casa". Continuei dizendo isso para mim mesmo, depois me arrependi e então me vi repetindo a frase com mais vigor.

Duas semanas depois li um texto contando uma impressionante experiência pessoal no Washington Post Magazine. Liza Mundy escreveu que estava participando de uma reunião editorial quando, para sua própria surpresa começou a chorar. Ela estava com calor, chateada e cansada – nada de extraordinário, mas todas essas coisas combinadas fizeram com que ela tivesse vontade de chorar. Ela escreve: "De repente o calor subiu para o meu rosto e as lágrimas estavam jorrando dos meus olhos e tentei piscar e piscar, tentando evitá-las, mas era inútil. Mais tarde, um amigo colocou minha experiência "choro-no-escritório" de uma forma muito bonita :"Você já não está chorando por causa do que eles falam, está chorando porque está chorando".

Então, mais ou menos um parágrafo adiante, Mundy escreveu uma coisa que mexeu comigo: "Não ligue para essas lágrimas, elas não têm sentido. Estou pensando claramente: 'Essa conversa não está me entristecendo nem de longe quanto parece. Só estou cansada, um pouco estressada e com calor!'. Era isso que eu queria dizer. Porque eu sabia, talvez como a maioria das mulheres, que, às vezes, as lágrimas são tão sem importância quanto o suor".

Como homem, igualei lágrimas a fraqueza, quase desespero. Para eu chorar no escritório seria preciso que tivesse acontecido uma grande tragédia. E foi aí que percebi que talvez as lágrimas significassem coisas inteiramente diferentes para mim e para Lisa. Eu vejo lágrimas e penso que ela está desmoronando. Ela chora e pensa que está apenas suando.

Se por alguma razão Lisa e eu nos separássemos e eu me casasse com alguém que achasse mais forte emocionalmente, me encontraria na mesma situação. Uma determinada coisa que me aborrece em Lisa pode ser uma coisa pertinente a todas as mulheres. É um problema homem-mulher, e não Lisa-Gary.

Meses mais tarde vi Lisa segurando as lágrimas na Sexta-Feira Santa. Nossa filha mais nova, Kelsey, tinha colocado na máquina de lavar uma blusa com glíter. A blusa não ficou limpa e ela não poderia usar na igreja como planejado. Os olhos de Lisa foram ficando largos – já vi isso muitas vezes nesses quatorze anos – e ela começou a piscar para não chorar.

Eu estava em pé na porta. Pensei: *para que chorar por causa de gliter na blusa? Grande coisa!*

Então apliquei a disciplina do respeito: "Gary, pare com isso! As lágrimas significam uma coisa diferente para ela. Não julgue sua esposa".

Fiquei de boca fechada, suas lágrimas logo passaram e fomos para a igreja sem muito alarde.

Observe o processo aqui: tive que aprender a entender Lisa melhor antes de poder respeitá-la verdadeiramente, e tinha de respeitá-la antes de poder amá-la plenamente. Esse é um tremendo processo terapêutico, um esvaziamento do ego para que eu possa crescer mais em meu amor pelos outros.

Uma atitude de julgamento não me transforma, me inflama. Enche-me de arrogância.

Charles Williams se refere a uma "invasão mútua, quebrando ambos os seres para que ambos possam ser transformados pelo amor que recebem."[24]

Uma atitude de julgamento não me transforma, me inflama. Enche-me de arrogância. Quando aprendo a respeitar, sou transformado no processo.

Igualdade Espiritual

Como entidades morais o homem e a mulher são iguais diante de Deus. Essa verdade não quer dizer que somos sinônimos, nem que seus papéis serão ou deverão ser os mesmos. Conforme ensinam as Escrituras, isso significa que os dois foram feitos à imagem de Deus. Esse é o ensino de Gênesis 1.27 e esse é um ensino confirmado por Paulo no Novo Testamento quando escreveu aos Gálatas que não há "nem homem, nem mulher" em Cristo Jesus (Gl 3.28)

O fato de que minha esposa foi feita à imagem de Deus me impele a dar uma resposta muito mais nobre do que simplesmente deixar de ser paternalista. É claro que é ridiculamente impróprio desprezar Lisa por ela ser mulher. O fato de ter sido criada por Deus exige que eu vá muito

24 Citado em Oliver, *Conjugal Spirituality*, 38.

além do que simplesmente não desdenhá-la: na verdade Deus me chamou para honrá-la.

Levamos certa vez nossa família para uma visita à Galeria Nacional de Arte para ver alguns quadros de Rembrandt e uma de minhas filhas que é muito "táctil" estendeu a mão para tocar na pintura. Minha esposa deu baixinho uma bronca e agarrou a mão dela antes que ela pudesse encostar na tela. "Isso é um Rembrandt!", sussurrou sob os olhar de reprimenda do guarda. "Você não pode tocar!"

Minha esposa foi criada pelo próprio Deus! Como eu me atrevo a desonrá-la? De fato, será que eu não deveria até mesmo fazer uma pausa antes de tocá-la? Ela é filha do Criador, afinal de contas!

A dificuldade de honrar nosso cônjuge está em adotar atitudes e ações que vão muito além de dizer que não vamos desonrá-los. Como Gary e Betsy Ricucci afirmaram: "A honra não é passiva, é ativa. Honramos nossas esposas demonstrando nossa estima e respeito. Honramos nossas esposas elogiando-as em público, afirmando seus dons, habilidades e realizações e declarando nossa apreciação por tudo o que ela faz. A honra que não é expressa, não é honra."[25]

O maior desafio para mim em manter minha obrigação espiritual de honrar minha esposa é que eu fico muito ocupado e me distraio. Não tenho a intenção de desonrá-la, só fico distraído e negligencio em honrá-la ativamente.

O pastor de Maryland que citei anteriormente, C. J. Mahaney, aprendeu a honrar sua esposa quase instintivamente. Sua irmã conta o que aconteceu quando C. J. e sua esposa tiveram seu primeiro bebê. Muitos pais são conhecidos por "idolatrar o primogênito", mas C. J. demonstrou sua maturidade quando alguém lhe disse: "Aposto que ele é a menina dos seus olhos". C. J. imediatamente apontou para sua esposa e disse: "Não – *ela* é a menina dos meus olhos".[26]

A razão pela qual honrar minha esposa é uma disciplina espiritual tanto quanto marital é simples: quanto mais eu honro minha esposa em particular, mais honro as outras mulheres em geral. O inverso também

25 Ricucci, *Love That Lasts*, 70.

26 Citado em Ricucci, *Love That Lasts*, 121.

é verdade. O comentário frívolo "é apenas uma mulher" trai uma séria doença espiritual.

"*Apenas* mulheres" foram feitas à imagem e semelhança de Deus. Comentários assim chegam perigosamente perto de maldizer o Criador que fez as mulheres *exatamente do jeito que elas são*.

Respeitar os outros traz luz e vida às nossas vidas. Em última instância, nos leva a respeitar o Deus que criou todos nós e nos formou da maneira como lhe agradou. Essa é uma disciplina essencial e o casamento nos oferece oportunidades diárias de crescermos nessa área.

Vamos observar algumas maneiras práticas pelas quais podemos começar a desprezar o desprezo em nossos relacionamentos.

Construindo o desprezo pelo desprezo

Adote um padrão duplamente santo

Infelizmente, passei os primeiros anos de meu casamento contando os prós e os contras dos vários traços da personalidade de minha esposa. O problema era simples: eu gastava tempo demais contando os meus prós e os contras dela. Então li uma passagem escrita por John Owen, um dos grandes pensadores puritanos: "A pessoa que compreende o mal em seu próprio coração é a pessoa que é útil, que dá frutos e é consistente em seus princípios e obediência. Os outros só se iludem e, em consequência, magoam suas famílias, igrejas e todos os seus outros relacionamentos. Em seu orgulho e julgando os outros, mostram grande inconsistência."[27]

Percebi que estava sendo iludido pelo meu orgulho. Em vez de me concentrar em onde Lisa poderia melhorar, eu deveria dobrar os joelhos e pedir que Deus me transformasse. Esse pensamento tomou outra dimensão certa manhã quando acordei e comecei a orar com as escrituras. De repente, uma pergunta me assustou: "Lisa se sente como se fosse casada com Jesus?"

Quase ri alto, até que fui chacoalhado por outro pensamento. As Escrituras me dizem repetidamente que eu preciso ser como Jesus Cristo. Com

27 John Owen, *Sin and Temptation*, editado e resumido por James Houston (Portland Or.: Multnomah, 1983), 29.

o passar do tempo, minha esposa deveria começar a ver pelo menos uma leve semelhança. Vi o quanto eu estava longe de cumprir minha tarefa por amor a minha esposa.

"Mas espere!" O egoísmo em mim queria gritar. "E ela?" Comecei a pensar como minha esposa poderia melhorar e como isso indubitavelmente ajudaria nosso casamento. Então me lembrei do texto de William Law, um grande escritor anglicano que viveu no século 18:

> Ninguém é mais do Espírito de Cristo do que aquele que tem a maior compaixão pelos pecadores. Nem há sinal maior de nossa própria perfeição do que encontrar em si mesmo todo o amor e compaixão por aqueles que são muito fracos e cheios de defeitos. E, por outro lado, você não poderia ter menos razão para estar satisfeito consigo mesmo do que quando se vê muito irado e ofendido com o comportamento de outros. Todo o pecado certamente deve ser odiado e abominado onde estiver, mas então devemos nos posicionar contra o pecado como fazemos contra a doença e a enfermidade, mostrando mansidão e compaixão pelo doente e pelo enfermo.[28]

As Escrituras me dizem repetidamente que eu preciso ser como Jesus Cristo.

Essas são palavras difíceis de ouvir. Essencialmente, a Lei está me dizendo que, quando meu respeito vira desprezo, é porque sou fraco, não porque minha esposa está falhando. Se eu fosse realmente maduro, teria a mesma compaixão pela fraqueza dela que Cristo tem. O respeito é uma disciplina espiritual, uma obrigação que devo a minha esposa.

Felizmente, uma mudança em minha vida me ajudou a ver as coisas de uma perspectiva diferente.

Tendo um novo entendimento

Minha esposa e eu começamos a jornada em nosso casamento quando eu era autônomo. Para poupar as despesas, decidimos que eu trabalharia em casa. O problema é que naquela época morávamos em uma casinha geminada.

Com três crianças.

Em outras palavras, eu trabalharia no nosso *quarto*.

28 William Law, *A Serious Call to a Devout and Holy Life* (Nova Iorque: Paulist, 1978), 294.

Quando outros casais souberam como estávamos vivendo, se surpreendiam e perguntavam: "Vocês ainda gostam um do outro?"

Na verdade, trabalhar em casa fez maravilhas ao nosso casamento. Pela primeira vez pude ver como era passar o dia inteiro sendo Lisa. É verdade que eu via isso nos finais de semana, mas o que torna a vida dela difícil não são quarenta e oito horas ocasionais de trabalho – é a responsabilidade cumulativa, sem fim, entra dia, sai dia, de criar e ensinar as crianças em um sistema de escola doméstica ("*homeschooling*" é o sistema educacional americano em que os próprios pais ensinam seus filhos em casa sem necessidade de enviá-los à escola); enquanto limpa a casa, planeja refeições e se prepara para o seu grupo de estudo bíblico. Então, quando seu marido vem para casa você tem que ter energia suficiente para agir como uma esposa.

Estamos casados no meio de muitas responsabilidades que competem por nossa energia. Essa nova compreensão tem nos levado a uma empatia maior um pelo outro sobre nossas fraquezas e peculiaridades.

Por outro lado, ela viu o que é passar o dia inteiro em frente ao computador. Alguns dias eu estava cansado. Outros, estava doente. Algumas vezes, o tempo lá fora estava lindo, mas eu sempre ficava sentando em minha cadeira e trabalhava. Fazia telefonemas que eu não queria, mas precisava fazer. Ela viu a minha determinação e disciplina. Assistiu de camarote a pressão de cumprir prazos ou aceitar compromissos que eu sabia que seriam difíceis, mas sem dúvida precisava do dinheiro que eles gerariam.

Com o tempo, desenvolvemos uma profunda apreciação por aquilo que o outro fazia. Ambos entendemos de forma mais clara os desafios que cada um enfrenta e por que, muitas vezes, é tão difícil agir como o marido ou a mulher perfeitos. Não estamos casados em um Jardim do Éden sem preocupações. Estamos casados no meio de muitas responsabilidades que competem por nossa energia. Essa nova compreensão tem nos levado a uma empatia maior um pelo outro sobre nossas fraquezas e peculiaridades.

Você não precisa trabalhar em casa para experimentar essa empatia. Em vez de direcionar sua energia para o ressentimento porque seu cônjuge raramente o entende, use seus esforços para entendê-lo. Como um exercício espiritual, descubra como o dia de seu cônjuge realmente é. Pergunte a ele. Pergunte a ela. Investigue: Qual é a parte mais difícil do seu dia? Quando você tem vontade de desistir? Tem alguma parte de seu dia que é monótona? Há alguma coisa que você receia constantemente? Separe um tempo para fazer um inventário das dificuldades de seu cônjuge em vez dos erros dele.

Quando sou grato pelo meu cônjuge, o controle que a familiaridade do desprezo tem sobre mim é quebrado.

Cultive a Gratidão

A ação de graças é um privilégio – ela cria um foco positivo em minha vida – mas também é uma obrigação: Deem graças ao Senhor, porque ele é bom (Sl 136.1). *Deem graças em todas as circunstâncias* (1Ts 5.18). Lembre-se de como Paulo deu graças pelos coríntios (veja 1Co 1.4).

Quando sou grato pelo meu cônjuge, o controle que a familiaridade do desprezo tem sobre mim é quebrado. Procuro coisas novas para dar graças. Tento dar o merecido valor pelas coisas rotineiras que minha esposa faz. Eu nunca como na casa dos outros sem agradecer por terem me preparado a refeição, porque não demonstrar à minha esposa a mesma gratidão que ofereço aos outros?

Há poucas coisas que me dão mais ânimo do que ouvir minha esposa e filhos dizerem: "Obrigado por trabalhar tanto para nos sustentar". Essas sete palavras podem tirar cinquenta quilos de pressão das minhas costas.

O desprezo é concebido pelas expectativas. O respeito é concebido com expressões de gratidão.

O desprezo é concebido pelas expectativas. O respeito é concebido com expressões de gratidão. Você pode escolher o objeto da sua obsessão: expectativas ou ação de graças. Essa escolha vai resultar em um nascimento – e a criança vai se chamar desprezo ou respeito.

Lembre-se dos efeitos da Queda

Precisamos compreender quão profundamente esse mundo está falido. O pecado marcou radicalmente nossa existência. Como resultado da Queda eu trabalharei com dificuldade e angústia (Gn 3.17-19). Lisa terá nossos filhos com sofrimento e se relacionará com motivos ambíguos e objetivos frustrados (Gn 3.16).

Até mesmo um casamento excepcionalmente bom não consegue apagar completamente os efeitos da maldição do pecado sobre os indivíduos e a sociedade. Dan Allender e Tremper Longman escrevem: "Nunca devemos ser ingênuos o bastante para pensar no casamento como um porto seguro contra a Queda... As lutas mais profundas da vida ocorrem no relacionamento mais fundamental afetado pela queda: o casamento".[29]

O problema é que, embora não possamos voltar à existência idílica de antes da Queda, somos criados com uma ideia de como eram os tempos pré-queda – em outras palavras, sabemos como os relacionamentos deveriam ser, mas somos incapazes de fazer com que sejam perfeitamente afinados com aquele ideal. "Nossas almas estão conectadas em algo que nunca desfrutaremos até que o Éden seja restaurado em novos céus e nova terra. Somos criados com uma lembrança distante do Éden."[30]

Isso me convida a conceder gentileza e tolerância à minha esposa. Eu quero que ela se torne tudo o que Jesus quer que ela seja e eu espero de todo o meu coração que eu seja um fator positivo na busca desse alvo (e vice-versa). No entanto, ela nunca chegará daquele lado do céu, por isso eu preciso amá-la e aceitá-la na realidade de nossas vidas em um mundo manchado pelo pecado.

Aceitar o fato de que o mundo é caído – com seus amargos desapontamentos, limitações físicas e miríades de exigências – me ajuda a entender como a vida é difícil para Lisa, o que, por sua vez, me ajuda a ter desprezo pelo desprezo.

No tempo em que eu ainda trabalhava fora de casa, me lembro de ocasiões em que Lisa e eu fazíamos planos para uma noite romântica. Na paixão da manhã, planejávamos uma noite quente. O romance fluiria. Por

29 Dan Allender e Tremper Longman, *Intimate Allies*, (Wheaton, Il.: Tyndale House, 1995), 287.

30 Allender e Longman, *Intimate Allies*, 281.

breves momentos, faríamos a terra derreter e desfrutaríamos dos abençoados frutos da intimidade conjugal.

Então eu saia para o trabalho, pensando ocasionalmente durante o decorrer do dia que prazeres conjugais me aguardariam em apenas algumas horas. Quando eu voltava para casa, no entanto, não raro encontrava à porta uma esposa que não queria nada a não ser um banho solitário e começar cedo uma boa noite de sono.

"Mas se você ainda quiser, sabe, eu posso continuar com o plano", ela dizia.

"Não é justo!", eu costumava pensar. "Eu não quero só uma esposa disposta, eu queria uma esposa ardente!"

Agora, no entanto, vejo como a situação se desenrolava – o chão da cozinha tinha sucrilhos suficiente para alimentar uma família de ratos por três anos, a pressão de cumprir as lições do *homeschooling*, enquanto era preciso fazer o almoço, lavar roupa, levar as crianças para o ballet, para a escolinha de futebol e...

Hoje eu vejo que não era nada pessoal, mas às vezes as esposas se cansam. É assim que são as coisas em um mundo caído. Lisa não gostaria de ficar cansada, mas ela é feita de carne e osso – e o que mais eu poderia esperar?

Em muitos de meus seminários digo repetidamente: "Maridos, vocês estão casados com uma mulher pecadora em um mundo pecador. É garantido que seu cônjuge pecará contra você, decepcionará você e terá limitações físicas que frustrarão e entristecerão você. Ele pode vir para casa com a melhor das intenções e ainda assim perder a calma. Ela pode ter todo o desejo do mundo, mas nenhuma energia".

Este é um mundo caído. Deixe-me repetir: você nunca vai encontrar um cônjuge que não seja afetado de alguma forma pela realidade da Queda. Se você não consegue respeitar essa esposa porque ela é propensa a certas fraquezas, nunca será capaz de amar *nenhuma* esposa.

É disso que as brigas cinco estrelas são feitas.

Procurando um pelo outro

Vários anos atrás, voltando de uma viagem, passei pela porta da frente, pisei dentro de casa e me senti como se tivesse andado a pé cada um dos seiscentos e quarenta quilômetros que eu tinha acabado de dirigir. Tinha dado seis palestras em quatro dias e cruzado quatro Estados diferentes para chegar onde eu precisava ir. Subi a entrada da garagem pensando: "Estou tão cansado. Tudo o que eu gostaria de fazer é assistir um jogo de futebol". Quando entrei Lisa estava pensando: "Ótimo, finalmente você está em casa! Passei o final de semana sozinha com as crianças e elas estão me deixando maluca".

É disso que as brigas cinco estrelas são feitas. Essas são situações que parecem ter sido especificamente planejadas no inferno.

E então, para minha surpresa, descobri que Lisa e eu tínhamos amadurecido. Tentei brincar com as crianças da melhor maneira possível. Eu tinha trazido pipoca com sabores diferentes e conversamos na mesa da cozinha enquanto elas comiam. Percebi que Lisa estava sendo incrivelmente compreensiva por eu estar cansado.

"Você deve estar exausto", ela disse. "Deixe que eu cuido das crianças hoje à noite".

Ouvi-la dizer isso me fez *querer* tomar conta das crianças. Compreendi que mesmo que ela tivesse uma razão válida para passar as obrigações da noite para mim, estava sendo dura com ela e pegando leve comigo. Isso me fez querer ser duro comigo e leve com ela.

Nós nem sempre agimos dessa forma, mas é maravilhoso quando conseguimos. Acho que fomos levados a essa atitude pelo apóstolo Paulo, que confessou que era o "pior dos pecadores" (1Tm 1.16). Acho que em toda a Bíblia não há receita melhor para nos ajudar a nos tornarmos cônjuges melhores. Se admitirmos que nosso cônjuge tem a estrada mais difícil de percorrer, reconhecermos que frequentemente erramos e, então, agirmos de acordo com essas conclusões – encontraremos a receita certa.

O desprezo nasce quando nos fixamos nas fraquezas de nosso cônjuge. Todos nós temos nossos pontos fracos. Se você quiser procurar, sem dúvida vai encontrar. Se quiser ficar obcecado com essas fraquezas, elas vão crescer, mas você, não!

Jesus providencia uma cura incrivelmente simples e, ainda assim, extremamente difícil. Ele nos diz para tirar a trave de nosso próprio olho antes de tentarmos remover o cisco do olho do próximo (veja Mt 7.3-5).

Se você está pensando: "mas é a minha esposa quem tem uma trave no olho", deixe-me contar-lhe um segredo: *Você é exatamente o tipo de pessoa de quem Jesus está falando*. Você é quem ele quer desafiar com essas palavras. Jesus não está nos ajudando a resolver assuntos legais, está nos exortando a adotar espíritos humildes. Ele quer que lancemos fora o desprezo – para desprezar o desprezo – e aprender o segredo espiritual do respeito.

Considere o tipo de pessoas que Jesus amou nos dias em que andou sobre a terra – Judas (o traidor), a mulher junto ao poço (uma libertina sexual), Zaqueu (um corrupto) e muitos outros como eles. A despeito do fato de Jesus não ter pecado e essas pessoas estarem chafurdadas no pecado, ele ainda as honrou. Lavou os pés de Judas, conversou longa e respeitosamente com a mulher junto ao poço, foi jantar na casa de Zaqueu. Jesus, o único ser humano perfeito, veio viver nesta terra e procurou ir ao encontro dos pecadores. Ele nos pede para fazer o mesmo, começando com aquele que nos é mais próximo: o nosso cônjuge.

Perguntas para reflexão e discussão

1. Como a falta de respeito ou o desprezo aberto por seu cônjuge está afetando negativamente sua vida e as vidas de seus filhos?

2. Você está mais apto a procurar "evidências da graça de Deus" em seu cônjuge ou seu comportamento padrão é ser consumido pelos defeitos dele? Que passos práticos você pode tomar para escolher o respeito e não o desprezo?

3. Pare para pensar e diga que evidências da graça você pode ver em seu cônjuge? Quais são as qualidades pessoais de seu cônjuge e as contribuições que ele fez à sua vida pelas quais você deve continuamente dar graças a Deus?

4. Quantos de seus desentendimentos conjugais nascem das diferenças de gênero, comparando com os desentendimentos pessoais? Como o reconhecimento dessas distinções pode melhorar a qualidade de seu relacionamento?

5. Como a atitude de tentar compreender nosso cônjuge em vez de julgá-lo pode nos ajudar a cumprir o mandamento bíblico de respeitá-lo?

6. Discuta sobre algumas maneiras de honrar ativamente seu cônjuge.

7. Como o casamento seria beneficiado se você e seu cônjuge mostrassem mais respeito um para com o outro?

8. Gary escreve que "não somos casados em um jardim do Éden sem preocupações. Somos casados em meio a muitas responsabilidades que competem para obter nossa energia". À luz disso, você crê que está dando a seu cônjuge espaço e compreensão suficientes?

[illegible] para reflexão e discussão

[illegible]

5

O ABRAÇO DA ALMA

UM BOM CASAMENTO PODE PROMOVER UMA BOA VIDA DE ORAÇÃO

Um excelente casamento não começa quando conhecemos um ao outro, mas quando conhecemos Deus.

— Gary e Betsy Ricucci

Poucos meses depois de nos casarmos, para fazer um favor a uns amigos, concordamos em trocar a nossa cama com a de outro casal.

Eles moravam no andar térreo e tinham uma cama d'água, mas queriam se mudar para um apartamento no andar superior onde, por causa do peso, elas não eram permitidas. Lisa e eu, então, decidimos emprestar nossa cama.

Foi um ato de caridade do qual logo nos arrependemos.

O mais difícil para mim era o fato de que, com todos os meus anos de solteirice, me acostumei a dormir sozinho. Para minha "tristeza", Lisa gostava de dormir bem juntinho e levei meses até conseguir dormir com alguém enroscado em mim.

Com a cama d'água a coisa piorou. Quando um de nós se movia, era como tentar dormir em um tsunami. Eu odiava. Para tornar tudo mais complicado, Lisa tem a tendência de rolar para o meu lado da cama, me empurrando para fora cada vez mais. Uma noite, acordei com a bochecha esmagada contra a armação de madeira da cama.

"Isso é ridículo", pensei. Então me levantei e fui dormir do outro lado da cama. Agora eu tinha três quartos da cama só para mim. Você pode adivinhar o que aconteceu na manhã seguinte: eu acordei com a bochecha esmagada contra o *outro* lado da estrutura da cama.

"Essa cama tem que ir embora!", insisti.

Assim como para mim é difícil dormir como um homem casado, foi difícil aprender a orar como um homem casado. Tudo tinha mudado do dia para a noite. Meus rituais normais e hábitos espirituais simplesmente não combinavam mais com a minha vida. Tive que criar novos hábitos.

A importância do casamento para a oração

Levei minha vida de oração a sério por uma boa razão. As palavras de Jesus aos seus discípulos, sem mencionar dois mil anos de tradição cristã, são testemunhas da mesma realidade – a oração é essencial para a vida cristã. Não há fé sem oração. Para sermos cristãos fortes, precisamos ter uma vida de oração forte. Não há outro caminho.

John Henry Newman, que além de um famoso estudioso do século 19 era um homem de Deus, escreveu: "A oração está para a vida espiritual como o pulsar e o fôlego estão para a vida do corpo"[31]. Martinho Lutero

31 Esta citação e as quatro seguintes foram tiradas de Terry Glasper, *Pathway to the Heart of God* (Eugene, Or.: Harvest House, 1998) 16, 24-25.

insistia: "Como a tarefa dos alfaiates é fazer roupas e a dos sapateiros consertar sapatos, assim também a tarefa dos cristãos é orar".

J. C. Ryle observou: "A oração é o próprio respirar do verdadeiro cristianismo". Um escritor moderno, Terry Glaspey, resume muito bem quando escreve: "A oração é uma tarefa com a qual devemos nos comprometer se quisermos que nossas vidas sejam significativas à luz da eternidade".

Gosto dessa última frase – orar é fazer com que nossas vidas tenham significado à luz da eternidade. A oração nos ajuda a retomar as prioridades, discernir com sabedoria bíblica e fazer juízos justos. Sem a oração, Glaspey diria, vivemos como pessoas temporais com valores temporais. A oração puxa a eternidade para trás até nossas vidas, tornando Deus ainda mais relevante na maneira como vivemos.

O cristão que não ora não consegue crescer como deveria e está preso em uma perpétua adolescência espiritual. J. C. Ryle afirma:

> Por que alguns cristãos são muito mais sábios e santos do que outros? Creio que a diferença, em dezenove dentre vinte casos, surge dos diferentes hábitos de oração particular. Creio que aqueles que não são eminentemente santos oram *pouco* e aqueles que são eminentemente santos, oram *muito*.

Quando entendemos a centralidade da oração na espiritualidade cristã, poucos versos são mais surpreendentes do que 1 Pedro 3.7: *Do mesmo modo vocês, maridos, sejam sábios no convívio com suas mulheres e tratem-nas com honra, como parte mais frágil e co-herdeiras do dom da graça da vida, de forma que não sejam interrompidas as suas orações.*

Orar é fazer com que nossas vidas tenham significado à luz da eternidade. A oração traz a eternidade de volta às nossas vidas, tornando Deus ainda mais relevante.

Quando Pedro diz que os homens devem ter consideração por suas esposas e tratá-las com respeito para que "não sejam interrompidas as suas orações", está conectando diretamente nossa atitude para com nossas esposas com a disciplina cristã fundamental.

Se a oração é a essência da espiritualidade e se uma atitude errada no casamento destrói essa atividade, cabe aos homens, em particular, prestarem muita atenção aqui.

Logo descobri que eu não era o único a ter dificuldades de orar como um homem casado. Martinho Lutero confessou passar pelo mesmo dilema e o verso 7 do capítulo 3 de 1 Pedro explica por que. As regras mudam quando sou casado. Uma condição foi estabelecida em minha vida de oração e essa condição está ligada diretamente à forma como eu vejo e trato minha esposa.

Pedro afirma que devemos melhorar nossos casamentos para que possamos melhorar nossa vida de oração.

Nunca mais poderei abordar a oração "como se" eu fosse um homem solteiro. Deus me vê, de certa forma, através de minha esposa. Isso significa que se eu quiser crescer como um cristão casado que tem uma vida de oração profunda, não posso fingir que sou um monge celibatário. Simplesmente não posso imitar as práticas de pensadores medievais que se dirigiam a solteiros e solteiras quando falavam de sua busca de Deus.

De fato, muito do ensino cristão é compreendido exatamente ao contrário. Muita gente diz que, se quisermos fortalecer nossos casamentos precisamos melhorar nossa vida de oração, no entanto, Pedro afirma que devemos melhorar nossos casamentos para que possamos melhorar nossa vida de oração. Em vez da oração ser a "ferramenta" que aperfeiçoa nosso casamento, Pedro diz que o casamento é a ferramenta que aperfeiçoa minhas orações!

Um homem pode ser capaz de pregar um sermão brilhante, escrever livros inspiradores e citar a Bíblia de trás para frente, mas se não aprendeu a ser um servo para sua esposa, a respeitá-la e a ter consideração por ela, sua espiritualidade ainda é infantil. Sua vida de oração – que é a vida de sua alma – será uma farsa.

Realizações vazias

O mundo evangélico tende a valorizar os "realizadores": pessoas que são capazes de fazer grandes coisas. O perigo disso é que os cônjuges geralmente pagam o preço mais alto por algumas dessas realizações e, como resultado, a "verdadeira" espiritualidade facilmente sofre.

Bill McCartney se tornou famoso quase que da noite para o dia nos círculos cristãos nos anos 90. Ele era um treinador de basquete universitário de muito sucesso e dirigia o ministério mais famoso da década: *Promise Keepers* (Cumpridores de Promessas). Mesmo assim, durante esse período sua esposa estava sozinha e magoada. Ela relata que, naquele momento, ela passava por um "congelamento emocional", sua depressão aprofundou-se a tal ponto que ela perdeu quarenta quilos.[32] McCartney estava preocupado demais com seu time de futebol e – ironicamente – com o ministério *Promise Keepers* para perceber o que se passava.

Conforme a estrela de McCartney subia, sua esposa, Lyndi, disse algo muito doloroso: "Eu sentia que ia ficando cada vez menor, menor e menor". Em seu livro, *Sold Out* (Vendido), McCartney reflete: "Pode parecer inacreditável, mas ao mesmo tempo em que o ministério *Promise Keepers* era uma inspiração espiritual profunda para o meu coração, meu intenso envolvimento com o ministério estava me distraindo de ser, no sentido mais verdadeiro, um cumpridor de promessas para minha própria família".

McCartney se redimiu. Assim que entendeu o que estava acontecendo, tomou uma atitude drástica: pediu demissão de sua função de treinador – um sacrifício incrível que sua esposa valorizou tremendamente – e os McCartneys puderam reconstruir seu casamento.

Fazer alguém se sentir pequeno para que nós nos sintamos grandes é antiético para a fé cristã, uma rejeição completa das virtudes cristãs de humildade, sacrifício e serviço. Muitas vezes, Jesus deixava as multidões para ministrar a um indivíduo, enquanto nós racionalizamos e deixamos o indivíduo – nosso cônjuge – para buscar o favor da multidão.

---

32 Esta citação e as seguintes foram tiradas do artigo "McCartney on the Rebound", de Phyllis Alsdurf, *Christianity Today* (18 de maio de 1998).

A santidade é altruísta e, quando um homem e uma mulher se casam, comprometem-se a deixar de ver a si mesmos como indivíduos e começar a se ver como uma unidade, como um casal. No casamento, não sou mais livre para ir em busca do que eu desejar, não sou mais um homem solteiro. Sou parte de uma equipe e minhas ambições, meus sonhos e energias precisam levar isso em consideração.

Esse controle da minha ambição é muito valioso espiritualmente. A verdade é que o Reino de Deus pode avançar sem a ajuda de nenhum de nós. Nossas percepções de indispensabilidade são geralmente mais baseadas em nossa arrogância do que no desejo de sermos fiéis. A participação fiel no Reino de Deus vai convidando e encorajando outras pessoas à medida que servimos, e não as diminui. A verdade bíblica encontra sua base na comunidade e no serviço à comunidade – e essa comunidade começa com o relacionamento matrimonial. Se um homem ou uma mulher são insaciavelmente ambiciosos, dispostos a sacrificar o cônjuge por causa de seus planos pessoais, eles serão quase que, sem dúvida, insaciavelmente ambiciosos em relação aos outros, usando-os para servir a seu propósito e não para engajá-los no serviço mútuo no Reino.

Se, por exemplo, um homem vê sua esposa somente como alguém que cozinha para ele, oferece satisfação sexual e mantém uma casa tranquila enquanto ele serve a Deus, ele também tenderá a exigir que outras pessoas cumpram sua função sem levar em consideração se aquele papel específico é adequado para elas. Se uma mulher virtualmente abandona sua família para "servir" a Deus ambiciosamente, ela tenderá a demonstrar a mesma falta de compaixão e empatia pelos outros assim como faz com sua própria família que sente tremendamente sua falta. Tenho visto esse tipo de personalidade. Sejam homens ou mulheres, eles desenvolvem uma crueldade implícita, um espírito exigente e um completo egocentrismo que permeia todas as tarefas e relacionamentos para manipular outros a fim de que se engajem em sua própria órbita, em vez de lançá-los na órbita de Deus. Há uma capa exterior de religiosidade, mas um espírito contaminado e mal-cheiroso se revela assim que se rompe a superfície.

Temos valorizado as atividades erradas quando olhamos somente para o exterior das pessoas. *Nossos relacionamentos, especialmente nossos casamentos, são uma parte essencial de nossos ministérios.* Se verdadeiramente quisermos ser testemunhas efetivas para o mundo e servir ao Reino de Deus com integridade, faríamos bem em levar a sério as palavras de Ron Sider: "Pense no impacto que causaria se a primeira coisa que viesse à mente das feministas radicais quando pensassem nos homens evangélicos fosse que eles têm a melhor reputação quanto a manter seus votos de casamento e servir suas esposas de forma sacrificial como Jesus na cruz".[33]

Fiquei apavorado quando percebi o que dizia 1 Pedro 3.7. Agora que era casado, minha vida de oração teria que passar por um teste diferente. Uma disciplina ferrenha não seria mais suficiente. Se eu quisesse ter minhas orações desimpedidas teria que ser bondoso com Lisa. Teria que respeitá-la, tratá-la com carinho e honrá-la.

Quando fui ficando mais velho, aprendi a valorizar uma genuína autenticidade que é marcada, em grande parte, pelos relacionamentos de uma pessoa, mais do que suas "realizações". Há um pastor em minha igreja chamado Jim Murphy que, antes de entrar para o ministério pastoral, trabalhava como encanador. Embora tenha feito alguns cursos no seminário ele não possui nenhum diploma. É um homem sensível, apaixonado por missões e por mais de dez anos, fielmente, ocupou o cargo de pastor auxiliar. Ele não faz parte nem do segundo escalão da hierarquia de nossa igreja de 1500 membros. Em poucas palavras, ele nunca apareceria na lista dos líderes cristãos mais influentes do país.

Se você quer realmente ser corajoso, pergunte a ela se você é atencioso quando faz amor.

No entanto, é um dos homens mais consagrados que eu conheço. Fiquei emocionado quando ouvi sua esposa dizer: "Jim é um santo de verdade." Ele não estava presente quando Peggy disse isso e, embora talvez ela nem se lembre de ter dito, com essas seis palavras ela pregou uma das mensagens mais desafiadoras que já ouvi. Ainda estou tentando viver o

33 Citado em Yancey, *Maravilhosa Graça.*

exemplo de Jim. Será que minha esposa diria: "Gary é um santo de verdade"? Será que ela pode dizer isso?

Acho que não.[34]

Portanto, homens: façam a vocês mesmos uma pergunta: "Eu respeito minha esposa?" Se a oração tem sido uma área problemática, esse pode ser o primeiro lugar onde você deve procurar as razões pelas quais está passando por dificuldades. Depois, faça a seguinte pergunta à sua esposa: "Eu sou atencioso com você?" Permita, e até incentive, que ela seja honesta. Deixe que ela diga o que sente quando você diz o que pensa dela na frente do filho, e perceba o tom de voz que ele usa quando se dirige a ela depois disso. Deixe que ela diga como se sente durante o período menstrual, quando gostaria de diminuir as atividades, talvez dormir um pouco mais e ser paparicada, mas o homem com que está casada só pensa se o jantar vai ser servido na hora. Se você quer realmente ser corajoso, pergunte a ela se você é atencioso quando faz amor.

Se você quiser chegar mais perto de Deus deve construir uma vida de oração mais forte. Se você é casado, para obter uma vida de oração mais forte, precisa respeitar sua esposa e ser atencioso.

Sexo e oração

Dormir com seu cônjuge pode deixar seu coração, mente e alma livres, por algum tempo para buscar Deus vigorosamente em oração, sem distrações.

Há outra passagem bíblica na qual o casamento e a oração estão ligados, e se refere especificamente ao sexo. Falando aos homens e mulheres, Paulo desafia, ou pelo menos questiona, a prática ascética de se abster das relações sexuais dentro do casamento. (Onde você coloca as vírgulas e as ênfases nessa sentença é crucial para obter uma exegese correta – estou apresentando a interpretação de Gordon Fee em seu comentário de 1 Coríntios).[35]

34 Minha esposa chegou após eu ter escrito isso, olhou sobre o meu ombro, leu e disse: "Eu já lhe disse que você é um santo?" O risinho que seguiu sua pergunta deixou, no entanto, o assunto claramente sem solução.

35 Essa interpretação é baseada no *Novo Testamento NVI*, no qual o dr. Fee faz pequena alteração em seu comentário. Há também um versículo no Antigo Testamento que se refere às obrigações maritais mesmo em uma sociedade polígama (veja Êx 21.10).

Paulo vê essa abstenção como perigosa e de forma bem prática sugere: *Não se recusem um ao outro, exceto por mútuo consentimento e durante certo tempo, para se dedicarem à oração* (1Co 7.5).

No passado, esse versículo era frequentemente interpretado implicando que o sexo pode nos distrair da oração. Outra possibilidade de lê-lo é que a abstinência dentro do casamento pode nos distrair da oração. Como?

Um homem casado ou uma mulher casada enfrentando uma profunda frustração sexual pode encontrar dificuldade de orar simplesmente porque seus pensamentos não conseguem se concentrar nas questões eternas. O desejo sexual pode ser satisfeito na vida de um indivíduo saudável; dormir com seu cônjuge pode deixar seu coração, mente e alma livres, por algum tempo para buscar Deus vigorosamente em oração, sem distrações. Em essência, Paulo está sugerindo: "Use o casamento da forma como Deus planejou. Atenda suas necessidades sexuais fazendo amor com seu cônjuge. Então sua mente e alma estarão mais abertos à oração".

Paulo é um pastor prático. Ele reconhece que o desejo sexual é uma realidade biológica. Praticar relações sexuais dentro de um relacionamento que dura toda a vida remove uma enorme fonte de tentação e distração e nossas almas são tranquilizadas. Isso é especialmente importante para a oração contemplativa, um tipo de oração em que a mente precisa estar completamente livre de distrações.

Embora isso soe estranho, Paulo está dizendo aos maridos e esposas que podem servir seus parceiros e, ao mesmo tempo, criar o clima para uma enriquecedora vida de oração ao servir um ao outro sexualmente. Nossa cultura evangélica, em particular, pode ter dificuldade de apoiar essa explicação. Nunca li um livro sobre oração que abordasse esse passo: "se você for casado, faça sexo regularmente", mas me parece claro que é isso que Paulo quer dizer aqui!

O que isso revela para mim é que Deus vê minha vida como uma roupa sem costura. Não estou dividido em "Gary santo" e "Gary secular". Não é como se o "Gary marido" estivesse competindo com o "Gary cristão". Desejar desenvolver minha vida de oração e expressar minha sexualidade não compromete minha integridade.

Deus me fez – e fez você – um ser humano completo. Posso me entregar sem vergonha alguma e com todo o entusiasmo à minha esposa e ainda me entregar a Deus sem reservas. Posso expressar meus desejos sexuais em um contexto matrimonial e ainda ter paixão pela oração. As duas coisas andam juntas. E mais ainda: as duas coisas se complementam. Não somente meus desejos sexuais e minhas necessidades espirituais não competem, mas se apoiam mutuamente.

Não somente meus desejos sexuais e minhas necessidades espirituais não competem, mas se apoiam mutuamente.

Oração e dissensão

Descobri que há outro aspecto do casamento que afeta grandemente minha vida de oração, uma coisa que às vezes é extremamente irritante: problemas não resolvidos. Embora Jesus não se refira especificamente ao casamento no contexto em que faz a seguinte afirmação, claramente seu conselho se encaixa no relacionamento matrimonial. Jesus disse: *"Portanto, se você estiver apresentando sua oferta diante do altar e ali se lembrar de que seu irmão tem algo contra você, deixe sua oferta ali, diante do altar, e vá primeiro reconciliar-se com seu irmão; depois volte e apresente sua oferta"* (Mt 5.23s).

Aqui está a figura de alguém se aproximando de Deus em oração. Conforme se ajoelha, lembra-se de que as coisas não estão bem entre ele e outra pessoa. Antes de continuar orando, suas energias deveriam se voltar – tanto quanto dependesse dele (Rm 12.18) – em se reconciliar com aquela pessoa – que poderia, claro, ser seu cônjuge. Deus odeia a dissensão (veja Pv 6.19) e ama a unidade (veja Sl 133.1).

O casamento pode nos forçar a nos tornarmos pessoas mais fortes porque, se quisermos manter uma vida de oração forte, como casados, devemos aprender a perdoar. Temos que nos tornar especialistas em reconciliação. Conflitos inevitavelmente surgirão. A raiva vai esquentar a situação de vez em quando. Então precisamos aprender a lidar com o conflito como cristãos maduros ou nos arriscarmos a destruir nossa vida de oração durante o processo.

O casamento praticamente nos obriga a um intenso ato de reconciliação. É fácil conviver com as pessoas se você nunca se aproxima delas. Sem dúvida eu poderia permitir que certo grau de imaturidade permanecesse em minha vida se eu fosse solteiro. Poderia escolher não lidar com meu egoísmo e meu espírito crítico. Fiz isso inúmeras vezes no passado. Embora não me orgulhe disso, posso pensar em uma ou duas pessoas com quem achei muito difícil conviver e escolhi não me aprofundar no relacionamento com elas. Não sou obrigado a me relacionar com todo mundo, portanto não há nada inerentemente errado em simplesmente deixar de lado aqueles que fazem nossa pressão arterial subir.

O casamento praticamente nos obriga a um intenso ato de reconciliação.

Essa opção é proibida no casamento. Minha esposa e eu vivemos juntos todos os dias. Vamos discordar em algumas coisas e eu serei inquestionavelmente obrigado a manter nossa intimidade. Quando enfrentamos expectativas não alcançadas ou decepcionamos um ao outro, permitiremos que a dissensão – que Deus odeia – predomine ou tomaremos as providências necessárias para trabalhar pela unidade?

Se você deseja ter suas orações desimpedidas, deve ver a questão que conclui o último parágrafo como retórica. Jesus deixou bem claro que você deve escolher a unidade a fim de manter um relacionamento vital de oração com Deus. A dissensão é uma grande assassina da oração. Olhando dessa perspectiva, a instituição do casamento é desenhada para nos obrigar a nos tornarmos reconciliadores. É a única forma de sobrevivermos espiritualmente.

Nisso, ironicamente, o casamento nos aponta para fora de nosso cônjuge e em direção a Deus. O que eu quero dizer com isso? Ouça a sabedoria de Tiago, um dos pilares da igreja do Novo Testamento:

> *De onde vêm as guerras e contendas que há entre vocês? Não vêm das paixões que guerreiam dentro de vocês? Vocês cobiçam coisas, e não as têm; matam e invejam, mas não conseguem obter o que desejam. Vocês vivem a lutar e a fazer guerras. Não têm, porque não pedem.* (Tg 4.1s)

As disputas no casamento resultam precisamente disso: "Vocês cobiçam coisas, e não as têm". Tiago diz que não temos porque procuramos no lugar errado. Em vez de fazer exigências ao seu cônjuge, busque Deus para que suas necessidades sejam atendidas. Dessa forma você pode se aproximar de seu cônjuge em espírito de servo.

Aqueles de nós que já são casados há algum tempo já deixaram de lado o "viveram felizes para sempre". Com isso me refiro à ideia acobertada por alguns jovens solteiros de que tudo o que eles têm a fazer é encontrar a pessoa "certa". Acham que se conhecerem o parceiro perfeito todo o resto entrará nos eixos. Sua solidão, sua insegurança, suas preocupações a respeito de sua relevância pessoal – tudo isso e muito mais irá, de alguma forma, desaparecer nas chamas da paixão matrimonial.

A dissensão é uma grande assassina da oração. A instituição do casamento é desenhada para nos obrigar a nos tornarmos reconciliadores. É a única forma de sobrevivermos espiritualmente.

E por um breve período, as coisas parecem ser assim. A paixão pode ser uma droga intoxicante que encobre todas as fraquezas interiores.

No entanto, o casamento é um holofote nos mostrando que nossa busca por outro ser humano que nos "complete" é enganosa. Quando surge a decepção temos que escolher entre duas opções: largar nosso cônjuge e nos apaixonarmos por outra pessoa ou procurar entender a mensagem por trás da desilusão – que devemos procurar nosso significado e propósito em nosso Criador em vez de em outro ser humano.

Quando encaramos o casamento da maneira certa, ele pode nos levar a reavaliarmos a dependência que temos de outros seres humanos para obter sustento espiritual e nos direcionar para fortalecermos nosso relacionamento com Deus. Nenhum ser humano pode nos amar da maneira como ansiamos ser amados, é simplesmente impossível que outro ser humano nos toque e alivie a dor espiritual que Deus colocou em cada um de nós.

O casamento nos faz um grande favor ao expor essa verdade, mas oferece um perigo correspondente: cair na armadilha da dissensão. Para o bem da oração, é essencial que vivamos em unidade. Pelo bem da unidade, nossas paixões e desejos devem ser direcionados a Deus.

Expandindo a oração

"Aonde você vai, papai?"

Meu filho, bem pequeno na época, me observava atentamente enquanto eu amarrava minhas botas.

"Ao campo de batalha".

"Está chovendo", ele disse, olhando para fora. "Por que você vai lá?"

Suspirei. Morávamos em um sobrado naquela época, com nossos três filhos pequenos. "É que eu oro melhor lá fora". Disse eu e ele balançou a cabeça concordando.

O casamento e os filhos me forçam a expandir minha vida de oração. Se eu quisesse ter uma hora ininterrupta para curvar minha cabeça e fechar meus olhos teria que acordar às quatro da manhã. Nossa filha mais velha é como a mãe dela: uma coruja notívaga. Muitas vezes, ela pega no sono bem depois de mim. Nosso filho é como eu: gosta de levantar antes que o sol apareça na janela. Sem uma casa grande não se tem muita privacidade em nenhuma hora do dia.

De muitas maneiras, porém, isso tem sido uma bênção. É uma pena que eu visse a oração apenas como uma atividade silenciosa e talvez até cerebral. Reduzir a oração a um exercício de "olhos fechados, cabeça abaixada" limita o poder e o escopo de como eu me relaciono com Deus. O casamento pode arrebentar a tampa e me forçar a sair dessas caixas.

> *Se conectarmos nossa experiência conjugal à nossa fé cristã podemos aprender o poder da oração de novas formas.*

Em seu livro *Prayer and Modern Man* (A oração e o homem moderno), Jacques Ellul relata como a verdadeira oração "transborda largamente os limites da linguagem falada". Ele acrescenta dizendo que as palavras usadas no Antigo Testamento para designar a oração são verbos de ação como "ter carinho" ou "prostrar-se".[36]

Se conectarmos nossa experiência conjugal à nossa fé cristã podemos aprender o poder da oração de novas formas. Experimentando fisicamente o que significa o carinho amoroso e terno que tenho por minha esposa, talvez me leve a entender uma nova dimensão da oração. Como podemos tocar Deus com carinho? Minhas orações podem ser como um carinho em sua face?

Levei muito tempo para poder considerar essa possibilidade. O sexo é tão misterioso quando somos jovens e frequentemente – pelo menos para mim – sinônimo de culpa. Mesmo dentro do casamento é difícil entender e me pergunto: "Deus é parte disso?" Você pode muito bem ser tentado durante o intercurso sexual a gritar "aleluia", mas não acredito que Deus seria sempre o objeto dessa declaração!

Porém, exploremos esse pensamento. O verbo "prostrar-se" no Antigo Testamento nos induz a refletir que, embora jamais devamos adorar uma criatura, há momentos intensos nos quais a unidade do matrimônio, e até mesmo o clímax da união física, nos leva a ficar extasiados diante de outro ser humano, desejando nos entregar completamente sem reservas. Quando uma esposa diz ao seu marido "Sou sua", ela demonstra confiança de que não importa o que seu esposo faça, o fará por amor e com genuíno cuidado e preocupação. Esse é um impressionante testemunho de doação pessoal e alegria pela intimidade.

Esse é o amor experimentado por um famoso casal do século 12, Abelardo e Heloise, embora tenham começado seu relacionamento com uma afeição nada casta. Abelardo era teólogo e, como professor, fez um voto de castidade que foi severamente testado quando se enamorou de uma de suas alunas, Heloise. Como o amor físico era proibido e o casamento estava fora de questão, Abelardo resistiu por algum tempo, mas finalmente caiu. Heloise lhe deu um filho e eles se casaram secretamente. Quando o tio de Heloise descobriu mandou que Abelardo fosse castrado, fato que Abelardo tomou como justa punição por seus atos. Ele se tornou monge e Heloise, freira.

36 Jacques Ellul, *Prayer and Modern Man* (Nova Iorque: Seabury, 1979), 56.

A devoção apaixonada e prostrada de Heloise por Abelardo é vista na primeira carta que ela lhe escreveu: "Deus sabe que eu sempre busquei em ti somente a ti, desejando somente a ti e não o que era teu".[37]

O amor de Heloise era tão intenso que ela via Abelardo como seu sol e a si mesma como a lua, que apenas poderia refletir a luz dele. Essa perspectiva levou-a a se rebaixar para que não desafiasse a glória de seu amado: "E se o título de esposa parecer mais santo ou mais poderoso", ela confessou – "a palavra amante foi sempre mais doce para mim ou até mesmo – não fiques com raiva – concubina ou prostituta; pois quanto mais eu me rebaixar diante de ti, mais espero ganhar o teu favor e menos deveria ferir a glória de tua fama".

Esse desejo de diminuir-se, quase se rebaixar por outra pessoa, simplesmente para perder-se em sua presença e favor carrega em si o sentido do "prostrar-se em devoção" do Velho Testamento. Como alguém que já passou muitas horas lendo os clássicos cristãos, fico impressionado com a semelhança desse sentimento com as humildes declarações pronunciadas muitas vezes nas orações dos santos de Deus. Esse é o santo rebaixamento que alimentou as práticas ascéticas dos primeiros cristãos – assentando-se em uma coluna por décadas, vivendo em gaiolas apertadas, cultivando sanguessugas em seus corpos – em um esforço para expressar seu compromisso, amor e adoração a Deus. Ainda que consideremos suas ações equivocadas, a motivação deles era demonstrar fisicamente uma verdade espiritual: "Deus é tudo, nós não somos nada. A fim de mostrar a Deus o quanto ele é tudo e nós nada somos, viveremos dessa forma".

Fico pensando se não é possível que o relacionamento conjugal reavive essa humildade dentro de nós.

Não estou sugerindo que voltemos a essas práticas, mas há um espírito humilde por trás desses atos que faríamos bem em considerar em nossa era tão arrogante. Fico pensando se não é possível que o relacionamento

37 As citações a respeito de Heloise e Abelardo foram tomadas de uma carta citada em Bailey, *The Mystery of Love and Marriage*, 5.

conjugal reavive essa humildade dentro de nós. Se uma sombra dessa rendição é experimentada diante de um ser humano pecador durante o encontro sexual, não podemos aprender a nos oferecer igualmente sem reservas a um Deus perfeitamente amoroso e absolutamente benevolente?

Na próxima vez em que se sentir totalmente inebriado de paixão por seu cônjuge, considere como você pode se oferecer com igual abandono ao seu Deus.

Abelardo escreveria mais tarde – bem a propósito de nossa discussão – que "Deus não deve ser amado como Abelardo amou Heloise, mas como Heloise amou Abelardo", acrescentando que Deus deve ser amado "por sua própria perfeição, até ao ponto da renúncia da bem-aventurança [felicidade ou bênção] que nos prometeu".

Frequentemente amamos Deus por aquilo que o amor nos traz, mas Heloise aprendeu a amar Abelardo somente pelo que ele era. Aquele amor proibido nada lhe trouxe além de dor, mas ela preferia sentir vergonha e dor com Abelardo do que paz e felicidade sem ele.

Podemos dizer o mesmo sobre nosso amor por Deus?

Essa orientação interior de oração prostrada invoca uma absoluta renúncia de tudo o que Deus oferece para que desfrutemos do próprio Deus. Se você já experimentou ao menos uma sombra dessa prostração em seu casamento, pode obter novas perspectivas da oração. Ela pode nos ensinar a "nos perder em oração" na presença de Deus.

O que eu estou sugerindo é que conectemos nossos casamentos com nossa fé de tal forma que nossa experiência em cada um desses relacionamentos alimente a ambos. Na próxima vez que você fizer um carinho em seu cônjuge, pense sobre como esse gesto pode abrir novos rumos em sua vida de oração. Na próxima vez em que se sentir totalmente inebriado de paixão por seu cônjuge, considere como você pode se oferecer com igual abandono ao seu Deus. Não tema em usar todos os aspectos do casamento – mesmo a expressão sexual – para expandir sua vida de oração.

Dessa forma, vemos de quantas formas diferentes o casamento alimenta e edifica nossa vida de oração. Aprendendo a respeitar, atendendo às necessidades sexuais um do outro, vencendo a dissensão e usando as analogias do casamento, podemos criar e manter uma vida oração mais ativa, crescente e profunda.

Perguntas para reflexão e discussão

1. Você conhece casais que possuam um extraordinário sucesso na vida de oração? Se a resposta é sim, o que lhe chama a atenção em seus hábitos de oração?

2. Sua vida de oração já foi impedida devido a atitudes negativas para com seu cônjuge? Há alguma atitude negativa impedindo sua vida de oração hoje?

3. Gary escreve: "Nos dizem que se quisermos ter um casamento forte devemos desenvolver nossa vida de oração. No entanto, Pedro nos diz que deveríamos aperfeiçoar nossos casamentos para desenvolvermos nossa vida de oração". Como você acredita que sua vida de oração melhoraria se seu casamento pudesse estar mais perto do que Deus deseja que ele fosse?

4. Você diria que a qualidade e a quantidade de sua atividade sexual em seu casamento afeta a forma como você ora? E a forma como seu cônjuge ora?

5. Gary escreve: "A dissensão é o maior assassino da oração. Vista dessa perspectiva, a instituição do casamento é desenhada para nos forçar a nos tornarmos reconciliadores. É a única maneira de sobrevivermos espiritualmente". Quão bem você e seu cônjuge conseguem resolver desentendimentos em tempo oportuno? O que acontece com sua vida de oração quando você está aborrecido com seu cônjuge?

6. Que ideia sobre a atividade sexual e a oração mais lhe intriga? Que outros aspectos de ser casado podem conter lições "ocultas" sobre a oração? Como seu casamento o ajudou a se aperfeiçoar na oração?

6

A PURIFICAÇÃO DO CASAMENTO

COMO O CASAMENTO EXPÕE O NOSSO PECADO

O casamento é o maior teste do mundo... agora, porém, eu acolho o teste em vez de temê-lo. É muito mais do que um teste de doçura de temperamento, como as pessoas normalmente pensam; é um teste do caráter como um todo e afeta cada ação.

— T.S. Eliot

O casamento é a operação pela qual a vaidade de uma mulher e o egocentrismo de um homem são extraídos sem anestesia.

— Helen Rowland

Um dos maiores presentes de casamento que Deus nos deu foi um espelho de corpo inteiro chamado cônjuge. Se ele viesse com um cartão, nele estaria escrito: "Isso o ajudará a ver como você é realmente".

— Gary e Betsy Ricucci

Certamente, esse não era um encontro romântico normal. Uma ex-namorada veio me visitar na faculdade – ela estava estudando no Instituto Moody naquela época – e decidimos passar o sábado visitando um mosteiro da Columbia Britânica.

Um sacerdote nos saudou de forma cordial e amável. Sobre seu ombro, notei que se aproximava um monge extremamente jovem, quase um adolescente. Ele viu a jovem que me acompanhava e imediatamente baixou seus olhos, passando por nós de cabeça abaixada.

Quando estava na faculdade, eu estava apaixonado por Deus e sabia que ele também estava apaixonado por Deus, pelo fato de ter escolhido viver em um mosteiro. Ainda assim, o simples gesto de baixar os olhos falou de modo eloquente sobre os diferentes caminhos em que estávamos buscando o Todo-Poderoso. Passei o dia todo em companhia de uma moça, enquanto esse jovem monge não podia permitir que um simples olhar se transformasse em cinco segundos de observação. Essa experiência certamente me fez pensar, tanto que ainda consigo ver sua face jovem, o ângulo de sua cabeça abaixada, o rápido rumor de seus passos enquanto se afastava.

Como alguém que possui grande respeito pela tradição cristã, não posso negar que, historicamente, a espiritualidade cristã tem se apaixonado pelo celibato. "Afinal de contas", muitos mestres têm dito, "o próprio Jesus Cristo era celibatário – de que outro argumento precisamos?" Tem havido um inegável preconceito de que para sermos realmente santos, para buscarmos fervorosamente a pureza, devemos escolher a vida de solteiro.

Às vezes, esse pensamento tem ferido os cristãos sensíveis. Mary Anne McPherson Oliver confessa: "Finalmente me ocorreu que por trinta anos estranhos eu tinha vivido em uma parceria íntima, um fato de tremenda significância ao meu ser e à minha vida espiritual, ainda assim o casal, tradicionalmente, não existe como uma unidade espiritual e teológica significativa... Eu finalmente compreendi que a espiritualidade, como é ensinada e encontrada na literatura, é basicamente celibatária e/ou monástica, e eu não sou".[38]

Naquele dia no mosteiro, nós três estávamos em busca de santidade, mas cada um tomaria rumos radicalmente diferentes. O jovem continuou a viver como monge celibatário. Eu me casei e me tornei um escritor e professor de tempo integral vivendo nos Estados Unidos. Minha ex-namorada casou-se e tornou-se missionária no Egito. O casamento não reduz a importância da santidade em minha vida (minha tese de mestrado no Regent College foi sobre a doutrina da santificação), mas será que indica uma negligência?

38 Oliver, *Conjugal Spirituality*, v-vi.

Eis o âmago da questão: o jovem no mosteiro abraçou o celibato conscientemente como um caminho para a santidade. É possível abraçar o casamento conscientemente como um caminho para a santidade? Se a resposta for positiva, como?

A santificação do casamento

Embora muitos líderes da igreja primitiva vissem a maior parte da atividade sexual (exceto com a intenção de procriação) como suspeita, na melhor das hipóteses, e pecado mortal, na pior, eles não consideravam (surpreendentemente) a vida de solteiro necessariamente mais difícil do que a vida de casado. De fato, alguns dos antigos compreenderam que a vida de casado pode ser mais dura do que a vida celibatária.

Séculos atrás, Pseudo-Atanásio citou uma senhora chamada Sinclética, que disse: "Portanto, não nos seduziremos com o pensamento de que as pessoas que estão no mundo estejam sem preocupações. Porque talvez, em comparação, eles sofram muito mais do que nós. Em geral, para as mulheres, o preconceito no mundo é grande, dando à luz os filhos com dificuldade e perigo, e elas persistem dando-lhes leite e, quando adoecem, padecem essas coisas sem ver um resultado para seu trabalho".[39]

Alguns dos antigos compreenderam que a vida de casado pode ser mais dura do que a vida celibatária.

Ambrósio teve pensamentos similares. "Vamos comparar [...] as vantagens da mulher casada com as daquelas que esperam virgens. [...] Ela se casa e chora. Quantos votos ela faz com lágrimas? Concebe e seu fruto lhe traz a dor antes da descendência. [...] Por que falar do sofrimento de amamentar, educar e se casar? Essas são as misérias daquelas que são bem-aventuradas. Uma mãe tem herdeiros, mas eles multiplicam suas dores."[40]

39 Pseudo-Atanásio, "The Life and Activity of the Holy and Blessed Teacher Syncletica", tradução de Elizabeth Castelli, in: *Ascetic Behavior in Greco Roman Antiquity*, Vincent Winbush, ed. (Mineápolis: Fortress, 1990)

40 Santo Ambrósio, *Concerning Virgins*, livro 1, cap. VI, par. 25-26.

Uma noite, durante os primeiros anos de nosso casamento, levantei-me e fiquei atônito com a resistência de minha esposa. Tínhamos dois filhos naquela época. Eu estava passando por um período bem estressante e minha esposa tinha preparado cuidadosamente uma noite bem romântica para que eu pudesse relaxar. Mais tarde, naquela noite, no entanto, nossos filhos ficaram doentes. Um deles ainda estava sendo amamentado e o outro insistia em ficar junto de Lisa.

Ela estava exausta. Tinha ficado acordada até tarde comigo e agora estava sofrendo com um bebê que queria ser amamentado por um leite que ela não tinha. Quando o bebê foi para o berço, Lisa teve que cuidar de uma criança pequena febril, pegando-a no colo e acariciando seu cabelo enquanto colocava compressas frias em sua cabeça.

Provavelmente a discussão sobre qual é o caminho preferível para a santidade – o celibato ou o casamento – não será muito produtiva.

Vi minha esposa doar cada centímetro de seu corpo em serviço altruísta e, de repente, me veio o pensamento: "Ela é uma santa". Aquela noite, ser uma freira celibatária soaria como as férias dos sonhos para Lisa. Como alguém poderia sugerir que ela estaria comprometendo seu crescimento em santidade escolhendo uma situação de vida que exigia um desprendimento tão heroico?

De fato, se o celibato (emocional ou situacional) é abraçado por egoísmo, pode nos destruir tanto quanto a mais desenfreada sensualidade. C. S. Lewis escreve o seguinte a respeito do coração:

> Se você quiser ter a certeza de mantê-lo intacto, não deve entregá-lo a ninguém, nem mesmo a um animal. Envolva-o cuidadosamente com passatempos e pequenos luxos, evite qualquer envolvimento, tranque-o seguro dentro da urna ou do caixão de seu egoísmo. Mas naquele caixão – seguro, escuro, imóvel, sufocado – ele mudará. Não será magoado. Tornar-se-á inquebrável, impenetrável, irredimível.[41]

Provavelmente a discussão sobre qual é o caminho preferível para a santidade – o celibato ou o casamento – não será muito produtiva. Os cristãos têm percorrido ambos os caminhos com sucesso. O importante é encarar

41 C. S. Lewis, *The Four Loves* (Nova Iorque: Harcourt Brace, 1971), 111.

os desafios de nossa situação de vida em particular como um trampolim para o crescimento. Um atleta que realmente deseja melhorar seu desempenho não procura o treinamento mais leve, mas aquele que o desafia mais. O casamento certamente tem seus desafios, mas quando estes são encarados pode alimentar nossas vidas devocionais de maneiras enriquecedoras, e uma delas é desmascarando nosso pecado e nossas atitudes ferinas nos conduzindo ao espírito de humildade.

Faces Descobertas

Paulo escreve em Efésios 5.25: *Maridos, ame cada um a sua mulher, assim como Cristo amou a igreja.* Ele continua dizendo que Cristo entregou-se por ela para santificá-la e purificá-la para que a igreja pudesse ser *sem mancha nem ruga ou coisa semelhante, mas santa e inculpável* (Ef 5.27).

Amar e purificar são coisas que andam lado a lado. Um marido que verdadeiramente ama sua esposa deseja que ela cresça em pureza. Uma esposa que verdadeiramente ama seu marido quer que ele cresça em santidade. Ambos colocaram o crescimento em santidade acima da riqueza, da opinião pública ou do conforto pessoal.

O que o casamento fez por mim foi colocar um espelho diante de meu pecado.

O que o casamento fez por mim foi colocar um espelho diante de meu pecado. Ele me obriga a encarar honestamente e considerar minhas falhas de caráter, egoísmo e atitudes não cristãs, incentivando-me a ser santificado e purificado e a crescer em santidade.

Kathleen e Thomas Hart escrevem:

> "Algumas vezes o mais difícil de enfrentar nos primeiros anos de casados não é aquilo que descobrimos sobre nosso cônjuge, mas o que descobrimos sobre nós mesmos. Como disse uma jovem casada há cerca de um ano: 'Sempre pensei que eu fosse uma pessoa paciente e perdoadora. Então comecei a me perguntar se era porque eu nunca havia chegado tão perto de alguém. No casamento, quando eu e John começamos a lidar com nossas diferenças, vi quão mesquinha e rancorosa eu podia ser. Descobri em mim uma dureza que nunca tinha visto antes' ".[42]

42 Hart e Hart, *The First Two Years of Marriage*, 50.

Experimentei o mesmo fenômeno. No primeiro ano do Ensino Médio, fui eleito o "garoto mais educado" da escola. Sempre tive de mim mesmo uma imagem de alguém razoavelmente paciente e bondoso – isto é, até que me casei e descobri quão apaixonadamente aborrecido posso ficar quando encontro no freezer a bandeja de gelo vazia.

Quando cresci, minha família vivia sob uma lei simples: se você tira um cubo de gelo, você enche a bandeja de água antes de recolocar no freezer. Agora eu tiro a bandeja de gelo e não encontro mais do que meio cubo de gelo na bandeja, uma lasca de gelo.

Era impressionante o quanto aquele pequeno detalhe me irritava. Um dia perguntei a Lisa: "Quanto você me ama?"

"Mais que o mundo inteiro", professou ela.

"Não preciso que você me ame tanto assim", eu disse. "Só quero que você me ame por sete segundos".

"Do que é que você está falando?"

"Bem, eu cronometrei quanto tempo leva para encher a bandeja de gelo e descobri que é só sete segun..."

"Ih, Gary, lá vem você de novo!"

Finalmente um dia compreendi que, se levaria sete segundos para a Lisa encher a bandeja, levaria o mesmo tempo *para eu encher a bandeja.* Será que eu era tão egoísta a ponto de deixar que sete segundos se tornassem um problema em meu casamento? Será que a minha capacidade de ser bondoso era assim tão limitada?

Na verdade, era.

Estar tão perto de alguém – uma coisa que o casamento exige – pode ser o maior desafio espiritual do mundo. Não há descanso porque estou sob vigilância 24 horas por dia. Não que Lisa faça a coisa parecer assim – é só que eu estou consciente disso. Cada filme é alugado entendendo que Lisa vai se sentar ao meu lado. Cada hora que tiro para recreação é uma hora da qual Lisa vai ter conhecimento. Onde eu almoço (e o quê), como está minha dieta – meus apetites, minhas cobiças e meus desejos, estão todos à vista de Lisa.

Isso pressupõe, é claro, que esteja disposto a ser confrontado com meu pecado – que eu esteja disposto a perguntar a ela: "Onde você vê falta de santidade em minha vida? Quero saber e quero mudar".

É preciso uma coragem tremenda – coragem que eu sou o primeiro a admitir que, às vezes, me falta. Significa ter a disposição de ouvir o que há em mim que desagrada Lisa, assim também como recusar-me a ficar paralisado pelo medo de que ela me amará menos ou me deixará se meu pecado for exposto.

Eu não gravito naturalmente em torno da honestidade e da abertura que me conduz à mudança. Minha inclinação pecaminosa natural é encobrir o erro e erigir uma imagem brilhante. Dan Allender e Tremper Longman descrevem a dicotomia em palavras fortes: "O homem tende a ser um audacioso artista criativo que mergulha no informe mistério da vida e a molda em uma visão de beleza mais grandiosa. Na Queda, ele se tornou um covarde e violento protetor de si mesmo. A intimidade e abertura foram substituídas por encobrimento e ódio".[43]

O casamento, eles acrescentam, é "o relacionamento onde a depravação está mais exposta e onde nossa dignidade é mais bem vivida".[44] Volte no tempo até Adão e Eva. O primeiro casamento foi o contexto para o primeiro pecado e o primeiro resultado óbvio da Queda foi a quebra da intimidade conjugal. Nem Adão, nem Eva se alegraram com o fato de que suas fraquezas eram agora tão óbvias quanto a primeira tentativa de uma garotinha de se maquiar. De repente eles se sentiram meio engraçados por estarem nus e começaram a culpar um ao outro.

> *O primeiro resultado óbvio da Queda foi a quebra da intimidade conjugal.*

Você se esconde de seu cônjuge? Ou usa o holofote do casamento para crescer em graça? Alguns de nós precisamos desse holofote para entender o quanto somos verdadeiramente pecadores.

Howard Hendricks nos falou sobre uma vez em que ele terminou de pregar um sermão e um rapaz veio até ele e o chamou de "grande homem".

43 Allender e Longman, *Intimate Allies*, 278.

44 Allender e Longman, *Intimate Allies*, 288.

Dirigindo de volta para casa Hendricks virou para sua esposa e disse: "Um grande homem. Quantos grandes homens você conhece?"

"Um a menos do que você está pensando", ela respondeu.

Quando se recebe adulação constante, é de valor inestimável ter alguém a seu lado que enxerga quem se é de verdade.

Tenho dito frequentemente que acho que Deus dá esposas a homens influentes em parte para que eles continuem com os pés no chão. Quando se recebe adulação constante, é de valor inestimável ter alguém a seu lado que enxerga quem se é de verdade.

Blaise Pascal escreveu: "Não sondamos suficientemente a iniquidade do homem em geral, nem a nossa quando ainda estamos surpresos com a iniquidade e a corrupção do homem".[45] Estar casado me força a compreender onde eu falhei, me encoraja a sondar tanto a iniquidade do homem em geral quanto a mim mesmo em particular.

Como exercício espiritual poucas coisas são tão proveitosas como esse tipo de exame. François Fénelon, um cristão do século 18, escreveu que "todos os santos estão convencidos de que a humildade sincera é o fundamento de todas as virtudes".[46] Uma opinião compartilhada por um grande escritor anglicano chamado William Law: "[A humildade] é tão essencial ao reto estado de nossas almas que não há pretensão a uma vida razoável ou piedosa sem ela. Podemos também pensar em ver sem olhos ou viver sem respirar, como viver no espírito da religião sem o espírito da humildade."[47]

E o que é humildade? Em parte, Fénelon nos diz, é "certa honestidade e disposição infantil de admitir nossas faltas, nos recobrar delas e nos submetermos ao conselho de pessoas experientes: essas serão virtudes sólidas úteis, adaptadas à nossa santificação."[48]

Eu creio ser possível entrar no casamento com a visão de ser espiritualmente santificado, se o fizermos com a disposição de encarar o matrimônio

45 Blaise Pascal, *Pensées*, tradução de A. S. Krailsheimer (Nova Iorque: Penguin, 1966).

46 François de Salignac de la Mothe Fénelon, *Christian Perfection* (Mineápolis: Bethany House, 1975), 205.

47 Law, *A Serious Call to a Devout and Holy Life*, 228.

48 Fénelon, *Christian Perfection*, 90.

como uma disciplina espiritual. Para fazer isso, não devemos entrar no casamento para nos realizarmos, sermos emocionalmente satisfeitos ou romanticamente arrebatados, mas para nos tornarmos mais como Jesus Cristo. Devemos abraçar a realidade de ter nossas falhas expostas ao nosso parceiro e, assim, ter as suas expostas a nós. O pecado não parece muito chocante quando é conhecido somente por nós, quando vemos como ele se parece ou soa à outra pessoa, fica dez vezes maior. O celibato pode "ocultar" a frustração removendo-se da situação, mas o homem ou a mulher casada não tem um refúgio verdadeiro. É difícil se esconder quando compartilhamos a mesma cama.

Os casais não ficam sem amor tanto quanto ficam sem arrependimento.

Um convite para dançar

Tenho uma teoria: por trás de todo caso de insatisfação jaz um pecado não confessado. Os casais não ficam sem amor tanto quanto ficam sem arrependimento. Pecado, atitudes erradas e falhas pessoais que não são resolvidas lentamente corroerão o relacionamento, atacando e eventualmente apagando as elevadas promessas feitas nos espasmos do início (menos poluído) de uma paixão.

Todos nós entramos no casamento com atitudes pecaminosas. Quando estas vêm à tona, a tentação será escondê-las ou até fugir para outro relacionamento no qual as atitudes não serão tão bem conhecidas. No entanto, o casamento cristão presume certo grau de transparência. Quando me casei, me comprometi a ser conhecido por Lisa – e isso significa que ela me verá como sou – com minhas falhas, meus preconceitos, meus medos e minhas fraquezas.

Essa realidade pode ser aterradora de se contemplar. O namoro é como uma dança na qual você sempre tenta colocar na frente sua melhor face – não é uma boa preparação para a inevitável autorrevelação implícita no casamento. De fato, eu não ficaria surpreso em saber que muitos casamentos estão terminando em divórcio porque um dos parceiros, ou ambos, estão se esquivando de revelar suas fraquezas tanto quanto estão fugindo de algo que não podem tolerar em seus cônjuges.

Posso sugerir uma alternativa para a fuga? Use a revelação de seu pecado como meio de crescer na fundamental virtude cristã da humildade, levando você à confissão e à renúncia. Então passe para o passo seguinte e adote a virtude positiva, que corresponde ao pecado ao qual está renunciando. Se você usou as mulheres no passado, pratique o serviço à sua esposa. Se você tem sido rápida em ridicularizar seu marido, incentive-o e elogie-o.

Veja o casamento como o hall de entrada para a santificação – como um relacionamento que revelará suas atitudes e comportamentos pecaminosos e lhe dará a oportunidade de abordá-los diante do Senhor. Mas aqui está o desafio: não caia na tentação de ressentir-se de seu cônjuge à medida que suas próprias fraquezas são reveladas. Igualmente, dê-lhe a liberdade e a aceitação que ele precisa para encarar suas fraquezas também. Dessa forma podemos usar o casamento como uma oportunidade, um espelho espiritual penetrante criado para nossa santificação e crescimento em santidade.

Não caia na tentação de ressentir-se de seu cônjuge à medida que suas próprias fraquezas são reveladas.

Recebendo o pecado do outro

Essa maneira de ver o casamento aponta para outro princípio importante – não somente ter o meu pecado exposto, mas refletir sobre como tratar minha esposa quando o pecado dela é exposto. Eu uso essa informação para esmagá-la, humilhá-la e obter poder sobre ela ou uso para, gentil e amorosamente, conduzi-la a imitar o caráter de Jesus Cristo?

Possuir o conhecimento do pecado de outra pessoa é uma coisa poderosa e perigosa. Em várias ocasiões, homens têm me chamado de lado e compartilhado sua frustração com sua dificuldade de perdoar suas esposas por terem tido um caso extraconjugal. A tendência natural deles é jogar o caso na cara das esposas. É uma terrível fonte de poder. Assim que a esposa aponta algo que precisa ser mudado em suas vidas, a tendência natural é dizer: "Ah, quer dizer que você vai fugir com o Jim se eu não mudar?" Ou: "Bem, eu posso ter um gênio ruim, mas pelo menos eu sei controlar meus impulsos sexuais!"

Possuir o conhecimento do pecado de outra pessoa é uma coisa poderosa e perigosa.

Os homens odeiam dizer essas palavras tanto quanto as esposas odeiam ouvi-las. São comentários cruéis e vingativos, mas algumas vezes somos maridos cruéis e vingativos.

"Você já disse à sua esposa o quanto você odeia dizer essas coisas?", perguntei a um homem.

"Já, mas ela ainda odeia ouvi-las, mesmo que saiba que eu odeio dizê-las".

A fim de que a disciplina funcione temos que uni-la à disciplina do perdão (discutida no capítulo 9). Essa disciplina de ter seu próprio pecado exposto e ser um holofote para sua esposa é difícil de controlar. É preciso uma tremenda coragem e leva o que parecerá (em especial aos homens) uma gentileza melodramática. O relacionamento conjugal não deve ser uma experiência "torturante", mas de fortalecimento – encorajando um ao outro no caminho de santificação: *Por isso, exortem-se e edifiquem-se uns aos outros* (1Ts 5.11a).

Essa disciplina de ter seu próprio pecado exposto e ser um holofote para sua esposa é difícil de controlar.

Vamos examinar um exemplo da vida real de como ter um pecado revelado em nossas vidas nos ajuda a crescer demonstrando nossas verdadeiras motivações.

O pecado por trás da insatisfação

Greg olhou para sua esposa Sharon (os nomes não são reais) e tentou não demonstrar o que realmente estava sentindo. Eles estavam celebrando o oitavo aniversário de casamento com um jantar e Greg estava, por assim dizer, entediado. Viciado em computador, Greg se sentia arrasado por preferir estar com um colega conversando sobre computadores a estar tentando encontrar alguma coisa para dizer à sua esposa.

O local escolhido por Sharon para o jantar foi uma mistura inusitada de antiquário e restaurante. Greg colecionava placas comerciais antigas e tinha que lutar contra a vontade de se levantar e dar uma boa olhada na loja de antiguidades. Era o aniversário de casamento, ficava dizendo a si mesmo. Deveria desejar compartilhar esse momento com sua esposa e não andar por aí sozinho buscando sua própria satisfação.

Greg achava que o mundo dela tinha encolhido a um grau quase que insuportável. Ela tinha pouco a dizer além de fazer um tedioso relato, ponto por ponto, dos acontecimentos do dia. "Então, logo depois que eu limpei o chão, subi para tomar um banho e adivinhe! Rebecca derrubou a tigela inteira de purê de maçã no chão e não limpou. Peter pisou bem no meio e começou a fazer pegadas de purê de maçã pela casa inteira! E eu tinha acabado de passar o pano!"

Greg balançou a cabeça, lutando com todas as forças contra os seus pensamentos. Ele se sentia mal porque sabia que sua esposa queria algo dele que ele não tinha certeza de que poderia dar: queria alguém interessado nesses problemas domésticos, mas, falando francamente, limpar chão não era nada interessante para ele. Greg tinha uma mente fértil – adorava descobrir falhas em sistemas de software ("é como um quebra-cabeça digital", ele explica) e as aparentemente intermináveis piadas de sua esposa sobre bagunça e aborrecimentos lhe davam sono.

"Mas Greg", sugeri alguns dias depois, "é assim que você serve sua esposa: ouvindo-a falar do mundo dela. Você acha que a mente de Jesus estava toda animada ao lavar os pés dos discípulos e ouvir suas brigas bobas a toda hora? Além disso, esses são seus filhos. É natural que Sharon ache que você esteja interessado no que acontece no decorrer do dia".

Greg assentiu com a cabeça relutantemente. "Acho que sim. Mas..." Sua pausa me disse que estávamos a ponto de chegar no X da questão. "Bom, tem uma mulher que trabalha comigo. Nós conhecemos linguagem digital – algo no qual Sharon não tem o menor interesse – e quando conseguimos resolver os problemas juntos, não tem nada igual. Eu me sinto tão próximo dela".

Houve outra longa pausa. "Sharon e eu não temos mais nada em comum".

Bem ali a mentira egoísta ficou exposta. "Nada em comum?" perguntei. "E Peter e Rebecca?"

"Bom, talvez as crianças".

"E o fato de terem concebido os dois juntos, cuidado deles juntos, trocado as fraldas deles, isso vale menos na sua conta do que conectar um monte de números para escrever um código de computador com essa outra mulher? É isso que você está me dizendo? Os seus filhos significam tão pouco que, para você, eles são menos cativantes do que criar um programa que vai estar obsoleto em oito meses?"

"Essa doeu". Greg disse depois de um longo suspiro. "Acho que eu não tinha pensado nisso".

Greg queria reescrever sua realidade para que seus pensamentos não soassem tão ruins como realmente eram. A verdade é que ele realmente dava mais valor para a criação de um programa de computador do que para passar tempo com a sua família... No entanto, em vez de admitir e reavaliar sua atitude, ele colocava toda a culpa em sua esposa: "Sharon é uma chata", "Sharon não me entende", "nós nos afastamos". Essas acusações eram muito mais fáceis de fazer do que ele admitir: "Sou um egoísta e estou tendo um problema sério de prioridades – até ao ponto de me arriscar a ter um caso".

Se abordarmos as coisas da maneira certa e estivermos dispostos a olhar honestamente para nossas motivações mais profundas, o casamento pode ser como uma fotografia. Olhar fotografias nem sempre é agradável. Lembro-me de uma ocasião em que estávamos vendo umas fotografias que eu tinha acabado de pegar no laboratório fotográfico e percebi, pela primeira vez, quanto peso eu tinha ganhado. "Uau! De onde veio esse papo?" A tendência natural é culpar o ângulo da câmera, mas a verdade é que aqueles sete quilos apareciam em qualquer ângulo!

A mesma coisa acontece com nosso pecado no casamento. Nós nos ressentimos da verdade revelada e somos tentados a jogar a culpa no cônjuge – a câmera, por assim dizer.

Em meu livro *The Glorious Pursuit* (A busca gloriosa) reflito sobre uma verdade que creio se aplicar aqui. Um cristão maduro se realiza em viver fielmente diante de Deus – isto é, em ser uma pessoa madura, e não estar perto de uma pessoa em particular. Muito de nossa insatisfação matrimonial brota, na verdade, da autorrejeição. Não gostamos do que fizemos ou nos tornamos, deixamos atitudes egoístas e pecaminosas envenenarem nossos pensamentos e nos conduzirem a comportamentos vergonhosos e, de repente, tudo o que desejamos está lá fora.

A resposta madura, no entanto, não é ir embora, é mudar – *a nós mesmos.*

Onde quer que a insatisfação conjugal se esconda em meu casamento, como ela faz em praticamente todos os casamentos, eu simplesmente confiro onde está o meu foco. Os períodos em que estou mais feliz e mais realizado em meu casamento são aqueles em que a minha intenção está voltada em extrair significado e satisfação me tornando um marido melhor, em vez de exigir uma esposa melhor.

A resposta madura, no entanto, não é ir embora, é mudar – a nós mesmos.

Se você é cristão, a realidade é que, biblicamente falando, não pode trocar sua esposa por outra pessoa. Mas pode mudar a si mesmo. Essa mudança pode trazer a satisfação que você equivocadamente acredita se encontrar somente na troca do parceiro. Em certo sentido é cômico: sim, precisamos mudar de parceiro, mas o parceiro que precisa ser mudado não é nosso cônjuge, somos nós!

Não sei por que isso funciona. Não sei como você pode estar insatisfeito no casamento e, mesmo assim, se oferecer a Deus para que haja mudança em sua vida e, de repente, se vê mais do que satisfeito com o mesmo cônjuge. Não sei *por que* isso funciona, só sei que *funciona.* Leva tempo, e quando eu digo tempo, quero dizer talvez anos. No entanto, se o seu coração é movido pelo desejo de chegar mais perto de Jesus, você encontrará alegria se tornando como Jesus. Você nunca encontrará essa alegria fazendo alguma coisa que ofende Jesus, como provocar um divórcio ou se envolver em um caso extraconjugal.

No século 19, Marie d'Agoult deixou seus filhos para seguir o mais famoso pianista daquela época, o húngaro Franz Liszt. Depois que o ardor de sua paixão esfriou e a realidade da saudade dos filhos se fez sentir, dizem que Marie fez essa observação: "Quando uma pessoa destruiu tudo à sua volta, destruiu-se a si mesmo também".

O pecado levará à autodestruição se nós permitirmos. O mesmo pecado que confronta dois homens diferentes pode levar um ao entendimento e, portanto, a uma maturidade e crescimento maiores, enquanto leva outro a um ciclo de negação, decepção e destruição espiritual.

A escolha é nossa. O pecado é uma realidade neste mundo caído. É como reagimos a ele que determinará se nosso casamento se tornará parte das tristes estatísticas ou uma coroa de sucesso.

Perguntas para reflexão e discussão

1. O que o surpreendeu sobre seu próprio pecado nos primeiros dois anos de seu casamento?
2. Como você reage à ideia de que Deus deseja usar seu casamento para expor seu pecado e ajudá-lo a vencê-lo?
3. Seu casamento é um lugar seguro para revelar seu pecado? Como ele pode ser mais enriquecedor nesse aspecto?
4. Como o comentário de Gary "Os casais não ficam sem amor, os casais ficam sem arrependimento" ajuda a restaurar um casamento com problemas?
5. Você concorda com Gary que "muito de nossa insatisfação conjugal tem origem na autorrejeição"? Como podemos evitar a mentalidade da fuga, isto é, fugir do que fizemos ou nos tornamos e, em vez disso, usar nosso casamento para lutar contra o pecado que foi revelado?
6. Por que os cônjuges muitas vezes têm medo de confessar seus pecados ou admitir suas faltas? O que precisa acontecer em seu casamento para que seja mais seguro ser transparente? (Ou o que acontece em seu casamento que o ajuda a ser mais transparente?)
7. Identifique as duas maiores fraquezas na forma pela qual você se relaciona com seu cônjuge. Quais são as virtudes positivas que são os opostos morais ou espirituais dessas duas fraquezas (por exemplo: grosseria/gentileza; criticismo/encorajamento)? Em qual delas você vai trabalhar esta semana?
8. Você já usou o conhecimento de uma fraqueza de seu cônjuge para envergonhá-lo ou puni-lo? Como você poderia ter usado essa situação para edificar seu cônjuge e incentivar seu crescimento espiritual?

7

HISTÓRIA SAGRADA

EDIFICANDO A DISCIPLINA ESPIRITUAL DA PERSEVERANÇA

É muito difícil ser inteiramente fiel, mesmo a coisas, ideias, e sobretudo, à pessoa que se ama. Não há uma fidelidade perfeita assim como não existe o perfeito amor ou a beleza perfeita. Mas é divertido tentar.

— Katherine Anne Porter

O Senhor conduza o coração de vocês ao amor de Deus e à perseverança de Cristo.

— 2 Tessalonicenses 3.5

Marti entrou no casamento com um enorme fardo – um relacionamento anterior (não conjugal) que incluía atividade sexual e uma separação dolorosa. Como resultado, ela lutava contra sentimentos de insegurança, mesmo depois de casada. Simplesmente não conseguia superar a percepção de que "o conflito leva à separação e a separação leva à dor intensa".

Depois de vários anos de casamento, Marti e seu marido começaram a brigar por causa de problemas financeiros. Semanas de vigorosas discussões (e gritarias ocasionais) não levaram a conclusão alguma. A disputa se tornou tão intensa que o relacionamento conjugal começou a sentir a pressão. Havia pouca alegria, só angústia e frustração.

Marti, inconscientemente escorregava novamente para os sentimentos que nasceram daquele relacionamento anterior que tinha fracassado. Ela ainda sofria por causa da dissolução daquele laço e, por isso, experimentava uma aguda ansiedade pela dúvida sobre se o seu casamento poderia sobreviver a esse desafio ou não. No passado, problemas não resolvidos significavam um rompimento inevitável, então, ela secretamente entrou em luto por um relacionamento que ainda não havia morrido.

Encontraram um grande significado no simples fato de que o casamento iria sobreviver.

Então, uma noite, depois de outra discussão acalorada que absolutamente não levava a solução alguma, o marido de Marti fez uma coisa tão maravilhosamente profética e profunda que ela nunca mais vai esquecer. Você pode ver a alegria do amor terno de seu marido refletido em seus olhos quando ela conta essa história.

"Ele me abraçou e disse: 'Marti, você precisa saber que não importa o que a gente decida ou não, eu nunca vou desistir desse casamento. Mesmo que tenhamos que viver nessa tensão pelo resto de nossas vidas, *eu nunca vou deixar você.*' "

Ela explodiu em lágrimas ao contar essa história. Embora houvesse atrito constante em seu casamento, ela não quer que ele termine, e agora seu marido prometeu que isso não vai acontecer.

Marti e seu marido abraçaram o caráter sagrado de sua história juntos, encontraram um grande significado no simples fato de que o casamento iria sobreviver. De repente, o problema original pareceu menos gigantesco. De qualquer forma, foi menos importante do que o fato de que sua história juntos estava segura.

Proclamamos a graça profética do casamento quando entendemos a santidade de construirmos uma história juntos. O filósofo alemão Friedrich

Nietzsche disse que o casamento é uma longa conversa, sugerindo que nos casássemos com um amigo. Se isso é verdade, é somente uma sombra de outra conversa que precedeu a nossa.

O Deus de Abraão

Perguntaram certa vez a um conhecido teólogo qual seria a melhor evidência da existência de Deus. Sem hesitação ele respondeu: "O judeu".

Através de uma história tumultuada, o povo judeu tem estado dependurado por um fio quando outro tirano ou inimigo trabalha para sua extinção. Mesmo assim, por séculos eles têm sobrevivido. A história deles é dramática e apaixonante.

Há uma realidade teológica envolvida nessa história. O Deus do Antigo Testamento é o único a se afeiçoar pessoalmente a um povo. Por milhares de anos, fiéis devotos adoraram o deus das montanhas, o deus dos vales ou o deus do mar, mas a ideia de que há um Deus de Abraão, de Isaque e de Jacó – um Deus de pessoas – era uma coisa nova!

Ainda mais surpreendente era a linha direta desse relacionamento, desde Adão e Eva até Abraão e Sara, de Davi e Bate-Seba até Maria e José. Há uma coisa sagrada nessa história. A importância deriva do fato de que Deus tinha estado com os pais, os avós, os bisavós e seus pais e avós antes deles.

Esse relacionamento entre Deus e seu povo era tudo, menos fácil. Houve períodos de grande alegria e celebração (veja o caso de amor de Deus com seu povo quando Salomão dedicou o templo); tempos de frustração e ira (quando Deus permitiu que tiranos estrangeiros os conquistassem); tempos e infidelidade e apostasia (quando Israel serviu outros deuses) e períodos de silêncio excruciante (como os quatrocentos anos entre o Antigo e o Novo Testamento).

Agora, tome esses exemplos e divida-os, pensando neles em um contexto menor. Houve tempos de grande alegria e celebração, frustração e ira, infidelidade e apostasia e períodos de silêncio excruciante. Isso não parece um relacionamento? Como seu casamento, por exemplo?

Visto através dessas lentes, o relacionamento conjugal permite nos identificarmos com Deus e seu relacionamento com Israel. Seu casamento teve períodos de grande alegria e celebração? Deus pode se identificar e se alegrar com você. Talvez você tenha experimentado a dor da infidelidade? Ou a frustração do silêncio de amargura? Se for assim, você não está sozinho e lhe foi dada a matéria-prima para construir um relacionamento mais íntimo com Deus.

Há um aspecto que mantém a história de Deus com Israel: a perseverança. Quando Israel virou as costas para Deus, Deus não virou as costas para Israel. Ele pode ter ficado afastado por um tempo, mas o compromisso permaneceu concreto e firme.

Eu particularmente me identifico com o período de quatrocentos anos de silêncio entre o Antigo e o Novo Testamento. Muitas vezes nossos casamentos não são nem bons nem maus, só estamos cansados da rotina e da mesmice e nossas almas ocasionalmente ficam adormecidas em nossa relação um com o outro.

O relacionamento conjugal permite nos identificarmos com Deus e seu relacionamento com Israel.

Kathleen e Thomas Hart explicam dessa maneira: "O casamento é uma longa jornada que duas pessoas fazem juntas. Algumas vezes, o terreno é muito interessante e outras, monótono. Às vezes a caminhada é árdua para ambos ou para um dos dois. Algumas vezes a conversa é alegre e outras, não há muito o que dizer. Os viajantes não sabem exatamente aonde estão indo, nem quando vão chegar".[49]

Acrescentar a isso um ocasional efeito amortecedor de "mesmice" é o fato que torna essa caminhada mais longa para nós do que para nossos ancestrais. Nos séculos anteriores muitos casamentos eram encurtados porque, frequentemente, as mulheres morriam no parto. Thomas Cranmer, o famoso arcebispo de Canterbury de 1533-1553, perdeu sua esposa no primeiro ano de casado. Jeremy Taylor (1613-1667), um bispo inglês e escritor das obras *The Rule and Exercise of the Holy Living* (A lei e o exercício da vida santa) e *The Rule and Exercises of Holy Dying* (A lei e o exercício da morte

49 Hart e Hart, *The First Two Years of Marriage*, 15.

santa), perdeu sua esposa com menos de treze anos de casado. A esposa de João Calvino não viveu até o décimo aniversário de casamento e a esposa de John Donne, Anne, morreu dezesseis anos depois do casamento.[50]

As pessoas não viviam tanto quanto hoje. Em 1870 uma mulher não poderia garantir que seu marido estaria vivo quando seu filho caçula fosse grande o bastante para se sustentar. Em 1911, a duração média de um casamento era vinte e oito anos, em 1967, havia subido para quarenta e dois.

Hoje você pode definir o casamento com perseverança: a manutenção de um relacionamento de longo prazo.

Hoje você pode definir o casamento usando a linguagem da perseverança: a manutenção de um relacionamento de longo prazo. Com os avanços da medicina e o aumento da expectativa de vida, você agora tem que passar do sexagésimo ou até septuagésimo aniversário de casamento para que seu feito apareça no jornal.

Esse fenômeno relativamente novo de ser casado por seis ou sete décadas pode trazer muito lucro à nossa vida e crescimento espiritual. O casamento nos ajuda a desenvolver o caráter do próprio Deus ao permanecermos com nosso cônjuge através dos bons e maus tempos. Cada casamento dá à luz uma nova história, um novo começo. Encontramos o significado espiritual do casamento quando conservamos essa história juntos.

É uma jornada que nunca termina realmente, mas leva pelo menos o período de uma década para que o senso de intimidade de fato se revele no relacionamento conjugal.

De fato, alguns especialistas acreditam que leva de nove a quatorze anos para um "casal realmente criar e formar o seu ser".[51] Quando ouço que casais se separaram depois de três ou quatro anos, fico triste porque eles nem começaram a experimentar de verdade o que é ser casado. É como subir a montanha até a metade do caminho e nunca chegar a aproveitar a vista, você está no meio da tarefa, sua

50 Oliver, *Conjugal Spirituality*, 26.

51 Oliver, *Conjugal Spirituality*, 33.

alma está sobrecarregada com a luta, mas ainda é cedo demais para experimentar integralmente as recompensas. Avaliar tão cedo nosso relacionamento é como tentar comer um bolo meio assado. Para sermos um, no sentido mais profundo e íntimo, leva tempo. É uma jornada que nunca termina realmente, mas leva pelo menos o período de uma década para que o senso de intimidade de fato se revele no relacionamento conjugal.

A disciplina espiritual da perseverança

Vivemos em uma nação de desistentes. Os empregados se demitem de seus empregos assim que ficam difíceis, os empregadores demitem seus empregados tão logo os lucros caiam um quarto de um ponto percentual, as pessoas rotineiramente deixam suas igrejas para se juntarem a outra congregação à menor provocação. A Bíblia nos adverte que muitos desistirão da fé. (veja 1Tm 4.1).

Vivemos em uma nação de desistentes.

Jesus fala sobre essa tentação na "Parábola do semeador", que seria mais apropriadamente chamada de "Parábola dos solos", porque é isso que ele realmente estava ensinando. Em Lucas 8, Jesus avisa que alguns ouvirão a Palavra de Deus e crerão por algum tempo, *"mas desistem na hora da provação"* (v. 13). Outros ouvem, mas sua fé é sufocada *"pelas preocupações, pelas riquezas e pelos prazeres desta vida, e não amadurecem"* (v. 14), mas aqueles que são alvo de elogio por parte de Jesus são aqueles que *"ouvem a palavra,* ***a retêm e dão fruto, com perseverança****"* (v. 15, ênfase acrescentada).

A verdadeira espiritualidade cristã sempre enfatiza a perseverança: *Ele dará vida eterna aos que, persistindo em fazer o bem, buscam glória, honra e imortalidade. Mas haverá ira e indignação para os que são egoístas, que rejeitam a verdade e seguem a injustiça* (Rm 2.7s).

Retidão – verdadeira santidade – é vista com o passar do tempo em nossa persistência. É relativamente fácil "flertar" com a retidão, ser cortês ocasionalmente com outros motoristas (se você estiver de bom humor), ajudar alguém em necessidade abrindo uma porta (se você tiver tempo), jogar um dinheirinho que está sobrando na sacola da oferta (desde que você não vá precisar dele). Esse comportamento é, na realidade, uma retidão superficial. A retidão que Deus procura é a retidão persistente, um compromisso em continuar tomando a decisão certa mesmo quando, talvez a todo momento, você se sente puxado na direção oposta. A santidade é muito mais do que uma inclinação para atos ocasionais de bondade e caridade. É um compromisso a render-se persistentemente diante de Deus.

Os homens e mulheres casados que se veem "apaixonados" por outra pessoa terão que continuamente fazer a escolha de não agir de forma errada e cuidar do que dizem. Vai exigir muito mais do que uma decisão única para eles manterem sua integridade, terão que perseverar em retidão.

Como o casamento é essa longa conversa, ele passa por muitos estágios. Alguns mais difíceis que outros. Certamente, é um enorme desafio ter intimidade e se divertir quando temos filhos pequenos. É um trabalho exaustivo. Os pesquisadores William J. Lederer e Don D. Jackson dizem que "nunca observaram uma união colaborativa constante entre os cônjuges durante o período em que criavam filhos".[52]

A vida nos apresenta alguns períodos que, francamente, devem ser suportados. Há muito momentos milagrosamente recompensadores quando criamos nossos filhos, mas os outros aspectos de nossas vidas, como nosso tempo a sós como casal, irão necessariamente sofrer. Isso é apenas um período e é tolice desistir de perseverar durante um tempo em que qualquer casamento terá que se adaptar e reavaliar suas expectativas prévias.

O que faz com que desistamos de nossos casamentos? Embora Jesus não tenha especificamente se referido ao casamento na parábola dos solos, ele aponta muitas das fontes de nossas falhas em perseverar no casamento. Alguns de nós desistimos quando chega o tempo da provação (Lc 8.13). Pensamos que o casamento seria fácil e, quando fica difícil, caímos fora.

Outros desistem quando são sufocados pelas preocupações da vida (Lc 8.14). Os conselheiros matrimoniais nos dizem que os problemas financeiros têm destruído mais casamentos do que qualquer outra coisa. Há também nosso egoísmo e nosso pecado, ambos capazes de poluir uma afeição que um dia foi tão preciosa.

52 Citado em Oliver, *Conjugal Spirituality*, 34.

A persistência não faz sentido a menos que vivamos com um senso de eternidade.

O que nos dá forças para persistir em fazer o bem? A dica de Paulo está na passagem mencionada acima em Romanos 2. Ele afirma que em nossa persistência buscamos "glória, honra e imortalidade" (Rm 2.7). Essas são palavras que apontam para uma história alternativa, para uma vida depois da morte (pois não há imortalidade neste mundo). A persistência não faz sentido a menos que vivamos com um senso de eternidade. Expandiremos esse conceito no próximo capítulo, mas essa verdade precisa fazer uma breve aparição aqui também.

As pessoas que estão lutando contra uma paixão por alguém que não é seu cônjuge talvez precisem tomar uma decisão que, a curto prazo, pode fazê-las *menos felizes* e trazer *menos prazer* (embora eu diria que essa decisão irá, em muitos casos, torná-las *mais realizadas* a longo prazo). A persistência cristã é baseada na ideia de que há outra vida, comumente conhecida como céu, que é eterna e para a qual esta vida é uma preparação. O mundo que virá é tão glorioso, cheio de tanta honra, que vale a pena fazer sacrifícios agora para receber glória, honra e imortalidade lá.

Ao redor de que mundo sua vida é centrada? Seu casamento irá, por fim, revelar a resposta a essa pergunta. Se você tem uma perspectiva eterna, preparar-se para a eternidade perseverando em manter um casamento difícil faz muito mais sentido do que destruir uma família para obter um alívio rápido e fácil. A maior parte dos divórcios é marcada pelas ações de alguém fugindo, no máximo, de umas poucas décadas difíceis e, para obter esse alívio, as pessoas estão jogando fora glória e honra que tem a duração da eternidade. Esse é um péssimo negócio!

A santidade que será recompensada no céu é uma santidade persistente.

A santidade que será recompensada no céu é uma santidade persistente. Você pode procurar na Bíblia inteira e eu lhe garanto que não vai encontrar nenhuma referência a uma "coroa no céu" que seja entregue à pessoa que teve a vida mais feliz na terra. Essa recompensa simplesmente não existe. Também não haverá uma medalha celestial para o cristão que sentiu menos dor.

A prioridade de uma história sagrada é uma prioridade eterna. O casamento é um belo e eficiente lembrete dessa realidade. Uma das frases mais poéticas das Escrituras, e que eu acho que todo casal deveria ter escrito em um lugar de honra em sua casa, está no versículo 5 de 2 Tessalonicenses 3: *O Senhor conduza os corações de vocês ao amor de Deus e à perseverança de Cristo.*

É disso que eu quero que meu coração seja cheio: do amor de Deus e da perseverança de Cristo. Essa é a melhor receita bíblica para a santidade e uma vida de "sucesso" aqui na terra. Ah, que meu coração possa ser dirigido mais e mais pelo amor de Deus! Ah, que eu possa aprender a perseverança paciente do próprio Cristo!

A alternativa é explicada no capítulo 2 da carta de Paulo aos Romanos. Em vez das recompensas, alguns receberão "ira e indignação". E quem são essas pessoas? *Mas haverá ira e indignação para os que são egoístas, que rejeitam a verdade e seguem a injustiça* (Rm 2.8). O que é mais egoísta do que ignorar o que é melhor para seus filhos – um lar intacto e em paz – e abandonar um casamento porque você está cansado de seu cônjuge sabendo que, ao fazer isso, estará afetando seriamente seu ministério de reconciliação, como vimos no capítulo 2?

Espero que os homens, em particular, compreendam os perigos inerentes do divórcio, pelo menos da perspectiva de uma mulher. Meus olhos foram abertos para isso de uma forma completamente nova quando vi o perigo de rompermos uma história matrimonial.

Espero que os homens, em particular, compreendam os perigos inerentes do divórcio.

Um futuro incerto

Um dos maiores perigos de romper uma história matrimonial é que não podemos saber o futuro. Deixe-me explicar isso com uma história verdadeira.

Vi meu egoísmo em seu nível mais desprezível no dia em que uma mulher do grupo para quem eu deveria dar uma palestra veio me buscar no aeroporto. Eu deveria sentar no banco de trás com seu filho, mas assim que a porta se abriu, me arrepiei. O carro estava imundo. Eu estava usando calça e jaqueta e tinha que falar mais tarde naquele dia. Fiquei preocupado em sentar naquele banco porque eu tinha quase certeza de que, quando me levantasse dali, algum tipo de comida ia ficar grudado nas minhas costas.

Sem querer ofender a mulher, fiz o melhor que pude para espanar o máximo de comida e sujeira possível sem que ela percebesse. O problema é que o filho dela atrás de mim não estava me ajudando e me apressava para eu me sentar logo.

Um dos maiores perigos de romper uma história matrimonial é que não podemos saber o futuro.

Pensamentos terríveis e egoístas passaram pela minha cabeça: "Como é que ela deixa o carro nesse estado sabendo que iria me buscar no aeroporto?".

Em poucas horas descobri que aquela mulher era divorciada e criava os filhos sozinha. "Isso ajuda a explicar a sujeira do carro", pensei, "ela é muito ocupada".

Então, à medida que conversávamos, ela me contou que estava no meio de um tratamento de quimioterapia. A medicação a fazia sentir-se tão mal que ela só conseguia trabalhar um dia por semana como garçonete. Os seis dias seguintes eram gastos tentando ganhar forças suficientes para voltar para o restaurante para ganhar outros cem dólares. Ela ganhava uma miséria, tentava criar três filhos e fazia quimioterapia, mesmo assim, sacrificou seu tempo, sua energia e seu dinheiro (a gasolina não é de graça) para me buscar voluntariamente por uma boa causa.

Ela era uma heroína e eu estava furioso comigo mesmo. Silenciosamente, me ressenti do banco sujo, pensando em como seria embaraçoso entrar em um lugar pela primeira vez com comida pendurada em minhas roupas, uma coisa insignificante comparada aos problemas de verdade que essa mulher estava enfrentando.

Depois de me arrepender e começar a agir como um servo em vez de uma prima donna, meus pensamentos se voltaram para o marido dela. Como um homem que professava ser cristão poderia permitir que a mulher com quem ele concebera três crianças passasse por uma dificuldade tão grande sozinha? Fiquei com tanta pena dela que meu coração doía. Assim que pude ligar para minha esposa contei essa triste história. "Que homem é esse", desabafei, "que não corre imediatamente para ajudar alguém numa situação dessas, quando ele prometeu que estaria com ela 'na saúde e na doença' na frente de uma igreja cheia de gente? Como pode ter um coração tão duro para não se comover pelo sofrimento de alguém que ele amou um dia?"

Quando esse homem se divorciou dessa mulher não poderia adivinhar que ela teria câncer, é claro, mas é por isso que nós construímos uma história sagrada – nenhum de nós pode ver exatamente o futuro. Essa mulher deixou de lado a carreira dela e não recebeu nenhum treinamento profissional porque estava criando os três filhos desse homem. Ela se fez vulnerável para o benefício dele e, depois que ele construiu sua carreira e ela ainda estava presa à tremenda responsabilidade de educar três crianças, ele rompeu sua história juntos e a deixou praticamente na miséria.

Quando você se divorcia de seu cônjuge, não tem ideia do que o futuro reserva para ele. A situação pode levar, e muitas vezes leva, ao caos porque há muita chance de que pelo menos um dos cônjuges vai precisar ser cuidado em um futuro não muito distante. Certamente uma negligência desse tipo se qualifica para o egoísmo que receberá "ira e indignação".

Também sujeitos a essa ira estão aqueles que "rejeitam a verdade". Paulo está claramente falando aqui sobre a verdade da salvação, mas há também outra verdade inferida nessa passagem: a verdade da vontade de Deus e suas leis.

A maioria de nós sabe que Deus odeia o divórcio porque as Escrituras dizem explicitamente: *"Eu odeio o divórcio", diz o Senhor, o Deus de Israel* (Ml 2.16). Jesus, falando aos seus discípulos a respeito do divórcio afirmou: *"Mas eu lhes digo que todo aquele que se divorciar de sua mulher, exceto por imoralidade sexual, faz que ela se torne adúltera, e quem se casar com a mulher divorciada estará cometendo adultério"* (Mt 5.32). A única razão pela qual Deus permitiu o divórcio no Antigo Testamento, e Jesus menciona isso em outro texto, era porque ele estava lidando com corações duros (veja Mt 19.8s).

Quando você se divorcia de seu cônjuge, não tem ideia do que o futuro reserva para ele.

Essa, meus amigos, é a verdade. Rejeitá-la, Paulo adverte em Romanos 2, é se arriscar a enfrentar a ira e a indignação de Deus. Ainda fico perplexo ao ver como homens cristãos podem deixar suas esposas e filhos financeiramente arruinados para que eles possam começar um novo relacionamento, e tudo isso tentando manter a ilusão de que Jesus Cristo ainda é o Senhor das vidas deles.

Recentemente, um amigo meu ligou para um antigo colega de faculdade. A esposa atendeu e disse: "Desculpe, mas o Greg não está".

"Onde ele está?", o Mike perguntou casualmente.

"Ele foi embora".

Havia um tom em sua voz que definia "foi embora" como uma coisa traumática e definitiva.

Greg tinha três filhos pequenos. Mike disse que tinha vontade de sacudir seu amigo e dizer: "Você tem ideia do mal que está fazendo?"

No entanto, nossa cultura não vê a separação como uma coisa má, não é? É romântico. É "corajoso". É "melhor para todo mundo".

Se você não crê no céu, o divórcio pode fazer muito sentido.

Edificar uma história sagrada juntos nos ensina a sermos persistentes em fazer o bem quando estamos com vontade de fazer outra coisa. Esse compromisso com a perseverança nos ensina a disciplina cristã básica da abnegação. Como parte disso, devemos rejeitar o comportamento que busca os nossos interesses e, em vez disso, pensar no futuro, um futuro que aponta para além deste mundo. Se você não crê no céu, o divórcio pode fazer muito sentido. Uma vez que o céu se torna parte da equação, o custo do divórcio, isto é, arriscar-se ao futuro de ira e indignação de Deus com uma atitude egoísta, se torna alto demais.

O ideal

O divórcio, por definição, é um fracasso: de amor, de perdão, de paciência ou (no mínimo) é o resultado da má escolha de um parceiro difícil, mas todos nós falhamos em algum ponto. As palavras de Jesus são, muitas vezes, severas: de acordo com Mateus 5.28 eu, e praticamente todos os homens do mundo, devemos nos considerar adúlteros. Um olhar lascivo e *Bum*! Caímos. Uma exclamação raivosa, "Louco!" e, de acordo com Jesus, estou em perigo de ser jogado do fogo do inferno (veja Mateus 5.22).

Jesus fez várias afirmações duras e aparentemente implacáveis sobre como deveríamos viver, e não há homem ou mulher no mundo que não tenha quebrado algum desses mandamentos. No entanto, olhamos para a vida de Jesus e vemos uma tremenda misericórdia. A mulher adúltera não foi condenada, ele só lhe ordenou que não pecasse mais (veja Jo 8.11). Jesus disse uma vez que quem coloca a mão no arado e olha para trás não está apto para o Reino de Deus (veja Lc 9.62), mas recebeu voluntaria e amorosamente Pedro de volta depois que ele o negou três vezes (veja Mc 14.66-72).

> *Se você está lendo isso depois de ter passado por um divórcio, você não serve a ninguém – muito menos a Deus – ficando obcecado por uma coisa que não pode ser desfeita.*

Se você está lendo isso depois de ter passado por um divórcio, você não serve a ninguém – muito menos a Deus – ficando obcecado por uma coisa que não pode ser desfeita. É para isso que serve o perdão e a graça: para começar do zero, para um novo começo.

Tenho apresentado um ideal elevado, em parte, para encorajar as pessoas que enfrentam um casamento difícil a aguentarem firme. Mesmo correndo o risco de esvaziar o que já disse, precisamos ser honestos. Dizer que abandonar o cônjuge é o mesmo que abandonar a fé é ir longe demais. Certamente há severas repercussões espirituais todas as vezes que quebramos um juramento e uma coisa que faz o divórcio espiritualmente mais perigoso é que o voto do casamento é um juramento quebrado com o tempo. Em vez de ser o pecado da paixão, algo que você faz, mas imediatamente se arrepende, o divórcio é uma decisão considerada, com muitas oportunidades de reconsiderá-la e rejeitá-la. Isso faz com que seja, no mínimo, uma escolha espiritualmente perigosa.

Algumas vezes, porém, o divórcio pode ser a escolha certa. Mateus registra a exceção para a infidelidade (veja Mt 19.9). Paulo também articula uma exceção por ser casado com um descrente que não quer permanecer no casamento (veja 1Co 7.15).

A felicidade pode estar muito além deles, mas a maturidade não.

Qualquer um que esteja casado por qualquer período de tempo deveria ser capaz de compreender como o casamento pode ser difícil, mesmo entre cristãos. As tensões podem ser tão fortes e tão profundas que a reconciliação tomaria mais energia do que os parceiros acreditam possuir em dez vidas. Deus pode prover essa energia, mas, em alguns casos, as pessoas não estão dispostas a recebê-la.

Antes que um divórcio chegue ao fim, eu geralmente aconselho a pessoa a aguentar firme, resistir mesmo em meio à dor e tentar crescer através daquilo tudo. A felicidade pode estar muito além deles, mas a maturidade não, e eu valorizo o caráter muito mais do que qualquer disposição emocional. Quando temos o céu como esperança futura, o crescimento espiritual como realidade presente e, em muitos casos, filhos pelos quais o sacrifício é necessário, um casamento intacto é sem dúvida um ideal digno pelo qual lutar. Isso não significa que devamos tratar aqueles cujo casamento se dissolveu como cristãos de segunda classe. Jesus falou de ideais elevados e absolutos, mas amou pessoas reais com aceitação e graça.

Aí está a beleza de se fazer as coisas do jeito de Deus. Mesmo que alguém tenha pecado contra nós, podemos crescer através dessa experiência pela graça de Deus.

Há também casos em que o divórcio é impingido por um dos parceiros unilateralmente. Esse é caso de uma mulher que eu conheço chamada Leslie. Muitos cristãos incentivaram Leslie a desistir, a parar de insistir e começar a namorar antes mesmo que o divórcio estivesse concluído. Se Leslie estivesse preocupada somente com sua própria felicidade e sua saúde emocional, aceitaria prontamente o conselho. Hoje, no entanto, depois de ter percorrido essa árdua estrada que é o divórcio, Leslie se aproximou mais do Senhor respeitando e cuidando de sua história sagrada com seu ex-marido. Não é uma história feliz, mas tem produzido generosos dividendos, e aí está a beleza de se fazer as coisas do jeito de Deus.

Mesmo que alguém tenha pecado contra nós, podemos crescer através dessa experiência pela graça de Deus.

Uma história rompida: Leslie

"Leslie, estou deixando você."

Leslie deu um passo para trás sem acreditar. Ela nunca pensou que ouviria essas palavras. Quando era garotinha, sonhava com um vestido branco, um casal feliz, uma casa cheia de crianças. Suas fantasias não tinham espaço para o arrepio devastador que essas palavras traziam pronunciadas pelo homem a quem ela confiara sua vida, seu corpo, seus segredos mais profundos e sua intimidade. E agora ele estava dizendo que não conseguia mais ficar ao lado dela.

Naquela época tanto ela quanto Tim eram cristãos comprometidos com Deus. Embora tivessem vivido juntos antes do casamento, renovaram seu compromisso com Deus antes de se casarem e começaram imediatamente a crescer na fé. Frequentavam um estudo bíblico e oravam juntos regularmente. Nos primeiros anos de seu relacionamento as pessoas muitas vezes comentavam: "Que casamento bonito vocês têm!", e o casal humildemente respondia: "É obra de Deus, não é nossa".

As primeiras rachaduras apareceram cerca de seis anos depois do casamento, quando Tim confessou ter tido um envolvimento sexual de uma única noite com outra pessoa. Ele disse a Leslie que estava profundamente arrependido e estava disposto a procurar aconselhamento. Depois de muitas lágrimas, eles conseguiram deixar para trás aquele caso amoroso.

Leslie teve que aprender a confiar novamente, mas eles retornaram aos bons tempos. Cinco anos se passaram, Tim estava fazendo um treinamento para fazer parte da liderança da igreja e Leslie trabalhava em tempo integral na direção de um ministério cristão. Eles suportavam a dor da infertilidade, mas venceram a angústia e começaram um processo de adoção. De fato já estavam na segunda etapa do processo e Leslie esperava ser mãe em breve.

No entanto, ela sentia que Tim estava lhe escapando. Os temores lhe pareciam irracionais a princípio, um pressentimento, nada mais do isso, mas a evidência cresceu. A distância ficou aguda quando viajaram juntos para uma convenção nacional. Ela se sentiu arrasada e humilhada quando Tim a deixava sozinha por longos períodos e a tratava com rudeza quando, finalmente, estavam juntos. Leslie começou a ficar "histericamente transtornada", algo do qual ela hoje se envergonha, fazendo com que Tim se afastasse ainda mais.

Em casa, ela confidenciou a uma companheira de oração: "Se eu não conhecesse Tim, diria que ele está se preparando para ir embora de casa".

"Isso é ridículo!", sua amiga de oração lhe assegurava.

Tim viajou a negócios por três semanas e deveria retornar no sábado à tarde. Leslie estava ansiosa para que ele chegasse a tempo em casa porque eles tinham uma entrevista para o processo de adoção na segunda-feira cedo pela manhã.

Ele não voltou para casa no sábado à tarde, nem à noite, como esperado. Leslie guardou os pratos e foi dormir esperando que Tim chegasse mais tarde. Ela acordou pensando encontrar Tim dormindo a seu lado, mas ele ainda não havia chegado em casa. Foi para a igreja no domingo de manhã, convencida de que veria o carro de Tim na garagem quando voltasse, mas a garagem estava vazia.

Seu coração começou a doer e, então, tarde da noite, ouviu um barulho na garagem. Ela abriu a porta e viu Tim colocar seus tacos de golfe no porta-malas do carro.

"O que está acontecendo, Tim?", ela perguntou. Ele tinha estado fora por três semanas, é claro que não podia estar se preparando para jogar golfe na manhã seguinte.

E então vieram as palavras – aquelas capazes de amortecer a alma e que explodiriam seu mundo: "Leslie, estou deixando você".

"O quê?"

"Estou deixando você".

Leslie quase caiu ali mesmo. "Você não pode me deixar", ela lamentou.

"Mas eu vou. Não a amo mais. Já não a amo há muito tempo."

Leslie sentiu a histeria tomando conta dela outra vez e começou a entrar em pânico. "Eu me esforcei para ficar calma", lembra ela, "porque eu sabia que a histeria não faria com que ele ficasse. Além disso, não queria que ele lembrasse de mim como uma histérica".

Então olhou para a mão de Tim e sentiu seu coração parar. Ele não estava usando sua aliança.

"Você não está usando a aliança, isso quer dizer que você vai procurar outra pessoa?"

"É".

Bam! Sua resposta imediata, calma, quase casual, tirou o fôlego dela.

"Você sabe quem?" O medo começou a crescer. Será que ela queria mesmo saber?

"Sim – mas não estou deixando você por ninguém em particular. Eu e você simplesmente não somos certos um para o outro. Tenho vivido uma mentira por todos esses anos e estou cansado disso."

"Tim, por favor, fique mais uma noite. Só uma noite."

"Não posso."

Leslie começou a sentir que ia perder o controle. Ela não ficou histérica, mas as lágrimas tomaram conta e ela perdeu a compostura. Aguentou até que Tim saísse com o carro e, *então*, ficou histérica.

Os soluços que vinham de dentro dela eram profundos e penetrantes. Finalmente, ajoelhou-se junto a uma cadeira para orar, mas havia agonia demais dentro dela. Simplesmente não conseguia orar sozinha. Em vez disso, ela se levantou, cambaleou até o telefone e ligou para alguns amigos mais chegados. "Tim foi embora de casa, você poderia vir até aqui?"

Hoje ela agradece por não saber, naquele momento, o que enfrentaria no futuro.

Leslie e seus amigos, choraram e oraram, oraram e choraram. Depois de horas de luta espiritual, ela sentiu alívio e um pouco de paz.

"Você quer que eu passe a noite aqui?", uma de suas amigas perguntou.

"Não precisa, vou ficar bem", Leslie disse. Hoje ela agradece por não saber, naquele momento, o que enfrentaria no futuro.

Contando a notícia

Como Leslie dirigia um ministério cristão, ela sabia que teria que contar para sua equipe o que tinha acontecido. Eles a apoiaram e cuidaram dela, mas a reação deles foi surpreendentemente difícil para ela.

"Foi difícil receber o apoio deles", confessa. "O Senhor realmente trabalhou com meu orgulho. Eu era aquela que sempre tinha para dar, mas Deus queria que eu passasse por um período de fraqueza".

Na semana seguinte à partida de Tim, Leslie sentiu que Deus queria que ela contasse sua situação para a igreja e pedisse oração. Ela não podia se imaginar fazendo uma coisa dessas. Achava que tinha que ser forte porque dirigia um ministério. "Deus", ela argumentou, "eles vão pensar que eu não fui uma boa esposa e que por isso eu não sou capaz de dirigir o centro ministerial. Se eu não fui capaz de cuidar do meu marido, como posso cuidar de um ministério?"

Durante o culto na igreja naquela manhã de domingo, o líder do louvor fez uma coisa que nunca tinha feito antes, nem depois daquele dia: pediu à congregação que compartilhasse pedidos de oração ou motivos de louvor. Leslie engasgou, suspirou e levantou-se. Todos os olhos na igreja estavam voltados para ela. Engoliu em seco e então disse: "Preciso que a igreja saiba que semana passada, Tim me deixou..."

Um grande e horrível murmúrio de espanto seguiu-se, mas ela continuou. "Tim e eu precisamos de suas orações para que nosso casamento seja restaurado".

Ser a pessoa fraca foi uma sensação devastadora para Leslie, mas foi como se as janelas se abrissem para outros casamentos na igreja que também passavam por dificuldades. Leslie foi grata por isso, mesmo que ainda tivesse que esperar para que seu casamento fosse curado.

Falsa esperança

O que ajudou Leslie a vencer os primeiros meses de sua separação foi a confiante expectativa de que Tim voltaria para casa. Ela estava otimista pelo fato de que, uma vez que compreendia a razão pela qual Tim tinha ido embora e o que ela tinha feito de errado, ela poderia consertar tudo e seu casamento estaria bem. O casamento, porém não estava bem e não iria melhorar. Tim estava saindo com outras mulheres e mostrando pouco interesse em reconciliar-se.

A amargura tentou seduzi-la muitas vezes, mas ela lutou, em parte porque Deus começou a lhe revelar algumas de suas próprias falhas – para começar a maneira como ela o tratava, como sendo a dona da verdade, e como ela esperava demais dela mesma e dele.

Pela primeira vez, pôde ver as cadeias de perfeccionismo que a escravizaram por tantos anos. Ela se lembra de uma vez, antes de Tim deixá-la, em que o pastor apontou o dedo em sua direção e disse que ela era pecadora. Ela se arrepiou e pensou: "Onde você está vendo pecado em minha vida? Diga-me e eu me livro dele".

"Eu vi que não havia nem graça, nem misericórdia em minha vida cristã", Leslie admite. Os meses se passaram e então os anos. Finalmente chegou o dia em que Tim disse que estava se casando com outra pessoa.

Sofrimentos compartilhados

Algumas vezes, a depressão assaltou Leslie trazendo uma boa dose de medo com ela, especialmente à medida que o dia do casamento de Tim se aproximava. Mas então – não há outra maneira de explicar – o Senhor segurou em suas mãos o rosto dela e disse: "Leslie, olhe para mim, olhe para mim".

À medida que o rompimento matrimonial começava a parecer permanente, o luto surgiu novamente. Às vezes ela se condenava e se culpava pensando que, se tivesse feito alguma coisa diferente, Tim não teria ido embora.

"Não é verdade", ela sentia Deus lhe dizendo. "Eu o amei perfeitamente e ele também me deixou".

Leslie chorou ao pensar nisso e começou a ter um relacionamento mais próximo com o Senhor. De alguma forma, ela estava compartilhando de seus sofrimentos. Eles passariam por isso juntos.

Alguns amigos cristãos bem-intencionados perguntavam se ela estava namorando alguém. Leslie fez o melhor que pôde para encobrir seu choque e responder com educação. Ela ainda usava sua aliança e, embora alguns cristãos achassem que ela tinha que simplesmente desistir, o anel era um sinal de que seu compromisso não era somente com Tim, mas com Deus. Mesmo que Tim tivesse abandonado o relacionamento, o Senhor ainda estava ali – portanto, duas entre as três partes ainda estavam firmes.

"A aliança não representa mais meu amor por Tim". O antigo amor está morto, mas representa meu compromisso com Deus – aquele diante do qual eu prometi "até que a morte nos separe".

Até o dia do casamento de Tim, Leslie usou a aliança e orou por uma reconciliação. Permanecendo fiel em meio à infidelidade, seus olhos se abriram para a presença de Deus de uma nova maneira. "A infidelidade de Israel e a fidelidade de Deus, assim como a fidelidade de Oseias e a infidelidade de Gomer, falou comigo", Leslie diz. "Toda a experiência me ajudou a conhecer melhor Deus. Adquiri uma percepção do incrível amor incondicional que a aliança representa. Quanto mais eu buscava a permissão de Deus para retirar minha aliança e começar a sair com outra pessoa, mais ele me falava de sua aliança prometida".

Permanecendo fiel em meio à infidelidade, seus olhos se abriram para a presença de Deus de uma nova maneira.

Essa é, em poucas palavras, uma das mensagens-chave deste livro. Mesmo que algo trágico como traição, infidelidade e um divórcio indesejado nos sejam impingidos, a experiência pode ser usada para nosso benefício espiritual. Ao permanecer firme naquilo que ela considerava correto e respeitando o aspecto sagrado de sua história com Tim, mesmo que ele não respeitasse essa história, Leslie aprendeu valiosas lições e se aproximou de Deus durante o processo.

Leslie foi uma exceção. Muitos de seus amigos cristãos não conseguiam entender porque ela não podia simplesmente "desistir". "Eles conseguiam entender porque alguém receberia de volta um filho rebelde, mais ou menos como o filho pródigo", ela diz, "mas entre marido e mulher, muitos cristãos não veem as coisas da mesma forma".

Agora Leslie vê Deus sob uma perspectiva totalmente nova.

O marido divino

Leslie agora diz: "Deus é o marido perfeito. Ele atende às minhas necessidades antes que eu as perceba. Não estou falando só de coisas grandes. Ele tem atendido minhas pequenas necessidades pessoais de forma muito íntima".

Duas semanas antes da Páscoa de 1998 – alguns meses antes do casamento de Tim, Leslie foi convidada para falar em uma igreja que estava toda decorada com lírios. Desde o divórcio, Leslie estava vivendo com um orçamento muito apertado. Ela acreditava que Deus queria que perdoasse Tim e não lutasse para que ele "pagasse" pelo mal causado a ela. Assim, ela vivia em condições extremamente precárias. Comprar flores, ela pensou, seria uma despesa frívola, no entanto ela se viu orando: "Como elas são lindas, Senhor, eu gostaria tanto de ganhar um lírio". Foi uma oração silenciosa e seu pedido não foi ouvido por ninguém.

"Deus ainda pode restaurar meu casamento", ela disse, "mas ainda que ele não o faça, ele ainda é Deus".

Um dia antes da Páscoa, foi para casa e viu um vaso de lírios em sua mesa. Leslie parou, olhou e começou a chorar. Embora os lírios tenham sido presente de uma amiga, ela o aceitou como um presente de Deus, que tinha ouvido sua oração e agora estava comprando para sua "esposa" flores para a Páscoa.

"Ao perder meu marido terreno, me aproximei de meu marido celestial". Leslie diz enfaticamente: "Ele é meu Marido, meu Provedor, meu Sustentador". Embora o relacionamento de Leslie costumasse ser baseado em "desempenho", esse tempo de dor e sofrimento a ensinou a receber de Deus.

Falei com Leslie menos de duas semanas antes do casamento de Tim. "Deus ainda pode restaurar meu casamento", ela disse, "mas ainda que ele não o faça, ele ainda é Deus". Ela fez uma pausa, parecendo muito triste. Lágrimas brotaram de seus olhos.

"Esse tem sido um tempo de enriquecimento espiritual para mim que eu não trocaria por nada, Gary".

"Pense nisso, você está realmente falando sério?"

"Estou – de todo o coração. Tem sido tão rico, tão transformador. É claro que eu não posso dizer que estou feliz por meu casamento ter acabado, mas estou feliz pelo fruto que ele criou".

Ela entrou em uma realidade totalmente nova. Aprendeu o segredo de que não importa o que os outros tenham feito a nós – mesmo que nos traiam no sentido mais íntimo – Deus pode usar essa situação para nos aproximar de seu coração. E então, Deus pode usar isso para atrair outros para si também.

Como uma bênção especial, dois anos depois de Tim ter ido embora, o pai de Leslie telefonou: "Tenho visto tudo o que você passou", ele disse. "Vi como você reagiu e quero para mim isso que você tem".

Essa foi uma conversa muito emocionante para ela, porque, como Tim, seu pai tinha sido infiel à sua mãe deixando-a crescer com a dor de um lar desfeito. Toda a angústia, porém, começou a desaparecer quando ela compartilhou com seu pai o plano de Deus para a salvação em Cristo no livro de Romanos. Ele se ajoelhou naquele quarto de hotel e recebeu Jesus Cristo como seu Senhor e Salvador aos sessenta e dois anos de idade.

Há uma verdade maravilhosa nessa experiência de conversão. O que realmente aconteceu foi que, permanecendo fiel a um marido infiel, Leslie demonstrou a verdade de um Deus que é fiel a um povo infiel. Seu pai tinha ouvido o Evangelho muitas vezes, mas só quando viu esse Evangelho na prática em sua vida é que desejou tê-lo para si.

Leslie agora pode até sorrir. "Como posso não agradecer a Deus?", ela pergunta. "Pude dizer honestamente: 'Deus, se for para a salvação da minha família, o Senhor pode tomar o meu casamento'. Tim é cristão, eu sei disso, então ele vai para o céu. Se o fato de ele ter me abandonado puder levar outras pessoas para Deus, estou disposta a enfrentar isso."

O que realmente aconteceu foi que, permanecendo fiel a um marido infiel, Leslie demonstrou a verdade de um Deus que é fiel a um povo infiel.

Mais uma coisa antes de terminarmos a história de Leslie: não faz muito tempo, um homem telefonou para ela e pediu ajuda. Sua esposa o tinha deixado. Ele estava afundado em amargura e raiva, mas Leslie lhe apontou outra direção.

"Esse pode ser um tempo muito produtivo de sua vida se você permitir que Deus lhe quebrante, molde e transforme", disse a ele. "Nós sempre estamos olhando para o que nossos cônjuges fizeram de errado, mas Deus quer trabalhar em nosso coração primeiro".

Conte a história

Se levamos a sério nossa busca de crescimento espiritual através de nosso casamento, temos que nos convencer de que precisamos parar de fazer um pergunta espiritualmente perigosa: "Eu me casei com a pessoa certa?" Uma vez que fizemos nossos votos, pouca coisa podemos aproveitar espiritualmente ao ruminarmos sobre essa pergunta.

Se levamos a sério nossa busca de crescimento espiritual através de nosso casamento, temos que nos convencer de que precisamos parar de fazer um pergunta espiritualmente perigosa: "Eu me casei com a pessoa certa?"

Uma alternativa muito melhor a esse questionamento sobre se nossa escolha foi acertada é aprender a viver com ela. Uma personagem do romance *A Patchwork Planet* (Uma planeta feito de retalhos), de Anne Tyler, chega a essa conclusão tarde demais. O narrador desse livro tem trinta anos, passou por um divórcio e agora tem um emprego que o faz conviver quase que exclusivamente com idosos. Ao observar os casamentos de longa duração ele chega a um profundo entendimento:

> Estava começando a suspeitar de que não fazia diferença alguma se eles tinham se casado com a pessoa certa ou não. No final, você fica com quem ficar. Você a escolheu, ficou meio século com ela, passou a conhecê-la tão bem quanto a você mesmo, talvez melhor, e ela se tornou a pessoa certa. Ou a única pessoa, para ser mais exato. Eu gostaria que alguém tivesse me dito isso antes. Eu teria aguentado firme. Juro que teria. Nunca teria colaborado para que Natalie me deixasse.[53]

Metade da batalha é apenas manter nossa "história" viva.

53 Anne Tyler, *A Patchwork Planet* (Nova Iorque : Knopf, 1998) 218-19.

No final dos anos 50, Ruth Bell Graham publicou um livro infantil intitulado "Nossa história de Natal". Seu marido, Billy Graham, escreveu o seguinte prefácio:

> Quando sugeriram que Ruth contasse a história do Natal para as crianças de todo mundo ficamos muito contentes. No entanto, tivemos que dizer ao editor que "nossa" história de Natal seria diferente da cena tradicional do presépio que representa o Natal para muita gente. É claro que a cena da manjedoura é uma parte importante do Natal em nossa casa – o jubiloso e querido clímax da história. Mas é apenas uma parte dela porque o Natal não começa em uma estrebaria em Belém, não começa no livro de Lucas, mas no livro de Gênesis.

Isso está correto: a noite de Natal é apenas o clímax de uma longa história que se desenrolou séculos antes. É um enredo fascinante em que Deus se apresenta com a paixão de um esposo, a dor de um amigo traído, a frustração de um pai sábio e a perspectiva de um Rei e Senhor que foi lesado. Não seria certo julgar essa história por um único momento, porque essa é a história de Deus e de seu povo Israel – sua noiva e esposa – e é ao longo do tempo que se vê a história completa.

Não barateie a experiência de andar de mãos dadas com o Deus que pode se identificar com qualquer luta que você enfrente em seu relacionamento.

Aprender a cuidar de minha história sagrada com Lisa tem sido uma das práticas espiritualmente mais significativas da minha vida. Temos uma história incomum, porque retomamos mais tarde nosso namoro de duas semanas no Ensino Fundamental. Criamos juntos uma história enriquecedora, significativa e carregada de paixão. Sim, temos atravessado alguns vales para chegarmos onde estamos. Sim, houve momentos em que nossa história parecia ameaçada, mas se a jornada teve suas dificuldades, as paisagens que pudemos contemplar ao longo do caminho e nosso destino valeram a pena.

O popular autor Jerry Jenkins nos incentiva a nos alegrarmos em nossa história matrimonial. Ele escreve:

> Contem sua história matrimonial. Contem para seus filhos, seus amigos, seus irmãos e irmãs, mas especialmente contem um para o outro. Quanto mais sua história for implantada em seu cérebro, mais ela serve como uma cerca contra as milhares de forças que procuram destruir nosso casamento. Torne sua história

> tão familiar que ela passe a ser parte do seu ser. Ela deve se tornar uma saga contada de geração em geração em uma árvore genealógica que desafia todas as dificuldades e se gloria, casamento após casamento, de sua estabilidade, força e longevidade.[54]

Não aborte sua história com o cônjuge que Deus chamou você para amar. Não barateie a experiência de andar de mãos dadas com o Deus que pode se identificar com qualquer luta que você enfrente em seu relacionamento.

"O Senhor conduza seus corações ao amor de Deus e à perseverança de Cristo."

54 Jerry Jenkins, *Hedges: Loving Your Marriage Enough to Protect It* (Brentwood, Ten.: Wogelmuth and Hyatt, 1989) 142.

Perguntas para reflexão e discussão

1. Como a história de Israel com Deus (tempos de celebração, raiva, infidelidade e silêncio) pode ajudar os casais a crescerem em todas as fases do casamento? Que lições você aprendeu que podem ajudá-lo a vencer as fases de "raiva" ou "silêncio"?

2. Você concorda com Gary que "vivemos em um tempo de desistentes"? Como a igreja pode ensinar mais eficientemente sobre os benefícios da perseverança dirigindo-se a essa cultura?

3. Em sua opinião, qual a relação entre a perseverança e a santidade pessoal? Que "mensagens" da vida moderna são hostis à perseverança e à santidade?

4. Como os conceitos de perseverança e persistência lhe ajudam a ser paciente com o crescimento em santidade de seu cônjuge?

5. O que você perderia se a sagrada história de seu casamento tivesse terminado? O que seu cônjuge perderia? E seus filhos? E sua igreja?

6. Converse com seu cônjuge sobre que episódios da história sagrada de seu casamento devem ser contadas aos seus filhos, sua família e seus amigos.

7. Como o respeito à história de seu casamento e sua disposição em compartilhá-la podem fortalecer a comunhão com casais conhecidos?

8. Como você pode tornar a ideia da eternidade e sua recompensa uma motivação prática para a perseverança na luta diária da vida de casado?

9. Como você quer que as pessoas descrevam seu casamento em suas Bodas de Ouro?

8

Luta sagrada

Abraçando a dificuldade a fim de formar o caráter

Quando você for casado, Samuel, entenderá muitas coisas que hoje não entende, mas se vale a pena passar por tanta dificuldade para aprender tão pouco, como disse o menino quando chegou ao final do alfabeto, é questão de gosto.

— Charles Dickens

Um nunca foi casado, e esse era seu inferno; outro se casou, e esse era seu flagelo.

— Robert Burton, sacerdote inglês

Eles sonham no namoro, mas acordam no casamento.

— Alexander Pope

Pelo fato de o casamento, mais do que qualquer outro relacionamento, refletir o envolvimento de Deus conosco e trazer consigo mais potencial de atrair nossos corações ao céu, ele pode mais prontamente nos fazer experimentar um gostinho do inferno.

— Dan Alexander e Temper Longman III

Há poucas maravilhas naturais mais belas do que o Monte Everest, o ponto mais alto da Terra. Os geólogos acreditam que o Himalaia foi criado pela colisão do continente indiano com a Eurásia. "Colisão" é uma hipérbole do autor. Na verdade, os dois continentes se chocam com um movimento de cerca de dez centímetros por ano. Mas, de forma lenta e constante, faz o trabalho. Conforme a Índia se move para dentro, comprimindo e erguendo a Eurásia, um espetacular tesouro natural continua sendo criado.

Se não houvesse uma colisão entre a Índia e a Eurásia, não haveria o Himalaia. Sem a força do deslocamento continental o mundo seria esteticamente mais pobre.

Da mesma forma, nossas colisões do casamento podem criar relacionamentos de beleza. A beleza muitas vezes nasce nas lutas. Esses pontos de impacto podem não ser divertidos, de fato, podem nos fazer sentir que estamos sendo rasgados por dentro. O processo, porém, pode nos tornar mais fortes, moldar nosso caráter e aprofundar nossa fé.

O grande escritor espiritual e teólogo François Fénelon escreveu: "Quanto mais tememos o sofrimento, mais teremos que enfrentá-lo". O sofrimento faz parte da vida cristã, moldada pelo próprio Jesus Cristo, que sofreu imensuravelmente em seu serviço a Deus. Dietrich Bonhoeffer escreveu que, se não encontrarmos algo de ascético em nós, teremos dificuldade em seguir Deus.

Essa tendência de evitar a dificuldade é uma falha espiritual grave que pode nos manter (e com muita frequência o faz) na infância cristã.

Mesmo assim, a maioria dos que abandonam o casamento e quebram sua história sagrada o fazem precisamente porque é difícil. Poucas pessoas deixam o casamento porque ele é fácil demais! Essa tendência de evitar a dificuldade é uma falha espiritual grave que pode nos manter (e com muita frequência o faz) na infância cristã. Os grandes autores espirituais nos advertem que essa vida é difícil e que devemos usar essa dificuldade para moldarmos nosso caráter.

William Law, um escritor anglicano do século 18 pergunta: "Quantos santos consideram a adversidade um presente do céu? E quantos pobres pecadores têm a prosperidade ligada à miséria eterna?" João Clímaco, autor de um clássico oriental sobre a fé cristã do quinto século, debocha de nossa exigência de ter a vida fácil e evitar as lutas: "Eu não consideraria uma espiritualidade válida aquela que deseja caminhar em doçura e facilidade e esquivar-se da imitação de Cristo".

Jesus nos prometeu que *cada um* será salgado com fogo e cada sacrifício será temperado com sal (Mc 9.49s). O desejo de ter uma vida fácil, confortável e sem preocupações é um desejo oculto de permanecer "insípido", ou seja, um cristão imaturo. As lutas podem nos fazer mais fortes, elas nos edificam e aprofundam nossa fé.

Mas só veremos resultado se enfrentarmos diretamente a luta e não fugirmos dela. Gary e Betsy Ricucci argumentam: "Nosso Senhor tem soberanamente ordenado que nosso processo de refino aconteça *através* das dificuldades e não em torno delas. A Bíblia é repleta de exemplos daqueles que venceram quando passaram pelo deserto, pelo Mar Vermelho, pela fornalha ardente e, finalmente, pela cruz. Deus não protege os cristãos de seus problemas – ele os ajuda a caminhar vitoriosamente através de seus problemas".[55]

As lutas podem nos fazer mais fortes, elas nos edificam e aprofundam nossa fé. Mas só veremos resultado se enfrentarmos diretamente a luta e não fugirmos dela.

Se seu casamento é difícil, dobre seus joelhos e agradeça a Deus por ter-lhe dado uma oportunidade de crescimento espiritual sem paralelo. Você tem um grande potencial de obter excelência na obediência e no caráter cristão.

Apreciando a luta

Fui corredor de trilhas e as vitórias que me trouxeram mais satisfação foram aquelas que exigiram cada grama de força que eu possuía. As corridas que venci facilmente, embora menos dolorosas, me deram menos satisfação. Lembro-me de uma corrida contra uma escola menor. Eu comecei a correr forte, mas não demais, e perdi de vista o primeiro corredor deles já no primeiro quilômetro. Então desacelerei, deixei que nosso segundo corredor me

55 Ricucci, *Love That Lasts*, 50

alcançasse e caminhamos juntos o resto da corrida. Eu até fiquei conversando com meu amigo ao corrermos pelas trilhas que nos eram tão familiares.

Foi uma corrida agradável, mas não fiquei orgulhoso de meu desempenho. Não fui testado, então havia muito pouco porque me orgulhar.

Houve, porém, outra corrida entre seis escolas. O clima estava quente no Estado de Washington e eu me impus um ritmo forte, quase indo parar no hospital. Houve uma dúzia de vezes em que, naquela corrida de três milhas, tive que tomar uma decisão consciente para não desistir quando outro competidor forçava para tomar a dianteira.

Quando eu finalmente desmontei na linha de chegada, estava tão cansado que quase não pude comemorar a vitória. Naquela noite, tive febre alta e fiquei doente por três dias. Mesmo em meio à dor da recuperação, porém, eu sabia que havia dado tudo de mim e havia certa admiração em saber disso. Não foi divertido, de maneira alguma, mas foi significativo.

Lutar, vencer e obter o fruto desse esforço traz uma alegria mais profunda do que uma vida livre de problemas. Certa vez estava folheando uma revista e vi as fotos de uma celebridade de roupão e chinelos, saindo de uma casa espetacular em um lugar com uma vista estonteante. Ainda assim, essa imagem não me atraiu. Na verdade, me deixa meio enjoado. O estilo de vida que essa fotografia representava – livre de responsabilidades ou trabalho, cheio de mimos e abundância – pode ser bom por uma semana ou duas por ano, mas como modo de vida me pareceu ofensivo e sem atrativos.

Lutar, vencer e obter o fruto desse esforço traz uma alegria mais profunda do que uma vida livre de problemas.

Deus nos criou de tal forma que precisamos lutar para permanecermos vivos. É o desafio que nos mantém "salgados com fogo". No entanto, para sermos beneficiados, nossa luta tem que ter um *propósito* e deve ser *produtiva*.

Duas pessoas que não fazem nada a não ser brigar em seu casamento e tornar um ao outro miserável não estão engajados em um exercício espiritual útil. É somente quando colocamos a luta no contexto cristão de desenvolvimento de caráter e sacrifício pessoal que ela se torna lucrativa.

Jesus retrata a luta como o ponto de entrada para a vida cristã, ressaltando que essa seria uma realidade diária de nossa fé: *"Se alguém quiser acompanhar-me, negue-se a si mesmo, tome **diariamente** a sua cruz e siga-me"* (Lc 9.23, ênfase acrescentada). Muitos cristãos ocidentais podem achar que esse é um versículo meio melodramático. Quando olho para minha vida honestamente, tenho que admitir que, em muitos aspectos, tenho uma vida mais fácil que a maioria. Eu não sou ridicularizado nem perseguido pela minha fé – de fato, como um preletor e escritor cristão, minha fé tem o efeito periférico favorável de sustentar minha família.

Essa vida cristã relativamente fácil é um benefício experimentando por poucas gerações antes de nós. A medicina avançou tanto que muitos de nós podemos viver sem passar nenhum tipo de dor de verdade. Temos máquinas que lavam nossas roupas e nossos pratos; nossos carros nos levam a 150 km por hora a qualquer lugar. Posso acordar de um lado do país e jantar do outro lado na mesma noite.

Jesus retrata a luta como o ponto de entrada para a vida cristã, ressaltando que essa seria uma realidade diária de nossa fé.

As coisas são tão fáceis que queremos ser ninados para dormir, pensando que a vida *deve* ser fácil, porque *sempre* tem sido fácil. Se ficar um pouco difícil, tendemos a ser consumidos pelo esforço de fazer nossas vidas confortáveis novamente. Fazendo assim, porém, perdemos uma grande oportunidade espiritual.

Lisa e eu gostamos de ler depoimentos sobre escaladas ao Monte Everest. Descobrimos que os alpinistas, muitas vezes, recuam diante de um trecho ou subida particularmente difícil e discutem como vencê-la. Muito da emoção nesse esporte é encontrado na discussão desses desafios a fim de descobrir um modo de vencê-los. Se o alpinismo fosse fácil, perderia grande parte de seu fascínio.

Nossos relacionamentos podem ser vistos da mesma forma. Em vez de imediatamente pensar como podemos tomar um helicóptero para alcançarmos o topo, podemos abordar a situação como os alpinistas e pensar: "Isso é realmente difícil. É um desafio, não há dúvida. Como vou continuar a amar esta pessoa diante disso?"

Thomas à Kempis percebeu que "quanto mais carne é gasta na aflição, tanto mais o espírito é fortalecido interiormente pela graça. Algumas vezes, esse espírito é tão consolado pelo anseio de tribulação e adversidade, por amor da conformidade com a cruz de Cristo, que não desejará ficar sem tristeza ou tribulação".

Faça a si mesmo esta pergunta: Eu prefiro viver uma vida relaxada e sem problemas e permanecer imaturo em Cristo, ou estou disposto a ser salgado com fogo se, através disso, sou conformado à imagem de Cristo?

Não é realista supor que o voto inicial de fidelidade conjugal será "fácil" de cumprir. Otto Piper afirma que "sempre há um elemento de rompimento no contrato de casamento".[56] A razão pela qual prometemos nos amar "até que a morte nos separe" é precisamente porque nossa sociedade sabe que uma promessa desse tipo será dolorosamente testada – se não fosse assim a promessa não seria necessária! Não fazemos promessas públicas de que alimentaremos regularmente nossos corpos com comida ou de que compraremos roupas adequadas para nós.

Todas as pessoas que entram em um relacionamento matrimonial chegarão ao ponto em que o casamento produz atrito. É para esses momentos que a promessa serve. Antecipando a luta, Deus recomendou um remédio: manter-nos fiéis à palavra que empenhamos.

Nessa luta, tornamo-nos pessoas mais nobres. Uma das maiores dificuldades na tarefa de incentivar os cristãos a crescerem é nossa obsessão em criar filhos que saibam se comportar, enquanto supomos que nosso caráter esteja completamente desenvolvido. Mas não está. Há inúmeras áreas nas quais eu e você podemos continuar a crescer. Nobreza, sacrifício e altruísmo são apenas algumas delas.

Doce sofrimento

Sem degenerar para o masoquismo, o cristão maduro reconhece e aprecia o lado doce do sofrimento. Tereza de Ávila escreveu: "Senhor, como tu afliges aqueles que te amam! Tudo, no entanto, é pouco em comparação

56 Otto Piper, *The Biblical View of Sex and Marriage* (Nova Iorque: Scribner's, 1960), 114,15

com aquilo que lhes dás depois de tudo". Essa é a mesma realidade que experimentou João Clímaco que séculos antes de Tereza escreveu: "Se os indivíduos se submeterem resolutamente a carregar a cruz, se eles, decididamente, quiserem encontrar e perseverar na provação em todas as coisas para Deus, descobrirão em todas elas grande alívio e doçura".

Esse princípio simples reflete as palavras de Paulo em 2 Coríntios 4.17: *Pois os nossos sofrimentos leves e momentâneos estão produzindo para nós uma glória eterna que pesa mais do que todos eles.*

Temos esperança na eternidade, por isso não somos míopes, exigindo o alívio a curto prazo que provocaria um curto circuito em nosso lucro a longo prazo. Nossa exigência de conforto e facilidade nos mostra o que realmente valemos. É a demonstração definitiva de estarmos ou não vivendo para o Reino de Deus e seu serviço ou para nosso conforto e nossa reputação.

Um campeão peso pesado de boxe que se desvia de todos os competidores sérios para só lutar com fracotes está fadado ao ridículo, e com razão. Os cristãos que se desviam de todas as lutas sérias e, conscientemente, procuram se colocar nas situações e relacionamentos mais fáceis para eles, estão fazendo a mesma coisa: estão nas cordas e as cordas irão defini-los e, pior ainda, moldá-los.

É a demonstração definitiva de estarmos ou não vivendo para o Reino de Deus e seu serviço ou para nosso conforto e nossa reputação.

Se há uma coisa que os casais de noivos precisam ouvir é: *um bom casamento não é algo que você encontra, mas algo que você constrói.* É preciso lutar. Você precisa crucificar seu egoísmo. Algumas vezes é preciso confrontar; outras, é preciso confessar. A prática do perdão é essencial.

Inegavelmente, trata-se de trabalho duro, mas vale a pena. Com o tempo, cria um relacionamento de beleza, confiança e apoio mútuo.

Ajuda muito quando vemos nossas dificuldades à luz do que elas nos oferecem espiritualmente e não sob o prisma do que elas tiram de nós emocionalmente. Trabalhar em meio a desentendimentos tem seu preço. Há milhões de coisas que eu preferiria fazer a empregar tempo e esforço para contornar um fardo relacional. Se eu mantivesse meu casamento pelo bem da minha estabilidade emocional, ele não duraria muito. No entanto, se creio que posso colher benefícios espirituais, tenho razões suficientes não só para *estar* casado, mas para *agir* como um homem casado.

Um bom casamento não é algo que você encontra, mas algo que você constrói.

Otto Piper nos desafia: "Se o casamento [...] é uma experiência decepcionante para muitas pessoas, a razão deve ser encontrada na passividade da fé. As pessoas não gostam do fato de que as bênçãos de Deus podem somente ser encontradas e desfrutadas quando as buscamos persistentemente (Mt 7.7; Lc 11.9). O casamento é, portanto, um presente e ao mesmo tempo uma tarefa a ser cumprida".[57]

Não fuja das lutas do casamento. Acolha-as. Cresça com elas. Aproxime-se de Deus por causa delas. Através delas você refletirá mais o Espírito de Jesus Cristo. Agradeça também a Deus por ter colocado você em uma situação na qual seu espírito pode ser aperfeiçoado.

Vamos dar uma olhada de perto em alguns indivíduos que passaram por lutas tremendas em seus casamentos, mas como resultado, tornaram-se pessoas de influência extraordinária.

O Grande emancipador[58]

Pode-se concluir que Abraham Lincoln era um homem de princípios acima da média simplesmente pela forma com que ele encarava o namoro e o casamento.

Em 1836, Lincoln concordou em casar-se com uma mulher que ele não via há três anos – uma coisa arriscada, na melhor das hipóteses, e traiçoeira, na pior delas. Abraham teve tempo suficiente para se arrepender de sua promessa. Quando finalmente ficou face a face com sua futura noiva,

57 Piper, *The Biblical View of Sex and Marriage*, 134

58 O material sobre Lincoln foi compilado de vários trabalhos: Abraham Lincoln, *Speeches and Writings*, 1832-1858 (Nova Iorque: The Library of America, 1989); Frederick Owen, *Abraham Lincoln: The Man and His Faith* (Wheaton, Il: Tyndale House, 1976); Shelby Foote, *The Civil War: A Narrative* – Vols. 1 e 2 (Nova Iorque, Random House 1958, 1963); e Dale Carnegie, *Como fazer amigos e influenciar pessoas* (52ª Ed.) (São Paulo: Nacional, 2012).

o coração de Lincoln pesou: "Ela não parecia com o retrato que minha imaginação fazia dela", escreveu ele.

E era verdade. "Eu sabia que ela estava acima do peso", ele admitiu, "mas ela parece agora o par ideal de Falstaff (um personagem de Shakespeare extremamente obeso)". Quando olhou para seu rosto, para seu horror, descobriu que "eu nunca vou deixar de pensar em minha mãe". Isso devido a duas características: a falta de dentes dela e a percepção de Lincoln da verdadeira idade da mulher – "nada poderia ter começado na infância e alcançado seu presente volume em menos de trinta e cinco ou quarenta anos".

"Em resumo", ele conclui, "não gostei dela".

Mas, então, Lincoln fez uma coisa que choca a sensibilidade moderna. Ele estava determinado a casar-se com ela porque havia dado sua palavra. Começou o processo de cortejá-la e, colocando um joelho no solo, pediu a mão dessa mulher em matrimônio.

Uma cena hilária se seguiu. A mulher acabou por rejeitá-lo. No princípio, Lincoln pensou que ela estava apenas sendo gentil, então ele passou aos ritos aceitáveis de pressioná-la a reconsiderar até que entendeu que ela não estava inclinada, nem tinha a menor intenção de algum dia tornar-se sua esposa.

Lincoln concluiu: "Outros rapazes podem ter sido feito de bobos pelas garotas, mas isso não pode ser dito a meu respeito. Eu bem enfaticamente, nesse caso, fiz de bobo a mim mesmo".

Você pensaria que Lincoln deveria ser mais cuidadoso na escolha de sua próxima noiva, mas Mary Todd dificilmente era o tipo de mulher com quem alguém desfrutaria uma noite tranquila. Ela era de fato uma mulher de impulsos intensos e gênio forte, embora, ironicamente, esse fosse um dos motivos que atraíra o futuro presidente. Lincoln disse que "ela foi a primeira criatura feminina agressivamente brilhante" que tinha cruzado seu caminho.

Logo depois de seu casamento, Mary mostrou-se descontente com sua casa, dizendo a Lincoln que "qualquer pessoa de qualidade" na sociedade vivia em uma casa de dois andares. Lincoln tentou a estratégia que tantos maridos já usaram – concordando com a ideia, mas não separando o dinheiro para aquele fim. Em vez de prolongar o debate, como fariam muitas mulheres de seu tempo, Mary simplesmente esperou que Lincoln viajasse a negócios por muitas semanas e contratou um carpinteiro para acrescentar outro andar à casa.

Com o passar dos anos, Lincoln aprendeu a ter paciência de outras maneiras. As explosões de mau humor de Mary fizeram com que fosse extremamente difícil conservar os empregados. Lincoln passou a pagar um dólar a mais por semana às empregadas para compensar. Depois de uma briga particularmente séria entre Mary e uma empregada, Lincoln deu uma batidinha no ombro da moça e disse: "Fique com ela, Mary. Fique com ela".

Quando um vendedor foi chamado à Casa Branca e recebeu a agressão verbal fervente de Mary, marchou direto para o Salão Oval – eram outros tempos, com certeza – e começou a reclamar com o presidente pela forma com que a primeira dama o havia tratado. Lincoln o ouviu calmamente, então levantou-se e disse gentilmente: "Você pode aguentar quinze minutos do que eu aguento por quinze anos".

Lincoln sofreu muitos vexames nas mãos de sua esposa, desde atirar uma xícara de café em seu rosto publicamente até seus gastos exorbitantes. Naquela época os presidentes não ganhavam tão bem quanto hoje, mas Mary dava vazão às suas febres consumistas bizarras. Certa ocasião, ela comprou centenas de pares de luvas.

A vida política de Lincoln estava tão precária a essa altura quanto sua vida familiar.

Quando o casal perdeu Willie – o filho favorito de Mary – a dor da perda fez sua frágil psique começar a entrar em colapso. Tornou-se cada vez mais difícil para ela controlar seus ataques histéricos. Algumas vezes, Lincoln também não ajudava muito. Uma ocasião, ele levou sua esposa para uma janela, apontou um asilo de loucos e disse: "Mamãe, você está vendo aquele grande prédio no topo da colina? Tente controlar sua dor ou ela vai deixar você maluca e talvez tenhamos que mandá-la para lá".

Foi em meio a essa tremenda dor da perda (a morte de seu filho) e distração (assistindo sua esposa se desintegrando) que Lincoln foi chamado para fazer o discurso que o marcaria para a posteridade. A vida política de

Lincoln estava tão precária a essa altura quanto sua vida familiar. À medida que a guerra civil se arrastava, seu apoio político se desfazia. Quando foi dito que o presidente iria se dirigir à multidão reunida em Gettysburg para honrar os soldados tombados na batalha – um político debochou: "Deixe os mortos enterrarem seus próprios mortos".

Pouco antes de Lincoln sair para Gettysburg, seu filho Tad caiu doente. Isso intensificou novamente a histeria de Mary ao lembrar-se do filho morto menos de dois anos antes. Com todas essas distrações em casa, Lincoln conseguiu apenas rascunhar umas poucas notas antes de viajar para a Pensilvânia.

Nesse momento, profundamente emocionado, Lincoln poderia ser desculpado por discursar com palavras de pouca retórica. Um repórter descreveu a apresentação de Lincoln como "uma voz aguda e sem música". O aplauso foi esparso e comedido, tanto que Lincoln pensou ter falhado miseravelmente. Ele se inclinou e disse a um amigo: "Foi um desastre e o povo está decepcionado".

Ele brilhou mais quando sua vida pessoal estava escura.

Mas as palavras eram sinceras e genuínas, comoventes e poderosas. Como os jornais as registraram sem a compreensível melancolia de Lincoln, a nação foi inspirada como nunca. O Discurso de Gettysburg, um dos mais famosos já proclamados em solo americano, seria esculpido em pedra acompanhando Lincoln para a posteridade. Pode parecer um chavão, mas ainda assim é verdade: ele brilhou mais quando sua vida pessoal estava escura.

Não é difícil fazer uma conexão entre o casamento de Lincoln e sua missão. É fácil perceber que um homem que desiste facilmente de um casamento complicado não teria o caráter necessário para manter unida uma nação que desmoronava. Lincoln estava praticamente obcecado com a ideia de salvar a União. Que melhor campo de treinamento haveria do que o casamento difícil que exigia tamanha tenacidade de sua parte?

É importante ver que o casamento de Lincoln não só não o impediu de obter a grandeza, mas pode-se dizer que ajudou a prepará-lo para essa grandeza. O caráter de Lincoln foi testado e refinado diariamente para que, quando a verdadeira prova sobreviesse, ele fosse capaz de permanecer firme.

Se Lincoln fosse obcecado pela felicidade, não teria reunido forças para suportar Mary ou manter uma nação unida. Ele ouviu o chamado do destino, alguma coisa que em sua mente iria suplantar seu conforto pessoal, e sua obediência a esse destino fez diferença na História.

Em praticamente todas as pesquisas sobre quem foi o melhor presidente dos Estados Unidos, Lincoln está quase sempre no topo da lista. Alguns historiadores o consideram o melhor presidente de todos. É interessante saber que uma pesquisa realizada entre historiadores em 1982 colocou Mary Todd Lincoln como a pior primeira dama de todas.

Esses fatos expõem a mentira que está por trás da conclusão daquele pastor que disse: "Eu poderia ter feito algo de valor se não fosse casado com essa mulher", ou da esposa que diz para si mesma: "Imagine o que eu seria se não fosse casada com um fracassado como esse". Um dos maiores presidentes dos Estados Unidos foi, sem dúvida, casado com uma das primeiras damas mais difíceis.

O título de o "grande emancipador" conferido a Abraham Lincoln combina com ele. Certa vez, passando por uma fila de escravos libertos, Mary perguntou a seu marido quantos bebezinhos teriam recebido seu nome. O presidente respondeu, sinceramente, não orgulhosamente: "Vamos ver, estamos em abril de 1863... eu diria que de todos esses bebês abaixo dos dois anos, dois terços têm o meu nome".

Talvez o exemplo de Lincoln possa nos libertar da opressão de uma busca vazia pela felicidade.

"Emancipador" significa libertador da escravidão e da opressão. Talvez o exemplo de Lincoln possa nos libertar da opressão de uma busca vazia pela felicidade. Talvez ele possa nos libertar do conceito de que um casamento difícil nos impede de avançar, em vez de nos preparar para a obra de nossa vida. Talvez ele ainda possa quebrar as cadeias que nos levam a procurar ter vidas livres de tensões em vez de viver uma vida de caráter e significado.

O grande aviador[59]

Imagine ser uma mulher bem educada e instruída nos anos 20 do século 20. Você ama ler e tem sonhos de se tornar uma escritora ou poetiza. Seu pai é embaixador dos Estados Unidos e sua família é rica e respeitada. Você foi criada para apreciar o refinamento, as boas maneiras e a elite "bem nascida".

Um dia, entra na casa de seu pai um homem maior do que a vida. Ele era tudo o que ela aprendeu a desprezar: um aventureiro em vez de um intelectual, um homem que lidava com máquinas e não com palavras. Era de origem humilde, mas seu voo cruzando o Atlântico de Nova Iorque a Paris trouxe-lhe uma fama inigualável na história de seu país.

Assim começa o relato do casamento de Anne Morrow Lindbergh. Enquanto estava escrevendo a biografia de um famoso piloto de corridas, o editor me enviou uma cópia de um catálogo que contém uma lista de endereços de celebridades: desde Albert, o Príncipe de Mônaco, até Tiger Woods, o jogador de golfe e da atriz Renée Zellweger. A letra é pequena, em duas colunas, cabendo 140 a 150 nomes por páginas e tem setenta e duas páginas. Faça as contas e você descobrirá quantas celebridades existem hoje.

Mas antes da Segunda Guerra Mundial, as coisas eram diferentes. O voo de Lindbergh através do Atlântico o colocou em uma categoria única. Sua fama foi sem paralelo. Hoje não se pode dizer quem é a celebridade favorita, a lista de quem é ou não é importante muda todos os anos na lista da revista People.

No entanto, por um tempo, Lindbergh foi, sem dúvida, o homem mais famoso e mais popular da América, talvez do mundo. Imagine ter a Wall Street fechada só para uma parada em sua homenagem? Uma parada que atraiu 4 milhões e meio de pessoas. A popularidade dele era tão grande que as mulheres davam entrada no hotel onde se hospedasse assim que ele saia para que pudessem tomar banho na mesma banheira usada por ele e dormir em sua cama. Lindbergh descobriu que não podia sequer

59 O material sobre os Lindbergh foi compilado de vários trabalhos: Anne Morrow Lindbergh, *Bring Me a Unicorn* (Nova Iorque: Harcourt Brace Jovanovich, 1971); Anne Morrow Lindbergh, *Hour of Gold, Hour of Lead*, (Nova Iorque: Harcourt Brace Jovanovich, 1973; Dorothy Hermann, *Anne Morrow Lindbergh: A Gift for Life* (Nova Iorque: Ticknor and Fields, 1993); Roxanne Chadwick, *Anne Morrow Lindbergh: Pilot and Poet* (Mineápolis: Lerner, 1987) e A. Scott Berg, *Lindbergh* (Nova Iorque: G. P. Putnam's Sons, 1998).

mandar suas camisas para a lavanderia porque elas não retornavam. Ele também tinha problemas em controlar seu talão de cheques porque as pessoas preferiam não compensá-los para guardar como lembrança.

Quando Anne Morrow conheceu Charles Lindbergh estava preparada para não gostar do famoso aviador. Como uma moça refinada, de boa família e intelectual que era, Anne não estava propensa a se deixar levar por "toda essa coisa de herói nacional", como ela mesma escreveu em seu diário. "Eu certamente não vou idolatrar Lindy (que nome horrível, por falar nisso)". Sua professora havia desprezado Lindbergh dizendo que Charles era "nada mais do que um mecânico... se não tivesse feito aquele voo estaria agora cuidando de um posto de gasolina no subúrbio de Saint Louis".

A despeito da resolução inicial de Anne de não cair aos pés do grande aventureiro, para sua consternação, ela se viu apaixonada assim que foi apresentada a ele. De alguma forma, aquele homem que tinha um nome "horrível" de repente se tornou "perspicaz, inteligente, ardente, eclético". Anne fervorosamente derramou palavras em seu diário que mais pareciam da autoria de uma adolescente apaixonada do que de uma aspirante a poetiza: "A intensidade de vida, queimando como fogo em seus olhos. Vida focada nele – quando ele por sua vez foca sua vida, seu poder, sua força sobre qualquer coisa, acontecem coisas extraordinárias."

Por causa da fama de Lindy, namorar era um problema. Assim que era visto com uma jovem, os jornais publicavam as fotos e ficavam especulando sobre um possível noivado. Logo, Lindy advertiu Anne: "Não se preocupe com a minha publicidade. Ela vem para mim de qualquer forma. Tenho que aceitá-la, mas não quero que ela seja um embaraço para você".

Anne aprendeu a lidar com isso. Quando escreveu para suas irmãs, usou o codinome "Robert Boyd" no lugar de Charles Lindbergh, para o caso de sua correspondência ser interceptada e vazar para a imprensa.

Ser um aviador nos tempos em que as revistas sensacionalistas não podiam alugar helicópteros tinha lá suas vantagens. Algumas vezes, Lindy levava Anne de avião para campos desertos em Long Island, dando-lhes a oportunidade de conversar sossegadamente em particular. Conforme Anne foi conhecendo Charles melhor, tinha sentimentos dúbios. Em certo sentido ele a impressionava, mas ao mesmo tempo ela reconhecia o quanto eles eram diferentes. Os dois, aventureiro e poetisa, pareciam a combinação perfeita. Ela derramou seus pensamentos em uma carta para sua irmã: "Como você pode ver, estou completamente virada de cabeça para baixo, completamente dominada, completamente perturbada. Ele é a pessoa mais contagiante que eu já conheci e nossas vidas não têm nada em comum, de verdade".

Os dois, aventureiro e poetiza, pareciam a combinação perfeita.

"Não me deseje felicidades"

Quando o noivado foi acertado, Anne sabia que a vida com Lindy não seria fácil. A casa tranquila no campo, a vida relativamente fácil de luxo e privacidade com que ela sonhara não seria possível com Lindy. Ela escreveu em uma carta para uma amiga: "Corliss, se você me escrever e me desejar a felicidade convencional eu nunca vou perdoá-la. Não me deseje felicidades – eu não espero ser feliz, mas ir além, de alguma forma. Deseje-me coragem, forças e senso de humor – vou precisar de tudo isso".

A alegria de Anne foi ofuscada, em parte, pelos ridículos estratagemas que ela e seu marido tiveram que engendrar para escapar dos olhos do público. Para escapar da festa de casamento, Anne teve que pegar emprestado um carro, passando pela costumeira multidão de repórteres que se apinhava junto ao portão da casa de seus pais. Então, ela e Lindy trocaram de carro, dirigiram até Long Island e foram de bote até um barco ancorado para eles.

O esforço valeu a pena. Os recém-casados desfrutaram de dois dias de rara tranquilidade, até que foram reconhecidos quando abasteciam o carro. Foram perseguidos e caçados pelo resto da lua-de-mel.

Enquanto todos pensavam em como Anne era uma moça de "sorte" por ter fisgado o solteiro mais cobiçado do mundo – uma percepção que a irritava, porque pressupunha que Lindy não teve sorte em se casar com ela – a jovem reservada lutava para se acostumar com sua repentina notoriedade.

"É difícil acreditar, ou até lembrar, como tínhamos pouca privacidade; como lutamos para estar sozinhos", ela recordava muitos anos depois. "Na Cidade do México, os repórteres esperavam por nós nos portões da embaixada, seus carros e câmeras prontos para nos seguir. Na casa de férias de meus pais, fotógrafos escalavam os telhados vizinhos e mirantes para nos fotografar no jardim. Saíamos disfarçados pelas portas dos fundos, íamos para a casa de amigos, mudávamos de carros e fugíamos para o interior: uma região considerada perigosa por causa dos bandidos. Nós íamos de avião. Ali pelo menos não éramos seguidos. Depois de passarmos pela barreira de câmeras no campo de aviação podíamos decolar e deixar as multidões para trás, aterrissando para um piquenique nas planícies – enfim, a sós."

Essas fugas dos fotógrafos e jornalistas tiveram um preço. Como a própria Anne reconhece, "o isolamento total não é normal, como a total exposição também não é. Como criminosos, ou amantes ilícitos, evitávamos ser vistos pelo mundo juntos e tínhamos que nos privar dos prazeres da vida diária, como caminhar nas ruas, fazer compras, passear, comer em restaurantes ou participar de um evento público. Mesmo em ocasiões sociais na embaixada ou na casa de meus pais em Englewood, não estávamos livres da intrusão. Muitas vezes os empregados eram subornados, as cartas eram roubadas, telegramas frequentemente vazavam, repórteres entrevistavam convidados ingênuos ou amigos e imprimiam comentários distorcidos sobre nossa vida privada ou, se estivessem sem assunto, simplesmente inventavam histórias".

Embora Anne fosse uma pessoa muito criativa e tivesse ambições literárias, logo no início do relacionamento com Charles essa parte de sua vida teve que ser abandonada. Charles a advertiu: "nunca diga nada que você não gostaria que fosse proclamado pelos telhados, nem escreva nada que você não queira ver na primeira página dos jornais".

Embora Anne fosse uma pessoa muito criativa e tivesse ambições literárias, logo no início do relacionamento com Charles essa parte de sua vida teve que ser abandonada.

Anne reflete: "Eu estava convencida de que deveria proteger a ele e a mim, mas era um tremendo sacrifício nunca falar nem escrever profunda ou honestamente! Eu, para quem uma experiência nunca estava completa até que fosse escrita ou compartilhada em conversação. Eu, que havia dito na faculdade que a coisa mais emocionante da vida era a comunicação... isso causou o amortecimento de minha vida interior. Parei completamente de escrever meu diário por três anos e, como as cartas não eram seguras, tentava escrever cuidadosamente ou em linguagem familiar e brincadeiras".

Tente imaginar como devia ser a vida em meio a essa intensa curiosidade pública. Mesmo nos momentos mais íntimos, os Lindberghs tinham que tomar cuidado: "É claro que, uma vez que estávamos casados, eu poderia falar livremente com meu marido, mas somente na privacidade de um avião, do deserto ou do quarto. Até em quartos de hotéis eu devia me certificar se todas as janelas e a porta do hall estavam fechadas aos espiões".

A "vida dos sonhos" de que todos os jornais falavam de modo tão exuberante tinha seu lado sombrio. Anne se lamenta: "Nós não tínhamos vida privada, só vida pública. [...] Nós não tínhamos um lar, vivíamos em hotéis, aviões ou nas casas de outras pessoas. Viajávamos constantemente".

Essa não é a vida que alguém nascida para ser uma intelectual teria imaginado. Não é o ambiente nem a existência que uma poetisa reservada e contemplativa escolheria. Anne se ressentiu muito do ritmo frenético. Em busca de empatia, lamentou para sua mãe: "Nunca podemos pegar a vida despercebida. Ela está sempre nos observando".

Liberta pelo sofrimento

Em 1932, a fama tomou um rumo cruel e perverso. O bebê de oito meses dos Lindberghs foi sequestrado de seu berço em sua residência em Nova Jersey. Os sequestradores colocaram um bilhete no parapeito da janela exigindo um resgate para que a criança fosse devolvida. As negociações duraram seis semanas e o resgate foi pago, mas o bebê não foi devolvido. Quatro excruciantes semanas depois – dez semanas ao todo – o drama teve um fim trágico: o corpo do menino morto foi encontrado jogado no bosque, a poucos quilômetros da casa dos Lindberghs.

Como pai de três crianças, não posso imaginar uma experiência mais difícil do que a perda de um filho. Um sequestro – a incerteza, a espera e depois acharem o corpo – deve ter sido desesperador. Uma coisa é a fama roubar sua poesia e suas esperanças de uma vida tranquila, outra coisa completamente diferente é a fama roubar e destruir seu filho primogênito.

O corpo do menino foi atirado no bosque e animais o atacaram, por isso levou certo tempo para que as autoridades pudessem identificá-lo positivamente. Acrescentando uma injúria imensa à enorme crueldade, alguns fotógrafos invadiram o necrotério e publicaram as fotos do corpo do filho de Anne para que todos vissem.

É o pior pesadelo de qualquer pai ou mãe multiplicado por dez. Ironicamente, foi essa tragédia que liberou Anne para voltar a escrever. Ela tinha permitido que a fama absurda deixasse adormecida uma parte de seu ser, mas uma coisa da magnitude dessa tragédia trouxe uma nova vida, como a erva verde brota depois do incêndio que devasta uma floresta.

"Havia outros valores além da discrição e da privacidade", escreve Anne. "Como descobri na primavera seguinte, no abismo da tragédia, eu precisava retornar para um recurso mais profundo. Eu tinha que escrever honestamente, portanto talvez possamos também dizer que o sofrimento teve seu papel na minha libertação".

Pense sobre essa frase: "O sofrimento também teve seu papel na minha libertação". Quantas vezes vemos o sofrimento de hoje como algo que deve ser evitado a todo custo. O sofrimento é o inimigo, o predador, a emoção mais temida. Se nosso casamento nos traz sofrimento, devemos abandoná-lo imediatamente: como alguém pode sugerir que mantenhamos um casamento de tanta infelicidade? Embora poucos de nós tenhamos (ou até devêssemos ter) a coragem de, voluntariamente, escolher o sofrimento, quando nos vemos em meio a ele, se aquietássemos nossas almas, se aprendêssemos a flutuar nele em vez de nos debatermos como uma vítima de afogamento emocional, poderíamos ter a chance se ser libertos, como fez Anne.

Embora poucos de nós tenhamos (ou até devêssemos ter) a coragem de, voluntariamente, escolher o sofrimento, poderíamos ter a chance se ser libertos, como fez Anne.

Anne não se deixa levar pelo sentimentalismo, ela é honesta e vulnerável: "O que eu estou dizendo não é simples chavão puritano que crê que 'o sofrimento nos ensina' ". Não acredito que o sofrimento absoluto nos ensina. Se o sofrimento, por si só, ensinasse, o mundo inteiro teria que ser sábio, já que todos sofrem. Ao sofrimento deve ser acrescentado o luto, a compreensão, a paciência, o amor, a transparência e a disposição de permanecer vulnerável".

Não podemos controlar como nosso cônjuge vai agir ou como o mundo vai agir, mas podemos controlar como nós vamos agir e como nós vamos reagir.

É óbvio que Anne está certa. Um casamento difícil, em si, pode não fazer alguém crescer. Temos que nos aplicar na compreensão, no amor e na paciência – temos que nos comprometer em buscar a virtude – dentro de um casamento difícil. Não podemos controlar como nosso cônjuge vai agir ou como o mundo vai agir, mas podemos controlar como nós vamos agir e como nós vamos reagir.

Essa perspectiva nos coloca no banco do motorista. Não somos mais sacudidos de lá para cá como "vítimas do sofrimento", nos tornamos arquitetos de um novo caráter. Ou escolhemos essa opção, ou desistimos do controle e permitimos que a erupção tóxica de amargura polua nossas almas.

Diz a lenda que Buda disse que tudo o que ela precisava para ser curada era receber uma única semente de mostarda de uma família que nunca tivesse passado pelo sofrimento.

Pode parecer antiquado falar da busca da "virtude" no mundo de hoje, mas só porque não entendemos completamente o que a virtude realmente representa. Em sua raiz, virtude significa "força". É relacionada a uma palavra que se refere mais diretamente a seu significado: "viril". Virtude é força – poder para fazer o que é certo, poder para fazer a escolha certa, poder para vencer as fraquezas do pecado, das más escolhas, da vitimização e da autocomiseração.

Anos mais tarde, Anne Lindbergh refletindo sobre o sequestro, disse que encontrou consolo em dois ensinos: um cristão e outro budista. "Sem dúvida", ela escreveu, "a longa estrada do sofrimento, introspeção, cura ou renascimento é mais bem ilustrada na religião cristã pelo sofrimento, morte e ressurreição de Cristo".

A outra história se refere a outra mãe que se aproximou de Buda depois de ter perdido seu filho. Diz a lenda que Buda disse que tudo o que ela precisava para ser curada era receber uma única semente de mostarda de uma família que nunca tivesse passado pelo sofrimento. Você pode adivinhar o final da história. A mãe foi de casa em casa, de portão em portão e nunca conseguiu encontrar uma família sem sofrimento. Ela nunca recebeu a semente que estava procurando, mas ganhou compreensão, verdade e perspectiva.

Não há um quarto compartilhado nesse país onde a tensão não levante sua cabeça ocasional ou, talvez, frequentemente.

A mesma conclusão pode ser obtida a respeito do casamento. Todos os casamentos passam por sofrimento. Todos os casamentos têm lutas. Não há um quarto compartilhado nesse país onde a tensão não levante sua cabeça ocasional ou, talvez, frequentemente. Muitos travesseiros têm sido solenes receptáculos de lágrimas saídas do fundo da alma, derramadas tarde da noite ou durante um dia inteiro. Não escolhemos que sofrimentos ou tribulações seremos chamados a enfrentar, apenas devemos suportá-los.

Força libertadora

Embora Charles Lindbergh fosse famoso e, pela maioria dos relatos, um homem gentil, havia aspectos de seu caráter que traziam a Anne uma dor tremenda. O estoicismo de Charles era tal que considerava o choro uma fraqueza. Consequentemente, insistia que, se Anne quisesse chorar, deveria fazê-lo sozinha, no quarto dela. Ele fez uma única exceção: depois que o bebê foi encontrado morto, ele permitiu que ela chorasse sem repreendê-la.

Anos mais tarde, a fama de Charles se transformou em infâmia. Lindbergh fez meia dúzia de viagens à Alemanha e veementemente se opôs à entrada dos Estados Unidos na Segunda Guerra Mundial. Logo estava sendo desprezado com a mesma força com que foi festejado.

"Imagine", escreveu sua cunhada, "em apenas quinze anos ele foi de Jesus a Judas".

Ele também era um homem controlador e excêntrico. Uma de suas filhas contou a um biógrafo: "Havia apenas duas maneiras de se fazer alguma coisa: a maneira de papai e a maneira errada". Quando Anne disse a Charles que queria um fogão novo, ele insistiu que ela esperasse até que eles pudessem discutir a compra "dos pontos de vista pessoal, econômico e militar". Certa vez, ele se preparava para sair em uma viagem e fez Anne cancelar a consulta dos filhos ao dentista com receio de que a guerra com os soviéticos estivesse para acontecer (ele tinha medo que os inimigos envenenassem os reservatórios de água).

Eram preocupações reconhecidamente ridículas, mas a fama, a tragédia, a forma com que Charles e Anne eram tão radicalmente diferentes – tudo isso criou uma enorme e séria tensão. Se tivesse se concentrado nessas dificuldades e deixado que elas se transformassem em uma obsessão para ela, facilmente teria se tornado uma mulher amarga e solitária e visto sua vida atrofiar-se. Em vez de se tornar uma alcoólatra, usar a comida como consolo ou descontar nos filhos e arruiná-los, Anne escolheu aplicar a virtude ao sofrimento e, em razão disso, ampliar sua vida de forma significativa.

Através dessa situação matrimonial difícil, Anne tornou-se uma mulher de tremendas realizações – ela foi a primeira mulher nos Estados Unidos a obter uma licença para pilotar um planador. A despeito de sua preferência pelos livros e pela conversação em detrimento da aventura, Anne aprendeu a usar o rádio e tornou-se extraordinariamente eficiente no uso do Código Morse.

O casamento pode nunca remover as tribulações. Mas mesmo casamentos difíceis e homens difíceis podem dar à mulher a força de se tornar a pessoa que Deus a criou para ser.

Quando seu segundo filho Jon ainda era jovem, Anne e Charles saíram em um voo de sondagem que cobriu quatro continentes e durou quase seis meses. O trabalho de Anne como copiloto e operadora de rádio foi reconhecido pela National Geographic Society, que lhe outorgou a Medalha de Ouro Hubbard por distinção em exploração, pesquisa e descoberta. Foi a primeira mulher a receber esse prêmio.

Conforme a vida foi tomando um ritmo menos frenético, Anne finalmente pôde dedicar mais tempo à literatura. Escreveu numerosos livros – muitos deles best sellers – nos anos 50 e 60 do século 20. Eugene Peterson incluiu o livro de Anne, *Gift from the Sea* (Presente do mar) em sua seleção de livros "formadores de vida cristã", chamando-o de "um relato penetrante de uma dona de casa/mãe/esposa que passa alguns dias na praia e encontra metáforas entre as conchas do mar que conectam a presença de Deus e o significado da alma nas lidas de seu mundo diário de dona de casa".[60]

Seu casamento difícil não a confinou – libertou-a. Anne recorda: "Como uma mulher casada, tive meu marido a meu lado e desenvolvi uma nova confiança. Sempre me sinto firme e confiante quando ele está atrás de mim".

É isso que um casamento bom e difícil produz. O casamento pode nunca remover as tribulações – na verdade, ele cria algumas, mas mesmo casamentos difíceis e homens difíceis podem dar à mulher a força de se tornar a pessoa que Deus a criou para ser (e isso serve também para homens casados com mulheres difíceis).

Em um de seus diários, Anne refletiu sobre esse aspecto: "Estar profundamente apaixonada é uma grande força liberadora e a experiência mais comum que liberta – ou parece libertar – os jovens... O próprio fato de me encontrar apaixonada era inacreditável e mudou meu mundo, meus sentimentos sobre a vida e a mim mesma. Recebi confiança, forças e quase um caráter novo. O homem com quem iria me casar acreditava em mim e no que eu poderia fazer e, consequentemente, descobri que poderia fazer mais do que eu pensava, mesmo naquele misterioso mundo (voar) que me fascinava, mas que me parecia inatingível. Ele abriu as portas da 'vida real' e, embora ela me assustasse, também me fascinava. Eu tinha que ir."

Se antes de aceitar a proposta de casamento de Lindy, alguém contasse a Anne o que a fama seria realmente, como seria difícil para uma escritora se tornar um piloto de aventuras (Lindy insistia que sua esposa fosse uma parceira de verdade) e quanta dor a notoriedade lhe traria quando seu filho foi sequestrado – será que ela teria dito "sim"?

Talvez. Nunca saberemos com certeza, mas pela força que Anne demonstrou em seus textos, acho que ela aceitaria. Em uma coleção de cartas e diários intitulados *Hour of Gold, Hour of Lead* (Hora de ouro, hora de

60 Eugene Peterson, *Take and Read* (Grand Rapids: Eerdmans, 1996), 44.

chumbo), Anne fala sobre como a "hora de chumbo" – tempos de dificuldades – pode ser "transformada" em "horas de ouro".

"Uma década mais tarde", ela escreveu, "depois de superarmos nossa tragédia, a enterrarmos e cobrirmos com uma vida nova, escrevi um poema que descreveu a transmutação como a experimentei. Foi um daqueles poemas que jorram por inteiro como uma lança de desabafo de um profundo nível de inconsciência.

Segunda Semeadura

Para quem
O leite retido no seio
Quando o filho se foi?
Para quem o amor trancado no coração
Que é abandonado?
Aquele fruto dourado
Torrão uma vez partido, transbordou um campo de agosto,
Debulhado em dor sobre o chão de setembro,
Agora armazenado até o alto dos celeiros, uma reserva estéril.
Arromba a porta trancada;
Arrebenta, espalha e derrama
O grão sobre o solo árido
Onde houver rachaduras na terra.
Não há colheita apenas para o coração;
A semente do amor deve ser
Eternamente
Semeada novamente

Enquanto nossa dor e sabedoria forem "trancadas no coração" ou "armazenadas até o alto dos celeiros", permanecem estéreis e inférteis. Para crescer em meio a dificuldades, precisamos arrebentar as sacas de grãos e sementes e derramá-las onde quer que vejamos solo fértil. Esse é o clássico tema da morte e renascimento do cristianismo, no qual "a semente do amor deve ser eternamente semeada novamente". Essa é a essência de um casamento espiritualmente significativo.

Meros problemas

Alguns de vocês devem estar pensando: "A minha situação de casamento é pior do que a da maioria. Você não entende as *minhas* dificuldades". Temos que aceitar uma coisa aqui para não perdermos de vista a mensagem. Geralmente não podemos escolher as provações que enfrentaremos.

Quando nos mudamos da Virgínia para o Estado de Washington, eu tinha que renovar minha carteira de habilitação, o que envolvia um exame de vista. Pediram que eu olhasse através de uma máquina e lesse as letras. Eu sabia que tinha cometido algum erro quando a mulher disse: "Por favor, comece a ler as letras da coluna da esquerda".

Eu li novamente.

"Essa é a coluna do meio", ela disse.

Olhei de volta para a máquina: "Você quer dizer que são três colunas?", perguntei.

"Você tem algum problema?", ela perguntou.

Eu poderia ter respondido àquela pergunta de tantas formas diferentes que só fiquei em silêncio. De fato, eu sofro de ceratocone em meu olho esquerdo, o que diminui severamente minha visão e praticamente apaga minha visão periférica. Eu nem sabia que havia uma terceira coluna.

Já me perguntaram se isso me incomoda, mas quase todas as pessoas que eu conheço têm alguma doença física: dor nas costas, alergias graves, enxaquecas, artrite. Não escolhemos qual parte de nosso corpo vai explodir, mas a maioria de nós vai enfrentar alguma degeneração à medida que envelhecemos.

Acho que precisamos ter a mesma atitude com nosso casamento. Todos nós experimentamos certas coisas com nossos cônjuges que nos são difíceis de aceitar. Conheço homens que são casados com mulheres alcoólatras e mulheres que são casadas com tiranos autoritários que demonstram pouco apreço ou respeito.

Mas é aqui que fica difícil para a maioria de nós – que nos faz perder as lições aprendidas de Lincoln e Lindbergh. Alguém poderia dizer: "Ser famoso não é nada mau" e eles desejariam trocar seus problemas com Anne.

Outros podem pensar: "Eu não me importaria de estar casado com uma mulher briguenta assim se pudesse ser o presidente dos Estados Unidos!"

Para aqueles de nós que vivem vidas relativamente "anônimas"; para aqueles casais que, silenciosamente, choram seus problemas pessoais; para aqueles que parecem perdidos em um casamento difícil, mas não conseguem ver a importância de sua "missão" na vida – talvez trabalhem em uma fábrica e se perguntam qual é sua missão – as tribulações parecem acrescentar um peso adicional. Em casos como esses, nossos problemas não nos aparecem como um professor, mas muito mais como um feitor, um tirano ou um fardo brutal.

A eternidade nos ajuda a manter uma história sagrada.

No capítulo anterior, tocamos brevemente no assunto da importância de termos uma perspectiva eterna. A eternidade nos ajuda a manter uma história sagrada. Também nos ajuda a perseverar na luta. Lembre-se das palavras de Paulo em Romanos 2.7s: *Ele dará vida eterna aos que, persistindo em fazer o bem, buscam glória, honra e imortalidade. Mas haverá ira e indignação para os que são egoístas, que rejeitam a verdade e seguem a injustiça.*

Se vivermos sem uma perspectiva eterna, as provações tornam-se maiores que a própria vida. Sem a esperança do céu ou o senso da importância de aperfeiçoar o caráter, não há nada para que nos prepararmos, nada para esperarmos; é como treinar e treinar e nunca entrar no jogo. A vida é monótona, entediante e cansativa.

Sem a esperança do céu ou o senso da importância de aperfeiçoar o caráter, não há nada para que nos prepararmos, nada para esperarmos.

Se desejamos obter honra, glória e imortalidade diante de Deus, uma persistência diária e quieta, fidelidade e obediência é o caminho. Os sofrimentos anônimos são os melhores. Jesus nos diz que, de outra forma, as pessoas perceberão e nos elogiarão e essa será nossa recompensa (veja Mt 6.16-18).

O cristianismo não faz muito sentido sem a realidade do céu. Os maiores escritores clássicos nunca abandonam essa esperança celestial;

a eternidade está subentendida em cada palavra que eles pronunciaram. O próprio Paulo disse que se a nossa esperança está somente nessa vida, *somos, de todos os homens, os mais dignos de compaixão* (1Co 15.19).

O cristianismo não faz muito sentido sem a realidade do céu.

Se levarmos nossa fé a sério e conseguirmos sobreviver a um casamento difícil a fim de testemunhar do amor reconciliador de Deus por um mundo pecador, esse casamento difícil se torna parte de nosso exercício de preparação para o céu. É claro que os editores da revista Veja não vão dar atenção alguma à nossa busca, o aperfeiçoamento de nosso caráter não é assunto das páginas da revista *Caras* nem da *Placar* – mas o céu vai saber. Deus vai perceber e, no fim, a promessa de Jesus se tornará realidade: *"Os últimos serão primeiros"* (Mt 20.16).

Fico triste pelos cristãos que tentam viver obedientemente sem manter o céu firmemente em seu foco. Meditar sobre a vida após a morte é um dos melhores exercícios espirituais que eu conheço. Pessoalmente, isso me fortalece como poucas disciplinas espirituais. "Eu aguento isso", digo para mim mesmo, "porque não vai ser para sempre".

Os cínicos dizem que estou caindo na armadilha de Marx que, como você sabe, disse que a religião é o ópio do povo. Marx, porém, estava completamente equivocado, pelo menos no que se refere ao cristianismo. O ópio amortece os sentidos, o cristianismo os aviva. Nossa fé pode injetar significado e propósito em um casamento morto ou disfuncional e, graciosamente, recebemos de Deus um sentimento de realização. O cristianismo não nos deixa em um estado de estupor apático – ele ressuscita dos mortos a nós e a nossos relacionamentos! Coloca sabor, força e propósito em uma vida que, de outra forma, seria desperdiçada.

Deus nunca promete remover nossas tribulações deste lado do céu. Pelo contrário! No entanto, ele nos promete que haverá sentido em todas elas. Nosso caráter está sendo aperfeiçoado, nossa fé está sendo edificada, nossa "recompensa celestial" está aumentando.

Há uma cena do filme Star Wars que tenho a vergonha de dizer que me faz chorar. Depois que Luke Skywalker, a Princesa Leia e Han Solo salvam as forças rebeldes, eles vão entrando em um grande salão e são honrados. Caminham ao longo de um grande corredor e enquanto todos os observam, sobem uma ampla escadaria para que o líder dos rebeldes preste homenagens a eles diante de todos os presentes.

Acho que isso mexe comigo porque representa um pouco a verdade celestial que tanto ansiamos. Jesus nunca disse que deveríamos apagar nossas ambições. Nunca disse para repelirmos toda a ideia de recompensa. Ele nos disse para nos desviarmos de nossas ambições *terrenas* e repelirmos as recompensas *terrenas*. De fato, ele disse: "Coloquem-se em último lugar na terra e vocês serão os primeiros no céu". Isso é uma troca e não uma negação completa! Essa sede por glória que você sente em seu coração é parte daquilo que o faz um ser humano – Jesus apenas deseja que focalizemos o céu, buscando lá as nossas recompensas.

Marx estava completamente equivocado, pelo menos no que se refere ao cristianismo. O ópio amortece os sentidos, o cristianismo os aviva.

Agora, acreditar nisso não sugere que devemos apenas aguentar firmes até que o céu venha. Descobri que a obediência a Deus cria um sentimento silencioso de realização no presente. Há uma satisfação espiritual que nos vem mesmo em meio às nossas provações. É uma atitude que pode não ser tão evidente quanto a alegria esfuziante, mas é muito menos sujeita às flutuações de humor e contribui para uma disposição muito mais permanente.

Um casamento difícil não pronuncia uma sentença de morte de uma vida cheia de significado. Ela apresenta vários desafios, pode ter certeza, mas também oferece oportunidades maravilhosas de crescimento espiritual. Olhe seu casamento através dessas lentes: O que eu estou aprendendo? Como isso me faz crescer? O que isso está me favorecendo sob uma perspectiva eterna? – e veja se isso não aliviará o fardo de alguma forma. Mais importante, compare como seu casamento o aproxima de

Essa sede por glória que você sente em seu coração é parte daquilo que o faz um ser humano – Jesus apenas deseja que focalizemos o céu, buscando lá as nossas recompensas.

Deus e molda seu caráter segundo o caráter de Jesus Cristo, com o quanto ele o aproxima do estado ilusório de felicidade despreocupada. Veja sua situação através das lentes da eternidade, as lentes que o apóstolo Paulo usou:

> *Se somos filhos, então somos herdeiros; herdeiros de Deus e coerdeiros com Cristo, se de fato participamos dos seus sofrimentos, para que também participemos da sua glória. Considero que os nossos sofrimentos atuais não podem ser comparados com a glória que em nós será revelada.* (Rm 8.17s)

Perguntas para reflexão e discussão

1. Quem você admira pela habilidade com que resolve problemas no casamento? O que você mais admira na vida desses indivíduos?
2. Qual a diferença entre a luta conjugal produtiva e espiritualmente lucrativa e a luta conjugal debilitante? Como as dificuldades em seu casamento produzem resultados espirituais produtivos?
3. Como você respondeu à pergunta de Gary: "Você preferiria viver uma vida fácil e confortável e permanecer imaturo em Cristo ou está disposto a ser temperado com sofrimento, se isso moldá-lo conforme a imagem de Cristo?"
4. Gary diz que "é preciso lutar para se ter um bom casamento. Você precisa crucificar seu egoísmo. Algumas vezes precisa confrontar e algumas vezes precisa confessar". Você acha que ele exagerou? Há exceções? Como esse conceito pode ajudar casais que estejam passando por tempos difíceis?
5. Como o sofrimento pode nos "libertar", como escreveu Anne Morrow Lindbergh? Como podemos encorajar um ao outro, como aconselha Anne, para trazer "entendimento, paciência, amor, transparência e disposição a fim de permanecermos vulneráveis" aos nossos sofrimentos e decepções?
6. Você acredita que Abraham Lincoln e Anne Morrow Lindbergh teriam feito tudo o que fizeram se estivessem em casamentos relativamente "fáceis"? Por quê?
7. Como a doutrina cristã do céu pode ajudar os casais a perseverarem?
8. Como você acha que Deus pode usar as dificuldades específicas de seu casamento para refinar seu caráter a preparar você para um futuro ministério?

9. Por que as dificuldades e os sofrimentos são inevitáveis em todos os casamentos? O que acontece se fugirmos deles? O que acontece se os encararmos diretamente?

10. Você e seu parceiro enfrentam as dificuldades em seu casamento de formas diferentes? O que você pode aprender da abordagem de seu cônjuge? O que seu cônjuge pode aprender de sua abordagem do problema?

9

Caindo para frente

O casamento nos ensina a perdoar

O casal difere do indivíduo no sentido de que precisa tomar atitudes práticas para manter sua própria preservação de forma muito mais deliberada que o indivíduo. Os indivíduos podem pensar em suicídio, mas raramente se esquecem de comer, em contrapartida, os casais frequentemente se esquecem de alimentar seu relacionamento.

— Mary Anne McPherson Oliver

O amor é um coração que se move... O amor sai de si mesmo em direção ao outro.

— Dan Allender e Tremper Longman III

Só o fato de ser fiel ao cônjuge já é um bom testemunho nessa sociedade, mas se você for além e comunicar o amor por seu cônjuge de forma consistente, criativa e sem restrições, o mundo não poderá deixar de perceber. Deus será honrado.

— Gary e Betsy Ricucci

Quando uma garota se casa, troca as atenções de todos os homens que ela conhece pela desatenção de um só.

— Helen Rowland

Uma história verdadeira:

> Um homem de negócios se encolheu levemente quando um jovem ocupou o assento do avião junto a ele. Eles afivelaram os cintos de segurança e o homem de negócios, querendo ser simpático, perguntou se o jovem viajava a trabalho ou lazer.
>
> "Lazer", o jovem respondeu. "Estou em lua de mel".
>
> "Em lua de mel?", o homem perguntou surpreso. "Onde está sua esposa?"
>
> "Algumas fileiras lá atrás. O avião estava cheio e não pudemos nos sentar juntos".
>
> Como o avião ainda não tinha começado a se movimentar o homem de negócios disse: "Eu ficarei feliz em trocar de lugar com ela, assim vocês podem viajar juntos".
>
> "Tudo bem", o jovem replicou. "Passei a semana inteira conversando com ela".[61]

Tenha em mente que um pesquisador descobriu que o casal comum se comunica ativamente, em média, apenas vinte e sete minutos por semana e trocam o maior número de palavras no terceiro encontro e no ano anterior ao divórcio.[62]

O casal comum se comunica ativamente, em média, apenas vinte e sete minutos por semana.

Um dos grandes desafios espirituais para qualquer cristão é tornar-se menos centrado em si mesmo. Nascemos intensamente focados em nós mesmos. A disciplina do casamento cristão nos chama para a realidade cristã de compartilhar e desfrutar a comunhão de forma singularmente íntima. Manter interesse e empatia por outra pessoa não é, de modo algum, uma disciplina fácil de exercitar, mas é vital. Ela é uma habilidade que deve ser aprendida.

Muitos anos atrás e eu alguns amigos mais chegados celebramos nossa formatura do Ensino Médio escalando o Monte Rainier. Antes de eu tentar saltar um riacho meio perigoso, um dos meus amigos aconselhou: "Apenar certifique-se de cair para frente". Era um conselho sensato. Mesmo que eu não conseguisse atravessar o rio com um único passo, desde que eu prolongasse o salto para frente não seria arrastado pela correnteza.

Esse conselho tem estado comigo durante todos esses anos porque creio que o casamento cristão é também aprender a cair para frente. Os obstáculos surgem, a ira se acende e o cansaço amortece nossos sentimentos e sentidos.

61 Baseado em uma história verídica enviada por Pam Hoepner a *Reader's Digest* (julho de 1998).

62 Citado em Oliver, *Conjugal Spirituality*, 126.

Quando isso acontece, o imaturo espiritual reage recuando, se afastando de seu cônjuge ou até começando a procurar outra pessoa "mais excitante". Alcançamos a maturidade, porém, continuando a nos mover para frente deixando a dor e a apatia.

O oposto do amor bíblico não é o ódio, mas a apatia.

As quedas são inevitáveis. Não podemos controlar isso, mas podemos controlar a direção em que caímos: para perto do cônjuge ou para longe dele.

Na linguagem de Hollywood, o romance é expresso como uma atividade passiva. Geralmente os casais dizem que "se apaixonaram". Os casais adúlteros algumas vezes dizem: "Não pudemos evitar! Aconteceu". Essa passividade está tão longe do amor cristão quanto a lua da terra. O amor cristão é um movimento intencional e um compromisso ativo. Na realidade, nós escolhemos onde depositamos nossas afeições.

Donald Harvey escreve: "Os *relacionamentos* íntimos, ao contrário das experiências íntimas, são resultado de planejamento. São construídos. O senso de união que advém da genuína proximidade espiritual não acontece por acaso. Se ele está presente é por causa de uma intenção definida e dos passos que você toma. Você escolhe investir e investe. Não é mera questão de sorte".[63]

Levei anos para entender que tenho a obrigação cristã de continuamente me mover *na direção* de minha esposa. Eu pensava que desde que não atacasse minha esposa ou dissesse coisas cruéis para ela, estaria sendo um "bom" marido. No entanto, o oposto do amor bíblico não é o ódio, mas a apatia. Deixar de ir em direção a seu cônjuge é parar de amá-lo. É restringir o próprio propósito do amor.

O macho mascarado

Mesmo correndo o risco de ofender alguns leitores, acho que é necessário dizer que essa é uma área da espiritualidade que pode geralmente ser mais difícil, para os homens do que para as mulheres. Em primeiro lugar, os homens tendem a ser menos comunicativos, ignorando talvez

63 Citado em Ricucci, *Love that Lasts*, 129.

a mensagem de desinteresse que essa atitude transmite. Uma coisa é ter *pensamentos* amáveis sobre sua esposa e outra completamente diferente é *expressá-los*. Muitos homens não percebem o dano que causam simplesmente ficando em silêncio.

Muitos homens não percebem o dano que causam simplesmente ficando em silêncio.

Em segundo lugar, os homens tendem a considerar a independência como um sinal de força, maturidade e "masculinidade". A interdependência é mais do que uma palavra comprida. Para os homens é uma pílula difícil de engolir e até mesmo um sinal de fraqueza.

Embora esse senso de independência seja culturalmente celebrado, não é bíblico. Ele precisa ser criticado usando os parâmetros da natureza de Deus. Se por um lado é verdade que devemos estar dispostos e não temer ficarmos sozinhos se for necessário (como Jesus na cruz), é ainda mais verdadeiro que Deus se move em direção às pessoas, mesmo que elas sejam pecadoras. Jesus foi deixado só para que as pessoas pudessem ser trazidas para perto de Deus. Em essência, ele ficou sozinho a fim de reunir seus filhos junto de si. Sua atitude solitária foi uma declaração radical da importância da comunidade. Se desejamos ser transformados segundo a imagem de Deus, seremos moldados de tal forma que nos aproximaremos das pessoas.

Esses não são perfis de coragem, são monumentos à vergonha masculina.

De fato, para a maioria dos homens, fugir dos outros é um ato de covardia, e não de bravura. Um homem não consegue manter um relacionamento maduro com uma mulher da sua idade, então ele se divorcia e se casa com uma mulher da idade da filha dele, em uma tentativa fútil de preservar seu "poder". Outro não está disposto a encarar o fato de que sua mulher não é sua "mãe", mas uma parceira que espera dar e receber, então ele emburra e faz o jogo do silêncio, em vez de assumir sua própria carência. Outro ainda pode não estar disposto a entrar na dinâmica de "dar e receber" exigida para que o relacionamento complemente um ao outro, então ele ignora sua esposa e se afunda no trabalho – onde está sempre no comando e seus subordinados precisam ceder à sua vontade.

Esses não são perfis de coragem, são monumentos à vergonha masculina.

Quando Deus me chama a me mover continuamente em direção à minha mulher, está me moldando à sua própria imagem.

Declínio de emoções

Uma das coisas que torna o "cair para frente" uma tarefa tão difícil é a realidade das emoções conflituosas. Madeleine L'Engle escreveu um poema simples que capta isso maravilhosamente.[64] Suas palavras são dirigidas a Deus, mas creio que podem se aplicar a qualquer pessoa com quem mantenhamos um relacionamento de amor:

> Querido Deus,
>
> Eu te odeio.
>
> Com amor, Madeleine

Você já experimentou essa realidade frustrante de estar desgostoso com alguém e, ao mesmo tempo, saber que o ama profundamente? L'Engle é honesta a respeito de suas frustrações com Deus, mas as três últimas palavras fazem toda a diferença – embora esteja aborrecida com seu Criador, ela se compromete a se mover na direção dele. "Com amor, Madeleine" se torna o denominador que define todo o numerador. Não importa qual seja o motivo de sua irritação, não importa a intensidade de sua frustração. O relacionamento de Madeleine com Deus é marcado por um amor fundamental.

Mesmo em momentos de raiva, traição, irritação e ofensa, somos chamados a buscar essa pessoa, abraçá-la e nos aproximarmos cada vez mais dela.

É assim que nossos casamentos deveriam ser. Mesmo em momentos de raiva, traição, irritação e ofensa, somos chamados a buscar essa pessoa, abraçá-la e nos aproximarmos cada vez mais dela, e deixar que nosso amor redefina nossos sentimentos de desinteresse, frustração e até de ódio.

64 Ouvi L'Engle recitar esse poema em um fórum que participei em Bellingham, Washington, em 1998.

O sangue do casamento

Esse chamado para "cair para frente" coloca o foco na iniciativa da intimidade. Subestimaremos o casamento se o reduzirmos a nada mais do que uma negativa: "Concordo que nunca farei sexo com outra pessoa". O casamento aponta para uma doação do ser que vai muito além da fidelidade sexual. Mary Anne Oliver a chama de "interpenetração do ser". Eu gosto dessa frase. Casar é concordar em crescer juntos para dentro um do outro, para realmente misturar nossas almas a fim de compartilhar um laço singular e raro. Quando paramos de fazer isso, cometemos uma falta contra nosso parceiro, fizemos um compromisso que não estamos dispostos a cumprir.

Essa "interpenetração" pode ser uma experiência maravilhosa e até engraçada. Lisa e eu estamos casados por quase quinze anos. Há três anos, estranhamente começamos a dizer as mesmas frases. Durante um jogo de futebol de nosso filho cheguei para um amigo e disse: "Se eles dessem meio gol para cada bola na trave, a gente teria acabado com eles".

Jill arregalou os olhos: "Você ouviu a Lisa dizer isso?"

"Não."

"Lisa falou exatamente a mesma coisa, dez segundos atrás".

Isso começou a acontecer com tanta regularidade que estava ficando esquisito. Muitos casais experimentam esse mesmo fenômeno. Nossa forma de pensar e nossas frases têm sido literalmente moldadas pela presença da outra pessoa a ponto parecermos com ela.

Essa "interpenetração do ser" aponta para um fato que vai além da exclusividade sexual. O casamento é definido por uma virtude positiva. Ele pressupõe a doação do eu. Kathleen e Thomas Hart escrevem: "Alguém pode realizar muitos atos externos de amor e, ainda assim, guardar para si o presente mais precioso: seu eu interior. Esse dom pode ser concedido somente através da comunicação".[65]

A comunicação é, portanto, o sangue do casamento que carrega o oxigênio vital para dentro do coração do nosso romance. A princípio, a comunicação pode parecer gloriosa. No ardor da paixão, a pessoa diante de

65 Hart e Hart, *The First Two Years of Marriage*, 19.

nós nos parece realmente infinita em seu mistério, beleza, percepções e habilidade de criar o sentimento de puro prazer em nós. Apenas alguns meses ou anos depois, porém, é impressionante ver como esse "anjo" se tornou tão terreno e finito.

O casamento é definido por uma virtude positiva. Ele pressupõe a doação do eu.

Parte disso é simplesmente a humildade da condição humana. G. K. Chesterton certa vez observou que se há uma coisa mais ridícula a respeito dos seres humanos além do fato de terem duas pernas é que, às vezes, eles fazem uma abertura em suas faces e colocam porções do mundo exterior naquela abertura (referindo-se àquilo que chamamos de "comer"). Não importa quão linda seja uma jovem, não importa quão refinado seja um jovem, um dia as falhas humanas aparecerão. Barulhos e cheiros engraçados virão de dentro de nós. É a descoberta dessas realidades banais que frequentemente nos fazem recuar, como se a outra pessoa tivesse nos enganado.

Juntamente com a comunicação verbal vem a comunicação física, o ato de tocar. Isso envolve a expressão sexual, mas também o toque não sexual. Em regra geral, não suporto que ninguém toque meu rosto, mas minha esposa nunca se cansa de ter seu rosto acariciado. Levei anos para entender como isso é importante para Lisa, então sempre procuro acariciar seu rosto. Ela quer ser tocada, especialmente quando sabe que o toque não é feito com o propósito de levar a outra coisa.

Enquanto os homens precisam ser lembrados da importância do toque não sexual frequente, muitas esposas têm descoberto que, se uma mulher não procura seu marido sexualmente, praticamente qualquer outro gesto de aproximação passa despercebido. Jill Reinich escreve: "Uma esposa pode demonstrar seu amor de inúmeras maneiras, mas esse esforço é frequentemente anulado por sua rejeição ou falta de prazer no sexo. Você pode ser uma excelente dona de casa, uma 'chef' na cozinha, uma mãe maravilhosa para os filhos de seu marido, mas se você o rejeita com frequência no quarto, tudo isso é anulado. Para um homem, o sexo é a declaração de amor e de valor pessoal mais significativa que existe".[66]

66 Citado em Ricucci, *Love that Lasts*, 152.

Há uma cena clássica em um filme de Woody Allen: Um marido e uma mulher separadamente têm uma entrevista com um conselheiro matrimonial e o público pode acompanhar suas diferentes respostas. O conselheiro pergunta primeiro para a esposa: "Com que frequência você e seu marido fazem sexo?"

A esposa responde: "Quase sempre. Três vezes por semana".

O conselheiro então aparece perguntando para o marido: "Com que frequência você e sua esposa fazem sexo?"

O marido responde: "Quase nunca. Três vezes por semana".

De modo geral, isso é uma constante entre homens e mulheres, mas ocasionalmente, os papéis se invertem e é a esposa quem lamenta a relativa falta de frequência das relações sexuais. O outro estereótipo, claro, é que a mulher deseja conversar e o marido prefere o silêncio. Nesse aspecto, tanto o homem quanto a mulher podem evoluir altruisticamente em direção um ao outro, não importando se eles se encontrem ou não nos papéis tradicionalmente feminino e masculino.

A interpenetração de almas é obrigação de todos os maridos e todas as esposas. Alguns naturalmente gravitam em direção ao desejo por sexo e alguns para a comunicação verbal. Temos a obrigação de atender às necessidades de nosso cônjuge. Da mesma forma, temos também a obrigação cristã de não exigir demais de nosso cônjuge. A esposa pode reconhecer o quanto seu marido consegue conversar e não exagerar; o marido precisará aceitar que ter relações sexuais diariamente é uma ideia pouco atraente para a maioria das esposas.

O compromisso da interpenetração nos ensina a renunciar às nossas exigências ao mesmo tempo em que lutamos para atender às exigências do cônjuge.

O compromisso da interpenetração nos ensina a renunciar às nossas exigências ao mesmo tempo em que lutamos para atender às exigências do cônjuge. Idealmente, se ambos fizerem isso, o resultado final será um acordo maravilhoso e feliz. Geralmente, porém, não é assim tão fácil e um dos cônjuges começa a dar muito mais do que o outro. Esse é o ponto em que a desintegração matrimonial frequentemente começa.

Mas, e se o cônjuge que dá mais de si descobrir uma motivação além de seus próprios desejos? E se essa pessoa encarar as exigências do cônjuge como parte de sua própria formação espiritual? Em vez de dizer: "Por que eu deveria conversar com ela e ser carinhoso se ela nunca quer fazer sexo?", um marido poderia dizer: "Não vou levar em consideração quantas vezes fazemos amor. Para agradar a Deus e crescer espiritualmente e interiormente, vou me dispor a conversar longamente com minha esposa".

Tipicamente, os livros sobre casamento descrevem essa cena e então dizem: "e quando o marido faz isso ele descobre que sua esposa, de repente, renova o desejo de ir para a cama com ele!" No entanto, isso é um exagero grosseiro. Não estou sugerindo que o marido deva atender às necessidades da esposa para que suas próprias necessidades sejam atendidas. Estou sugerindo que ele o faça como um exercício espiritual. Quanto mais difícil for, mais ele se beneficiará. Se sua esposa recompensá-lo fisicamente de imediato, ele poderá ir dormir com um sorriso no rosto, mas talvez com menos treinamento espiritual.

Um casal maduro pode crescer enormemente quando aprendem a se comprometer e caminhar em direção do outro.

Um casal maduro pode crescer enormemente quando aprendem a se comprometer e caminhar em direção do outro. O problema é que geralmente um dos cônjuges não se importa com o crescimento espiritual e está totalmente consumido por seus próprios desejos e carências.

Embora uma situação assim possa produzir um casamento menos satisfatório e menos feliz, ainda pode oferecer o contexto para o crescimento espiritual. Um cristão nunca é dependente da reação dos outros para crescer espiritualmente. O que importa são as decisões de seu coração.

Falar e tocar são, portanto, as formas mais importantes de nos entregarmos um ao outro. A recusa de dar o presente do eu ao outro pode ser perversa. Outras vezes, essa "retenção" pode não ser feita conscientemente. Podemos acordar um dia e perceber que não fizemos nenhum esforço para continuar a fazer um movimento em direção ao nosso cônjuge física, emocional e espiritualmente. A maioria de nós, de fato, provavelmente nunca abordou o relacionamento matrimonial com o pensamento de que a "apatia" é a antítese do amor cristão. Desde que não sejamos maus, vingativos ou cruéis, podemos achar que estamos cumprindo nossa obrigação cristã.

Mas não estamos.

A verdade é que eu devo essa "doação do eu" à minha esposa. Quando me recuso a cair para frente e começo a me preservar, de fato estou dizendo: "Não estou mais casado com você no nível espiritual".

A disciplina do companheirismo

A disciplina espiritual envolvida na aprendizagem de cair para frente pode ser descrita como a "disciplina do companheirismo". Além da busca de natureza mais geral, essa disciplina é criada através de três práticas espirituais: aprender a não fugir do conflito, aprender a fazer concessões e aprender a aceitar outros. Essas atitudes nos ajudam tanto em casa quanto na igreja.

Não fugir do conflito

Tudo o que acontece de maneira mais ampla em contextos sociais tem um espelho no casamento: desentendimentos, palavras ferinas, conflitos de interesse e sonhos que competem entre si.

Tenho visto igrejas brigarem pelas coisas mais estúpidas e velhos companheiros de ministério entrarem nos desentendimentos mais horríveis dividindo a igreja nesse processo. A disciplina espiritual da comunhão não é fácil. Pessoas pecadoras ferem umas às outras, pessoas imperfeitas veem a realidade de forma diferente e pessoas egocêntricas têm dificuldade de compreender a perspectiva dos outros.

O problema é que *todos nós* somos pecadores, imperfeitos e egocêntricos!

O casamento oferece o pequeno laboratório experimental pelo qual podemos aprender a nos engajar na comunhão espiritual. Tudo o que acontece de maneira mais ampla em contextos sociais tem um espelho no casamento: desentendimentos, palavras ferinas, conflitos de interesse e sonhos que competem entre si.

Quando surgem os desentendimentos, a tendência natural é fugir. Em vez de tratar o mal-entendido (ou pecado), geralmente tomamos um atalho muito mais econômico: procuramos outra igreja, outro emprego, outro bairro, outro amigo, outro cônjuge.

O casamento desafia essa tendência à fuga. Ele nos encaixa em uma promessa dada por Deus e dura como uma rocha que insiste que lidemos com o problema até encontrarmos alguma solução.

Os adultos maduros percebem que todo relacionamento envolve conflito, confissão e perdão. A menos que você realmente goste de ter a seu lado um bajulador, a ausência de conflito demonstra que, ou o relacionamento não é suficientemente importante para se lutar por ele, ou que ambos os indivíduos estão inseguros demais para arriscar um desentendimento.

A ausência de conflito demonstra que, ou o relacionamento não é suficientemente importante para se lutar por ele, ou que ambos os indivíduos estão inseguros demais para arriscar um desentendimento.

O conflito oferece uma estrada para o crescimento espiritual. Para resolver o conflito, por definição, precisamos nos envolver mais e não menos. Exatamente quando queremos criticar uma pessoa, somos forçados a ficar quietos e ouvir a queixa dela. Justamente quando estamos com mais vontade de nos fazer entender, temos que lutar para compreender. Quando queremos expor nossas queixas, precisamos trabalhar para compreender a dor do outro. Exatamente quando desejamos apontar as falácias e o comportamento abusivo de outra pessoa, devemos avaliar cruamente nossas próprias atitudes ofensivas.

É esse ato de entendimento do autoesvaziamento que explica como um conflito solucionado com sucesso cria um laço ainda mais forte no final. O sexo para fazer as pazes parece uma coisa óbvia, mas há uma verdade oculta ali em algum lugar. Quando o conflito surge e é superado, o casal teve que se mover um na direção do outro. Eles caíram para frente, buscaram uma solução e, nesse processo, provocaram uma enorme sede um do outro.

Deixar passar os desentendimentos e atitudes pecaminosas não é comunhão, é um educado fingimento. A verdadeira comunhão exige que nós caiamos para frente.

Deixar passar os desentendimentos e atitudes pecaminosas não é comunhão, é um educado fingimento. A verdadeira comunhão exige que nós caiamos para frente.

Aprender a negociar com sucesso um conflito terá influência direta em nosso relacionamento com Deus porque vai chegar a hora em que teremos que acertar as coisas com ele também. Uma das "brigas" mais famosas da Bíblia envolveu Deus e Jacó. Os dois combatentes lutaram a noite toda e o embate transformou Jacó de tal forma que seu nome foi mudado para Israel ("ele lutou com Deus"). Perto do fim do confronto, Jacó insistiu que Deus o abençoasse (veja Gn 32.26). Deus concedeu a petição de Jacó e então construiu toda uma nação a partir dos descendentes desse homem calculista e enganador.

Algumas vezes nós também nos vemos lutando com Deus. "Como o Senhor pôde tirar meu filho de mim?" "Como o Senhor permitiu que Jim perdesse o emprego no momento em que nós mais precisávamos?" "Como o Senhor pode ficar lá em cima mudo e distante?"

Não é sinal de maturidade cristã fingir que não estamos aborrecidos com o silêncio de nosso Pai celestial. Uma espiritualidade saudável nos convoca a cair para frente com Deus, assim como com nosso cônjuge. Essa queda para frente é certamente uma reação mais adequada do que simplesmente dispensar Deus e chutá-lo para fora de nossas vidas ao primeiro sinal de que ele esteja fazendo alguma coisa ou permitindo algo que não entendemos.

Como Jacó, "lutando com Deus" pode muito bem resultar em uma bênção inesperada. Nós também, como Jacó, passamos a mancar para o resto da vida, mas qualquer interação com Deus se mostrará benéfica, desde que o movimento seja sempre em direção a ele.

Ajuste

A segunda maneira de praticarmos a disciplina espiritual da comunhão dentro do casamento é aprendendo a se ajustar. É uma pena que a palavra "ajuste" seja vista de forma tão pejorativa em nossa sociedade, mas praticamente todos os relacionamentos que crescem e permanecem precisam incluir ajustes de algum tipo. Como o casal Whitehead enfatiza veementemente, longe de ser uma escapatória, o ajuste pode ser uma maneira de dizer "eu te amo". Ela é a prova de que estamos mais dispostos a ceder terreno por nenhuma outra razão além da valorização do relacionamento permanente, do que defender nossos direitos, preferências ou desejos. O ajuste é o cimento da comunhão.

Muitas congregações tiveram que encarar o desafio de atender ao desejo dos jovens de ter um louvor "contemporâneo" sem perder o culto "tradicional" dos membros mais velhos. Algumas igrejas optaram por ter dois cultos, outras tentaram combinar liturgia e informalidade. Algumas aboliram o órgão, outras compraram um órgão maior, mas o deixam às vezes em silêncio para ouvir um solo de guitarra.

> *Para que esse ajuste funcione é preciso que haja numerosos "minifunerais".*

Da mesma forma os casais devem aprender a fazer ajustes a respeito de coisas triviais (onde passaremos o Natal?) e assuntos mais sérios (quantos filhos teremos?). Para que esse ajuste funcione é preciso que haja numerosos "minifunerais". Temos que escolher morrer para nós mesmos para ceder e, por outro lado, não exultar quando o terreno nos é cedido.

Aceitação e lealdade

Uma terceira disciplina da comunhão é aprender a aceitar pessoas reais. Frequentemente, os novos membros chegam à igreja e deliram com a pregação do pastor, a habilidade do líder de louvor de cultivar a presença de Deus e a calorosa recepção dos outros membros da igreja. Então, um ou dois anos depois, quando já ouviram as melhores histórias do pastor, enjoaram das músicas preferidas do líder de louvor e quando chega a vez deles de receber as pessoas para jantar, em vez de serem convidados, é impressionante como a "melhor igreja do mundo" se transforma em uma "igreja morta".

O casamento baseado no romantismo aceita uma mentira idealizada (paixão) e então se divorcia da realidade quando ela se apresenta.

Isso também reflete o que muitas vezes acontece no casamento. O homem a quem a esposa considerava confiante, agora é visto como arrogante. A esposa que atraía seu marido por seu "espírito quieto e gentil" é vista como uma mulher fraca indigna de respeito.

O casamento baseado no romantismo aceita uma mentira idealizada (paixão) e então se divorcia da realidade quando ela se apresenta. O casamento baseado na vida em Jesus Cristo nos convida a nos divorciarmos da mentira (uma visão idealizada do seu cônjuge) e a aceitarmos a realidade (duas pessoas pecadoras lutando para manter um compromisso vitalício). Como o casal Whitehead observa: "O desafio não é continuar a amar a pessoa com quem pensávamos estar nos casando, mas a amar a pessoa com quem nos casamos".[67]

A disciplina da comunhão exige que nós aprendamos a arte da lealdade. Só porque a igreja no fim da rua contratou um pastor mais novo e mais empolgante não podemos jogar fora anos de compromisso e relacionamentos com nossa igreja para ir ouvir a nova "estrela". Só porque uma mulher mais jovem ou um homem mais sensível entra em cena não significa que vamos renegar um compromisso de uma vida.

É preciso cair para frente. Você conhece alguém que você acha muito atraente e excitante, mas escolhe estabelecer limites estritos nesse relacionamento e, em contrapartida, resolve redobrar esforços para declarar seu compromisso para com seu cônjuge. Você se sente magoado e ferido pelo egoísmo de seu parceiro, mas, em vez de emburrar e reagir com o jogo do silêncio, toma a iniciativa de expressar seus sentimentos de maneira gentil e respeitosa.

67 Whitehead e Whitehead, *A Sense of Sexuality*, 197.

Ironicamente, cair para frente também leva, no final, a uma maior satisfação matrimonial. Embora o propósito desse livro seja nos ajudar a usar nosso casamento para chegarmos mais perto de Deus, quando fazemos isso, muitas vezes descobrimos que ele também melhora, aumentando nossa satisfação. Donald Harvey coloca de forma sucinta: "Os casais que colocam seus relacionamentos em uma posição de alta prioridade têm maior potencial de obter o que desejam do casamento. Aqueles que não o fazem têm um potencial menor. É simples".[68]

Ironicamente, cair para frente também leva, no final, a uma maior satisfação matrimonial.

Quando você entrou nesse relacionamento de casamento, comprometeu-se a continuar se movendo em direção a seu cônjuge. Qualquer recuo, qualquer pausa, qualquer descanso é um ato de dolo. Aprenda a se mover na direção da pessoa que Deus lhe deu com o propósito de ensinar você a amar.

Promovendo o perdão

O que fazemos quando nosso cônjuge não quer que nos movamos na direção dele? O que fazer quando nosso cônjuge nos afasta dele?

A Bíblia apresenta uma orientação clara. O pai deixou que o filho pródigo fosse embora, mas o amor exigiu que o pai sempre estivesse pronto de braços abertos para "cair para frente" caso o filho retornasse (veja Lc 15. 11-32).

A ação de outra pessoa não pode ditar nossa reação. Deus enviou seu Filho a um mundo que o odiava. Se Deus esperasse que o mundo fosse "digno" de recebê-lo, seu Filho nunca teria vindo. Essa realidade implica em outra disciplina espiritual de comunhão e, para falar a verdade, em uma das mais difíceis de todas: a disciplina do perdão.

Creio que um dos propósitos principais do casamento é nos ensinar a perdoar.

68 Citado em Ricucci, *Love that Lasts*, 124.

Os mais articulados tentarão usar seus cônjuges como desculpa para voltar atrás, mas essa não pode ser considerada uma atitude cristã, porque todos nós pecamos uns contra os outros. De fato, creio que um dos propósitos principais do casamento é nos ensinar a perdoar. Essa disciplina espiritual nos oferece o poder de que necessitamos para nos manter caindo para frente em um mundo pecaminoso.

O chamado à graça

Um pedreiro de Seattle gravou a lápide do túmulo de um homem segundo as instruções de sua esposa com as palavras tradicionais:

"Descanse em paz".

Alguns meses mais tarde, a esposa descobriu que o marido tinha sido infiel a ela, então, voltando ao pedreiro, pediu-lhe que acrescentasse mais algumas palavras:

"Descanse em paz...
até que nos encontremos outra vez".

Há alguma coisa relativa ao pecado no casamento que nos fere em um nível mais profundo do que quando outras pessoas pecam contra nós. Um sentimento de traição é somado ao pecado de tal forma que, quando somos enganados, podemos ficar ofendidos a ponto de levar a disputa para o túmulo.

A pessoa com quem você decide se casar um dia irá magoá-lo – algumas vezes intencionalmente, fazendo com que o perdão seja uma disciplina espiritual essencial.

As pessoas se casam por todo o tipo de razões. "Porque o casamento nos ensina perdoar" pode não estar no topo da lista dos recém-casados, mas a prática espiritual de continuamente se mover em direção a alguém nos oferece um excelente contexto no qual podemos exercitar essa disciplina espiritual vital. O pecado no casamento (por parte de ambos os cônjuges) é uma realidade diária, uma luta contínua que ameaça nos fazer voltar atrás. Você nunca encontrará um cônjuge que esteja sem pecado. A pessoa com quem você decide se casar um dia irá magoá-lo – algumas vezes intencionalmente, fazendo com que o perdão seja uma disciplina espiritual essencial.

Paulo traz algumas palavras maravilhosamente úteis no livro de Romanos: *Portanto, ninguém será declarado justo diante dele [Deus] baseando-se na obediência à Lei, pois é mediante a Lei que nos tornamos plenamente conscientes do pecado.* (Rm 3.20)

Já li esse versículo cem vezes ou mais e já estou bem consciente (e você também deveria estar) de que nossos cônjuges nunca atingirão um estado "legal" de ausência de pecado. Isso simplesmente não vai acontecer. Eles pecarão contra nós e nós seremos feridos. Quando isso acontece temos uma escolha a fazer: podemos nos afundar em nossa dor, ressentimento e amargura ou podemos crescer como cristãos e aprender outra lição importante sobre como perdoar.

A lei não foi criada por Deus para que dois cônjuges cobrem um do outro um padrão impossível de comportamento. Um cônjuge legalista é irritante ainda que, do ponto de vista da lei, esteja momentaneamente inculpável e no seu direito. Em algum momento ele vai escorregar também.

> *A lei não foi criada por Deus para que dois cônjuges cobrem um do outro um padrão impossível de comportamento.*

Então para o quê fomos chamados?

Paulo continua dizendo: *Mas agora se manifestou uma justiça que provém de Deus,* ***independente da Lei*** (Rm 3.21, ênfase acrescentada). É uma justiça baseada *por meio da redenção que há em Cristo Jesus e no princípio da fé* (Rm 3.24,27).

Os casamentos invariavelmente se desfazem quando um parceiro virtuoso esmaga seu cônjuge com a lei. Nenhum de nós pode viver de acordo com a lei, todos nós a quebramos. O casamento nos ensina (na verdade, praticamente nos força) a aprender a viver estendendo a graça e o perdão às pessoas que pecaram contra nós.

Se eu posso aprender a perdoar e aceitar meu cônjuge imperfeito, estarei capacitado a oferecer o perdão fora do meu casamento. Estou convencido de que o perdão é um ato tão antinatural que exige muito exercício para aprender a praticá-lo perfeitamente.

Amando o pecador

Era uma barata e a dona de casa israelense odiava baratas. Pior ainda: a barata não morria! A mulher pisou nela, jogou-a no vaso sanitário e então gastou uma lata inteira de inseticida até que a barata parasse de se mexer.

Satisfeita, a mulher saiu do banheiro.

O perdão é um ato tão antinatural que exige muito exercício para aprender a praticá-lo perfeitamente.

O marido chegou do trabalho tarde naquele dia. Sentou-se no vaso e jogou na água uma bituca de cigarro. Os vapores do inseticida se incendiaram e o marido sofreu sérias queimaduras em uma área sensível de sua anatomia.

A esposa imediatamente chamou uma ambulância. Eles chegaram em poucos minutos, examinaram o homem e decidiram que as queimaduras eram graves o suficiente para receber atendimento hospitalar. Então, eles o colocaram na maca e o carregaram escada abaixo.

Ao descobrir como o homem se feriu os paramédicos não conseguiram conter o riso. Quanto mais eles se esforçavam para segurar, mais riam. Riram tanto que derrubaram a maca na escada e o homem acabou quebrando a bacia e as costelas.[69]

Creio que aquele homem tenha buscado penosamente o perdão, mas até na melhor das circunstâncias, o perdão não é fácil. Nossas mentes naturais trabalham contra ele.

Raramente conseguimos perdoar uma vez e o assunto é encerrado.

Certa vez estava falando para um grupo de funcionários da igreja episcopal em um local de retiros de uma ordem religiosa leiga da igreja católica. A capela era bem pequena, mas muito bonita e fui dar uma espiada assim que cheguei. Vi um confessionário no fundo e fui até lá. Ao abrir a porta fiquei muito surpreso em encontrar ali nada mais, nada menos do que um arquivo.

69 A história foi contada no jornal *The Jerusalem Post* (15 de maio de 1998).

Algumas vezes o casamento é assim: nosso cônjuge confessou seus pecados e fraquezas e nós mantemos cada confissão em um arquivo, pronto para ser sacado e usado em nossa defesa ou para o ataque. O verdadeiro perdão na verdade é um processo, e não um evento. Raramente conseguimos perdoar uma vez e o assunto é encerrado. Muito mais frequentemente precisamos extinguir nossa amargura uma dúzia de vezes ou mais, continuamente escolhendo liberar nosso ofensor do julgamento.

Por isso é tão difícil perdoar. Em seu livro *Maravilhosa graça*, Philip Yancey escreve o seguinte:

> No calor da discussão, minha esposa e eu estávamos falando de meus defeitos animadamente até que ela disse: "Fico impressionada como já perdoei você até pelas coisas mais desprezíveis que fez!"... Perdão... não é um ideal platônico para ser espalhado no mundo como quem usa uma lata de spray purificador de ar . O perdão é dolorosamente difícil e muito tempo depois de você ter me perdoado, a ferida – meus atos mais desprezíveis – vivem na memória. O perdão é um ato antinatural e minha esposa estava protestando sua evidente injustiça.[70]

O documentário sobre o Holocausto, de Claude Lanzmann, intitulado *Shoah*, registra o comovente momento em que um líder do motim do gueto de Varsóvia fala sobre a amargura que permanecia em seu coração: "Se você pudesse lamber meu coração, morreria envenenado".

Um coração envenenado obviamente não polui somente aquele que o lambe, ele mesmo é um órgão infectado que derrama sua bílis tóxica na vida da própria pessoa.

Muitos casamentos são assim. A luta interior e os ataques pessoais são tão amargos que os envolvidos criam corações envenenados. A tragédia é que um coração envenenado obviamente não polui somente aquele que o lambe, ele mesmo é um órgão infectado que derrama sua bílis tóxica na vida da própria pessoa. O perdão é, em certo sentido, um ato de defesa pessoal, um torniquete que faz cessar o sangramento fatal do ressentimento.

Qualquer situação da vida que exercite nossa habilidade de conceder o perdão é uma situação que pode nos moldar segundo o caráter de Jesus

70 Yancey, *Maravilhosa graça*.

Cristo. Conheço poucas situações na vida que nos convocam a uma prática tão regular de perdão como o casamento.

Henri Nouwen certa vez definiu o perdão como "o amor praticado entre pessoas que amam pouco". Isso resume tudo tão bem. Eu amo pouco, você ama pouco, todos nós amamos pouco se Jesus for tomado como o modelo de alguém que ama muito. Podemos repreender nosso cônjuge por ser menos do que perfeito ou podemos lutar e obter algumas vitórias sobre nossos próprios demônios, que tornam a oferta de amor tão difícil.

Na prática dessa disciplina, o casamento nos força a abraçar o mais difícil dos clichês cristãos. "Odeie o pecado e ame o pecador". Isso é uma coisa assombrosa de se fazer quando cada uma das fibras arrogantes dentro de nós nos pressiona a transformar a repulsa pelo pecado em repulsa pelo pecador e, portanto, repulsa por nosso cônjuge. Philip Yancey nos encoraja a nos inclinarmos a amar o pecador pensando em como Jesus se sentiu. Como Jesus era moralmente perfeito, imagine em que nível ele devia estar enojado! Mesmo assim, ninguém amou os pecadores como Jesus.

Estendemos essa caridade a nós mesmos, então a pergunta que não quer calar é: Por que não concedemos a mesma caridade ao nosso cônjuge?

C.S.Lewis confessou que também lutava para amar verdadeiramente o pecador e, ao mesmo tempo, odiar o pecado. Certo dia tudo se esclareceu:

> Ocorreu-me que havia um homem com o qual eu agira dessa forma por toda a minha vida – eu mesmo. Embora eu detestasse minha covardia, minha prepotência ou minha avareza, eu continuava a amar a mim mesmo. Nunca tive a menor dificuldade em fazer isso. De fato, a própria razão de meu ódio por essas coisas era porque eu amava o homem. Só porque eu amava a mim mesmo, ficava triste ao descobrir que era o tipo de homem que fazia aquelas coisas.[71]

Estendemos essa caridade a nós mesmos, então a pergunta que não quer calar é: Por que não concedemos a mesma caridade ao nosso cônjuge? Melissa o fez e isso mudou sua vida.

71 Citado em Yancey, *Maravilhosa graça.*

A pior das traições

Melissa pensava que seu casamento era "baseado em um profundo compromisso com um verdadeiro senso de parceria. Era um lugar seguro, um lugar de cura e crescimento. Eu amava meu casamento".

Em 1997, depois de quase vinte anos de casados, esse "lugar seguro" desabou. Seu marido Bryant, que era pastor, começou a ficar arredio e passava muito tempo em chats na internet. Um colega o aconselhou a tirar alguns dias de folga. Bryant concordou em se afastar por dois meses, depois anunciou que precisava de um ano para se "reestruturar" e que não retornaria às atividades pastorais na igreja. Seu líder distrital pediu a Bryant que reconsiderasse. Ele o fez e reassumiu seu posto.

Logo depois, pela primeira vez em seu casamento, Melissa começou a se perguntar se seu marido sempre havia sido fiel. Começou a sentir problemas ginecológicos e foi diagnosticada com um pequeno traço de uma doença sexualmente transmissível. Como era a diretora de um centro de apoio a mulheres grávidas solteiras, Melissa conhecia muito bem as DST e suas consequências. Bryant olhou sua esposa nos olhos e insistiu que não havia possibilidade de tê-la contagiado.

> *"Outras pessoas já sobreviveram a isso. Eu quero sobreviver também".*

Melissa assistiu Bryant implodir lentamente. Ele tornou-se hipercrítico e depressivo. Voltou a passar muito tempo diante do computador. Bryant procurou um conselheiro para tentar obter ajuda, mas em outubro, Melissa o surpreendeu na frente do computador mais uma vez e perguntou: "Você está tendo um relacionamento significativo online com alguém que faz com que você não esteja disposto a abandonar os chats?"

Bryant olhou para ela encabulado – "como um menino pego roubando biscoitos", Melissa recorda – e suspirou.

"Sim", ele finalmente respondeu. "E nós nos telefonamos algumas vezes".

Por insistência de Melissa, Bryant voltou à terapia. O conselheiro continuou trabalhando com a mentira de Bryant e quando Melissa o confrontou mais uma vez ele estava mais do que disposto a ser honesto. "Você acha que eu sou burra o bastante para achar que eu peguei DST sozinha?" Não houve nada mais do que silêncio.

Foi o pior momento de silêncio da vida de Melissa e, naquele silêncio, como o próprio Bryant confirmaria em seguida, Melissa teve sua resposta. Era 16 de outubro de 1997, uma data que ela nunca esquecerá.

A princípio, Melissa ficou como que anestesiada. Ela se retirou para a sala, agarrou sua Bíblia e começou a ler o livro de Oseias: "Deus sabe o que é traição e infidelidade", ela disse para si mesma. "Preciso saber como isso funciona".

Bryant a seguiu, mas Melissa não estava pronta para abordar o problema como casal. Primeiro, tinha que tratar algumas coisas individualmente. Tudo o que podia dizer a ele a essa altura era: "Outras pessoas já sobreviveram a isso. Eu quero sobreviver também".

Esse amortecimento permaneceu por vários dias até sábado, quando Melissa lembrou, horrorizada, que a família de Bryant chegaria para uma comemoração especial pelo aniversário de sua sogra.

Bryant ainda era o pastor da igreja e Melissa ainda estava na equipe de louvor. Um casal dilacerado compareceu à igreja naquele domingo com o espírito pesado. A resolução de Melissa de "ir em frente" quase foi por água abaixo logo após o início do ensaio do louvor, pois ela descobriu que Bryant tinha escolhido "canções de amor intenso e pessoal".

"Ensaiar aquelas músicas estava me matando", lembra Melissa. "Corri para uma saleta lateral e me sentei ali pensando: 'Eu não vou conseguir' ".

"Senhor, tu deves estar orquestrando alguma coisa aqui que é maior do que a minha dor."

Ela se recompôs, entrou no templo e a primeira coisa que viu foi que um terço da congregação era parente de Bryant. Um deles era seu cunhado não cristão que estava morrendo de câncer.

Seguiu-se um intenso momento de dor pessoal, que era curiosamente misturado a uma profunda empatia pelo cunhado que estava à beira da morte. Isso lhe trouxe uma experiência de crescimento espiritual e ela se viu orando:

"Senhor, tu deves estar orquestrando alguma coisa aqui que é maior do que a minha dor. Eu sei que essas canções não são para mim. Elas falam de ti e do perdido".

Cercada pela família do marido, Melissa ajudou a liderar o louvor e ouviu Bryant pregar. Sua resolução foi recompensada quando seu cunhado doente tomou a decisão de receber Jesus Cristo como seu Senhor e Salvador.

"Nunca esquecerei como isso foi importante para mim", recorda Melissa. "Embora minha dor fosse devastadora, ela não era maior do que Deus".

Passado o estado de choque, Melissa sabia que tinha que começar a perdoar. "Lembro-me de olhar para Bryant e dizer 'Eu sei que eu tenho que perdoar e eu vou perdoar'. No entanto, não fui inundada por um sentimento de perdão. Fui confrontada com a verdade de ter que perdoar. O perdão era um lugar e eu podia caminhar para dentro dele."

"Fui confrontada com a verdade de ter que perdoar. O perdão era um lugar e eu podia caminhar para dentro dele."

Ela compartilhou sua luta com um pastor que lhe assegurou de que o perdão não implica nem confere confiança e não remove a dor. Melissa aprendeu que conceder perdão era vital para sua vida e seu crescimento espiritual. "O Senhor me ensinou que se tratava de um caso de obediência. Se eu desejasse manter meu coração aberto para Deus através dessa situação horrível, teria que ser obediente."

Note que o foco principal de Melissa foi vertical. Ela estava disposta a perdoar seu marido porque *era isso que ela precisava fazer para ficar em paz com Deus.* Nesse momento, o casamento era secundário. Melissa estava mais preocupada em fazer o que era certo espiritualmente do que qualquer outra coisa.

Com o tempo, a história de Bryant foi vazando e o perdão se tornou uma disciplina constante na vida de Melissa. Sempre havia algo novo para digerir e tentar entender. Ela lutou contra a amargura – amava ser a esposa do pastor, amava participar da igreja e sabia que os atos de Bryant tinham roubado dela algo muito precioso.

Vários meses depois, Bryant finalmente estava completamente restaurado. Ele confessou tudo. Muitas coisas dolorosas vieram à tona, incluindo fato de que ele tinha tido outro caso e achava que ainda estava apaixonado pela outra mulher.

Biblicamente, Melissa sabia que estaria dentro de seu direto se chutasse Bryant para fora de sua vida e começasse tudo de novo, mas ela nunca considerou seriamente essa opção. "O perdão era a opção mais difícil, definitivamente, mas nunca senti em meu coração que o divórcio fosse a coisa certa a fazer".

Creio que esta é a chave da maturidade e do crescimento espiritual de Melissa em meio a essa situação horrível. Ela me disse: "*Sempre vivi minha vida por minhas convicções e não tenho medo de tomar a estrada mais difícil*".

"O perdão era a opção mais difícil, definitivamente, mas nunca senti em meu coração que o divórcio fosse a coisa certa a fazer".

Foi precisamente na difícil estrada do sofrimento que Melissa começou a crescer, aprender lições e chegar mais perto de seu Deus. Ela nunca escolheria passar por esse tipo de provação novamente, mas ao adotar o espírito certo e estar disposta a perdoar, experimentou um crescimento que, de outra forma, nunca teria experimentado.

"Aprendi que, mesmo quando estamos em grande dor, não somos dispensados de ter consideração pelos outros e levar adiante nosso chamado de testemunhar a fidelidade de Deus".

Embora Melissa estivesse se sentindo anestesiada, aprendeu o altruísmo se concentrando na preocupação com seus filhos, com o bem-estar de sua igreja e até com a alma de Bryant. Em vez de revidar com raiva contra ele, estava mais quebrantada a respeito das consequências das ações dele do que como essas ações a ofendiam e a afetavam.

Francamente, isso me deixa abismado! Ouvir Melissa falar me faz sentir como se eu estivesse ouvindo uma santa em formação. E eu estou!

Foi um tempo muito duro de provação, mas escolher o perdão manteve longe a amargura e a raiva. No final, isso salvou seu casamento, trouxe Bryant para junto dela e levou Melissa muitos passos adiante em espelhar a pessoa de Jesus Cristo. Por quê? Penso no que Melissa disse: "Eu não tenho medo de tomar a estrada difícil".

A natureza de Deus é perdoar. O caráter de Deus é de tal natureza que ele sofreu uma morte brutal por amor das próprias pessoas que o feriram. Esse tipo de perdão não vem naturalmente para nenhum de nós. Precisa ser aprendido muitas vezes, embora o processo possa ser de uma dor excruciante, ferina e horrenda. Se nos recusarmos a tomar a estrada difícil, porque é mais dura, nunca amadureceremos.

Fiz a Melissa as perguntas mais duras. Se minha esposa tivesse sido infiel, acho que a coisa mais difícil de todas seria renovar nossa intimidade física. Como você poderia perdoar o que o seu cônjuge fez?

Ao percorrer a estrada do perdão, no entanto, Melissa testemunhou que ela e Bryant entraram em uma fase de "lua de mel" em seu relacionamento. Duas décadas e meia depois de seu casamento! A infidelidade de Bryant foi uma experiência terrível e a dor que isso causou foi real e constante. Melissa certamente jamais gostaria de passar por isso de novo, mas adotar a correta atitude de perdão ajudou-a a aplicar o que Francisco de Sales disse a uma mulher com problemas no casamento (veja capítulo 1): "O estado do casamento é aquele que requer mais virtude e constância do que qualquer outro. É um perpétuo exercício de mortificação... dessa erva, a despeito da natureza amarga de seu sumo, você poderá extrair e produzir o mel de uma vida santa".

Melissa recebeu um sumo amargo. Ofereceu esse sumo a Deus, que fabricou mel espiritual em sua vida.

A única pergunta é se nossa resposta a essas lutas, pecados e infidelidades nos levarão para perto de Deus.

Tenho visto as pessoas fazerem exatamente o oposto. Durante uma conferência, uma mulher que tinha sido muito franca a respeito de sua luta contra distúrbios alimentares confessou sua incapacidade de perdoar o marido pelo uso de pornografia no passado. Ele tinha sido gentil e perdoador quando ela engordou mais de cinquenta quilos depois de seu casamento, mas ela não tinha nenhuma empatia por homens que usavam fotografias de mulheres nuas da mesma forma que ela usava a comida. Sua compreensível dor e sua lamentável amargura não a deixavam enxergar as similaridades entre os dois tipos de lutas. Ela estava tão obcecada pelo seu próprio conflito que não conseguia ter empatia por alguém que enfrentava um conflito diferente.

A chave para a disciplina da comunhão é compreender essa realidade fundamental: todos nós enfrentamos lutas e cada um de nós está nesse momento enfrentando uma luta em que temos menos de cem por cento de chance de sucesso. Se formos casados, o fato é que estamos casados com alguém que também está falhando de alguma forma.

Podemos reagir ao sumo amargo nos tornando pessoas amargas ou podemos usar isso como uma disciplina espiritual e transformar seu exercício em mel de uma vida santa. Nesse mundo caído, lutas, pecado e infidelidade certamente acontecerão. A única pergunta é se nossa resposta a essas lutas, pecados e infidelidades nos levarão para perto de Deus ou nos alienarão de nós mesmos, do nosso Criador e um do outro.

Vamos cair para frente ou para trás?

Perguntas para reflexão e discussão

1. Donald Harvey argumenta que as relações íntimas "são fruto de planejamento. Elas são construídas. O sentimento de união que advém da genuína proximidade espiritual não acontece por acaso". Quanto esforço, planejamento e oração você empreendeu no ano que passou para construir uma "genuína proximidade espiritual"?
2. O que faz você sentir que seu cônjuge está "caindo para frente" em sua direção? O que faz seu cônjuge sentir que você está "caindo para frente" na direção dele?
3. Em que terreno é mais difícil para você se desenvolver em favor de seu cônjuge: intimidade física, emocional ou espiritual? Pergunte a seu cônjuge o que você pode fazer para melhorar em sua área mais fraca.
4. Que ajustes você pode fazer em seu casamento a fim de criar uma comunhão e intimidade mais profundas?
5. Há um "arquivo" no confessionário de seu casamento? O que você tem que fazer para perdoar seu cônjuge e se livrar desse arquivo?
6. O casamento cristão espera que você entregue o "presente de si mesmo" a seu cônjuge. Quais são as áreas em que seu cônjuge realmente deseja receber de você? Como você pode dar mais de si mesmo nessas áreas?
7. A comunhão é criada por três práticas espirituais: aprender a não fugir do conflito, aprender a fazer concessões e aceitar as fraquezas de seu cônjuge. Em que disciplinas você é mais forte? E mais fraco? O que você pode fazer para adquirir força e vencer sua fraqueza?
8. Onde você se encontra na escala que vai da fuga do conflito até a confrontação brutal? Como você pode trabalhar para ter uma reação positiva?

9. Você diria que no passado foi um cônjuge que se aproxima ou que se afasta depois de ser ofendido? Baseado no ensino aqui apresentado, que passos você pode dar para aprender a "cair para frente"? O que você pode fazer para tornar mais fácil para seu cônjuge "cair para frente"?

10

Faça de mim um servo

O casamento pode criar em nós um coração de servo

Como é grande, então, o compromisso no casamento, que sujeita até o mais forte ao outro; por mútuo constrangimento cada um é obrigado a servir. Mesmo que um deles deseje refrear-se pode retirar seu pescoço do jugo porque está sujeito aos (desejos sexuais) do outro... Tu vês como a servidão do casamento é claramente definida.

— Ambrósio

A essência do cristianismo é encontrada em Filipenses 2. Ali, Paulo nos exorta a não fazer nada (essas suas palavras absolutas podem tornar as Escrituras tão problemáticas) *por ambição egoísta ou por vaidade, mas humildemente considerem os outros superiores a si mesmos. Cada um cuide, não somente dos seus interesses, mas também dos interesses dos outros* (Fl 2.3s).

Paulo expande seu ensino nos convocando a imitar a Cristo *que, embora sendo Deus, não considerou que o ser igual a Deus era algo a que devia apegar-se; mas esvaziou-se a si mesmo, vindo a ser servo, tornando-se semelhante aos homens.* (Fl 2.6s).

A essência do cristianismo é encontrada em Filipenses 2.

Ser cristão é ser um servo voluntariamente. Não é suficiente manifestar nossa mera concordância com algumas doutrinas específicas. Somos chamados a agir de tal forma que colocamos os outros acima de nós mesmos. Estamos expressamente proibidos de exaltarmos a nós mesmos pelo único propósito de favorecer nosso próprio conforto ou fama. Otto Piper aponta o potencial do relacionamento do casamento de criar um coração de servo em nós quando descreve o casamento como uma "disposição recíproca de duas pessoas de assumir responsabilidade uma pela outra".[72]

É precisamente esse chamado de servo que torna o casamento tão benéfico espiritualmente – e tão difícil pessoalmente. Quando pedi minha esposa em casamento eu tinha apenas vinte anos. Minha decisão estava baseada quase que inteiramente naquilo que eu achava que ela traria para o casamento. Ela era bonita, nos divertíamos juntos, ela amava o Senhor. Suspeito também que seus pensamentos caminhavam na mesma direção: Será que esse cara vai conseguir me sustentar? Ele é bonito? Será um bom pai?

Minha decisão estava baseada quase que inteiramente naquilo que eu achava que ela traria para o casamento.

Essas não são perguntas ruins, mas uma vez que a cerimônia termina, se quisermos entrar em um casamento verdadeiramente cristão temos que dar uma volta de 180° graus e nos perguntarmos: "Como posso servir meu parceiro?"

Em grande parte do século passado essa foi uma questão que a maioria dos homens cristãos não levou a sério. Pressupunha-se que a esposa unilateralmente serviria seu marido em praticamente todos os aspectos. Embora nossa cultura esteja agora desafiando essa visão, alguns homens ainda

72 Piper, *The Biblical View of Sex and Marriage*, 153.

acham tão abominável o pensamento de servir suas esposas que decidiram sair dos Estados Unidos para encontrar o equivalente a uma esposa-escrava.

Uma companhia chamada Cherry Blossoms (Botões de Cerejeira) se aproveita da pobreza das Filipinas (o orçamento anual per capita em 1997 era de U$1.160) para oferecer seus serviços casamenteiros entre homens americanos mais velhos e jovens (algumas vezes extremamente jovens) mulheres filipinas. Os homens pagam para receber um catálogo intitulado "Flores das Ilhas", que contém fotos e uma breve descrição das mulheres disponíveis. Então, eles pagam outra taxa para obter os endereços dessas mulheres.

Os homens oferecem uma maneira de sair das cidades enlameadas e altamente populosas, com casas do tamanho de um armário. Essa "salvação", porém tem um preço. Um homem enviou um contrato de duas páginas a uma candidata a noiva que dizia:

> Sua principal função na vida é me servir... Sua função secundária é ser uma mãe modelo... mas nunca a ponto de conflitar com a atenção devida a mim... Você vai se levantar aproximadamente às 6 horas da manhã. Depois de ir ao banheiro, escovar os dentes, pentear os cabelos e limpar seu rosto com álcool ou água de colônia, acordará as crianças... Todos os dias a casa deverá estar em absoluta ordem na hora em que eu chegar... Você lavará seu rosto não menos do que três vezes ao dia... Responderá VERBALMENTE de imediato quando eu falar com você... Quando fizermos amor espero que você faça a qualquer momento, a todo o momento e com entusiasmo.[73]

Outro homem parecia estar determinado a encontrar a noiva mais desesperada, de modo que ela seria extremamente condescendente sexualmente assim que chegasse aos Estados Unidos. Em uma carta a uma jovem interessada, ele escreveu: "Há duas jovens... que escreveram que fariam QUALQUER coisa por mim... se eu apenas lhes desse a chance de serem minha parceira permanente e, claro, a oportunidade de vir para os Estados Unidos comigo. Diga-me, Vilma, o que você acha? Você faria qualquer coisa que eu pedisse?" Ele então menciona uma atividade sexual específica e escreve "minha preferência é por uma parceira que esteja disposta, seja capaz e tenha a habilidade suficiente de desempenhar essa atividade por mim a qualquer momento".

73 Essas e as citações seguintes foram extraídas de um artigo de Robert Draper, "Death Takes a Honeymoon", In: *GQ* (Junho 1998), 232-35.

O sexo é algo que ele espera receber, não alguma coisa que ele planeja dar.

Essa atitude é tão ofensiva ao espírito do cristianismo e do casamento cristão que beira a prostituição vitalícia. O homem tem dinheiro e quer comprar os serviços da mulher – pela vida toda, em vez de uma noite, mas é sem dúvida uma compra. O sexo é algo que ele espera receber, não alguma coisa que ele planeja dar. Não é de se admirar que uma jovem noiva da "Cherry Blossom" queixou-se de que na noite de seu casamento "sentiu-se como tivesse sido estuprada".

Os professores ali me desafiaram de muitas formas, inclusive com a maneira como eu tratava minha esposa.

Embora alguns dos elementos do movimento feminista tenham levado a posições morais atrozes – como a legalização do aborto, por exemplo, ou o absurdo desprezo para com os papéis sexuais, o protesto de que as mulheres não deveriam ser tratadas por seus maridos como servas unilaterais foi – ouso em dizer – profético. Infelizmente, em vez de ouvir o chamado para que homens e mulheres sirvam um ao outro, muitas vezes as mulheres ouvem o chamado de se tornarem pessoas que servem apenas a si mesmas e estão preocupadas somente consigo mesmas, como os homens.

Gary e Betsy Ricucci discordam dessa visão:

> Ao contrário da opinião popular, a mulher não foi criada para satisfazer a si mesma (e isso serve para os homens também!). Ela foi criada para ser uma ajudadora e uma cuidadora. Essa não é uma tarefa fácil de aceitar. Tendemos a nos arrepiar e pensar: tem que haver alguma coisa mais do que isso! Que dona de casa não se viu perguntando depois da quinta trouxa de roupa da semana ou quando enfrenta outra pia cheia de pratos sujos: "Será que existe algum significado no que estou fazendo?" Ainda assim, aos olhos de Deus, não há nada mais importante do que servir. O caminho da grandeza genuína está no serviço.
>
> A busca de poder ou reconhecimento é natural. Servir é sobrenatural. Muitas mulheres estão perdendo o sobrenatural hoje porque foram pegas na "busca da relevância". Ironicamente quanto mais procuram por ela, menos satisfeitas elas se sentem. Por quê? Porque a relevância é encontrada na entrega de nossas vidas e não tentando encontrar a felicidade pessoal.[74]

74 Ricucci, *Love that Lasts*, 5-6.

O amor de um homem: o sacrifício por trás do serviço

Embora muitos falem da esterilidade dos seminários modernos tive uma experiência completamente diferente no Regent College da cidade de Vancouver, no Canadá. Os professores ali me desafiaram de muitas formas, inclusive com a maneira como eu tratava minha esposa.

Lembro-me do semestre em que trabalhei como professor assistente para o Dr. Gordon Fee. Ele e sua esposa convidaram alguns alunos e suas esposas para comer uma sobremesa em sua casa. Lisa estava grávida de nosso primeiro filho – e a gravidez era bem evidente. Ouvindo às palestras do Dr. Fee aprendi muita coisa sobre como pregar um sermão emocionante. Lendo aos escritos do Dr. Fee vi o livro de 1 Coríntios ser revelado diante de meus olhos de muitas formas. Mas eu estava para aprender algo sobre como ser um esposo.

Lisa entrou pela porta e imediatamente o Dr. Fee pulou da poltrona. "Aqui", ele disse, "você precisa da cadeira mais macia".

Suas palavras eram temperadas com sinceridade e preocupação genuínas. Minha esposa ficou surpresa com a atenção, mas sentou-se na poltrona e eu sentei-me a seu lado. Para meu constrangimento, Dr. Fee continuou em pé.

"E agora, quer uma almofadas para as costas?", ele disse.

"Não, estou bem", Lisa disse.

"E um copo d'água? Quer beber alguma coisa?"

"Seria ótimo", respondeu minha esposa.

O Dr. Fee marchou até a cozinha. Voltou com um copo cheio de água "A temperatura está boa?", ele perguntou. Você está com calor, está com frio? Quer levantar os pés?"

> *Fiquei ainda mais humilhado quando descobri que meu crescimento como marido foi vencido por um jogador de futebol.*

A essa altura, Lisa estava ficando vermelha e eu, muito humilhado. Nunca servi minha esposa como meu professor de seminário estava fazendo agora. Só de ver sua empatia, sua dedicação em fazer outra pessoa se sentir confortável e sua boa vontade em se colocar à disposição de minha esposa abriu meus olhos. Vi o coração de um servo e percebi que eu tinha um longo caminho para percorrer a fim de crescer em maturidade como esposo.

Uma coisa é ser esnobado por um professor de seminário, mas fiquei ainda mais humilhado quando descobri que meu crescimento como marido foi vencido por um jogador de futebol.

Chris Spielman, quatro vezes campeão de futebol americano, tinha jogado futebol por vinte seis de seus trinta e três anos. Ele é o tipo de cara que saboreava o jogo chegando às raias do absurdo para se preparar para uma partida. Em uma ocasião, ele dormiu sem roupa com o ar condicionado no máximo para estar totalmente preparado para o brutal frio de inverno que envolveria o estádio da cidade de Búfalo.

Ele conheceu sua esposa, Stephanie, em 1983, quando tinha apenas dezessete anos. Eles se casaram seis anos depois em 1989. Stephanie era linda – trabalhou como modelo até se dedicar totalmente à educação dos filhos – e os dois embarcaram em um casamento de abundância financeira. Spielman jogou muitos anos no Detroit Lions e assinou contrato com os Buffalo Bills em 1996.

O ano de 1997 chegou cheio de tribulações. Em julho, exatamente quando o treinamento que antecede o campeonato havia começado, um médico disse as palavras que os casais mais temem: câncer de mama. Stephanie, a linda modelo optou pela mastectomia, seguida de seis semanas de quimioterapia, um período em que ela perdeu todo o cabelo.

Os Spielman tinham dois filhos pequenos (ambos com menos de cinco anos) e Chris sabia que a quimioterapia iria sugar a energia de sua esposa. Ele tinha que tomar uma decisão. "Foi o meu teste", disse Chris à revista People.[75] "Foi meu momento de definição".

Em uma mostra de solidariedade, Chris raspou seu cabelo. Mais importante ainda, ele abandonou o futebol – não para sempre, mas por um ano – até que Stephanie se recuperasse.

"[Stephanie] sempre me apoiou cem por cento", disse Chris, "eu tinha que fazer o mesmo".

75 Esse relato foi extraído de um artigo de Jack Friedman e Barbara Sandler, "Winning a Home", In: *People* (11/1/99).

Esse foi um sacrifício que Stephanie não queria que Chris fizesse. "Nunca chorei por causa do câncer e como isso me magoava", ela me confessou. "Chorei por causa do que estava causando ao Chris".

Agora, em vez de assistir às gravações de jogos e reunir-se com seus treinadores, Chris levantava cedo para dar de comer às crianças (ele descobriu que a mais velha odeia quando um alimento encosta nos outros dentro do prato). Uma hora mais tarde, ele acorda Stephanie depois de preparar o café da manhã dela. Depois coloca as roupas para lavar, leva as crianças para a aula de ginástica e fiscaliza se Stephanie tomou seus remédios.

Não faço a menor ideia se Chris é cristão ou não, mas obviamente aprendeu a viver o que Paulo exorta os homens a buscar em Efésios 5.25. Paulo diz aos maridos que devem amar suas esposas como Cristo amou a igreja e explica – bem explicitamente – como Cristo amou a igreja: *entregando a sua vida por ela.*

Chris disse à revista GQ: "Por dez anos, toda a nossa vida girou em torno de mim. Minha carreira vinha em primeiro lugar, sempre. Stephanie fez todos os sacrifícios do mundo para me apoiar incondicionalmente. [...] Que tipo de marido eu seria se não largasse tudo por Stephanie quando ela ficou doente? Eu deixaria que a irmã dela segurasse sua mão quando ela estivesse sofrendo, porque eu não estaria ali? Eu deixaria que a mãe de Stephanie sentasse ao lado dela no hospital enquanto a espetavam com as seringas cheias daquela química horrorosa ou eu mesmo estaria com ela? [...] Esta é a minha família. Esta é a minha responsabilidade. Este é o meu lar. Esta é a minha obrigação".[76]

Em sua série de estudos *According to Plan* (De acordo com o plano), C. J. Mahaney roga aos homens que recobrem esse senso de sacrifício. Ele argumenta que o sacrifício não é sacrifício a menos que nos custe alguma coisa, e então nos deixa um desafio no ar: "Cavalheiros, o que estamos fazemos cada dia por nossas esposas que envolva sacrifício? O que você está fazendo cada dia por sua esposa que está lhe custando alguma coisa?"[77]

Daquele jeito que é sua marca registrada, Mahaney continua a expor a convicção gerada pela graça. "Será que eu tiraria vantagem da santidade

76 Esse relato foi extraído de um artigo de Elizabeth Gilbert, "Losing is not an Option", *GQ* (setembro de 1999).

77 C. J. Mahaney, "A Husband's Responsibilities",In: *According to Plan*, série em áudio.

de minha esposa", ele pergunta, "ou procuraria agradar aquele que entregou sua vida por mim?"

Para tornar seu ensino mais prático, C. J. explica como é sacrifical para ele estar disposto a conversar sobre os detalhes dos acontecimentos do dia com sua esposa à noite. "Quando o dia termina, eu não quero revivê-lo", ele confessa, "que é minha perspectiva egoísta [...] [esse silêncio] não atende às necessidades de minha esposa, não cria intimidade."

Meu amigo, Dr. Kevin Leman gostar de ressaltar que nunca encontrou um homem que, depois de um longo dia de trabalho, pense consigo mesmo: "O que eu preciso agora de verdade é de uma conversa de quarenta e cinco minutos com minha esposa".

Mas é precisamente por isso que a disposição de um homem de se envolver nessa conversa é tão benéfica para ele espiritualmente – custa a ele alguma coisa. Ensina-o a se sacrificar.

Em 1998 me pediram para participar de um debate evangelístico em uma universidade sobre o tema "Jesus: o libertador das mulheres ou um machista?" A coisa mais escandalosa que eu disse, na opinião de um aluno, foi quando falei sobre "submissão mútua". Alguns dos alunos estavam tão inundados com as ideias de "cuidar de si mesmo, realizar seus sonhos, colocar-se em primeiro lugar" que o pensamento de submeter a qualquer pessoa era a coisa mais radical que eles já tinham ouvido. Na opinião deles, "sacrifício" e "relacionamento" simplesmente não aparecem na mesma frase. As palavras de Paulo são extremamente radicais para a cultura de hoje.

O casamento cria uma situação na qual nosso desejo de ser servido e mimado pode ser substituído por um desejo mais nobre de servir os outros.

O casamento cria uma situação na qual nosso desejo de ser servido e mimado pode ser substituído por um desejo mais nobre de servir os outros – e até se sacrificar pelos outros. Esse é um chamado tanto para os maridos quanto para as esposas. A beleza do casamento está na confrontação de nosso egoísmo, e exige nosso serviço vinte e quatro horas por dia. Quando estamos mais cansados, mais exaustos e sentindo mais pena de nós mesmos do que nunca, temos a oportunidade de confrontar os sentimentos de autopiedade nos levantando e servindo nosso cônjuge.

A marca do casamento cristão

É precisamente essa noção de sacrifício e serviço que nos ajudará a recuperar a espiritualidade na vida de casados. Dietrich Bonhoeffer escreveu que "o casamento cristão é marcado pela disciplina da autonegação... O cristianismo, portanto, não o deprecia, ele o santifica".[78]

Essa é uma área na qual a espiritualidade cristã tem sido debilitada. Por séculos, a espiritualidade cristã foi virtualmente sinônimo de espiritualidade celibatária. A isso Mary Anne McPherson Oliver se refere como "inadequada e, em alguns casos, perniciosa, particularmente para os casais". Oliver continua definindo a espiritualidade celibatária como "todos os estilos de vida religiosa que excluem completamente a relação sexual e nos quais a responsabilidade principal é consigo mesmo e o principal ideal relacional consiste em disponibilidade flexível sem laços".[79]

Embora as observações de Oliver sejam um pouco exageradas, pois muitos monges e freiras vivem vidas repletas de generosidade e graça, amparando outras pessoas com preocupação e compaixão genuínas, um foco em si mesmo estabelecido de forma extrema não nos soa como antiético em comparação aos outros ensinos de Jesus Cristo? É louvável quando alguém decide se entregar sem reservas ao Senhor, mas não é igualmente louvável quando um ser humano decide se entregar não somente ao Senhor, mas também a outro ser humano como companheiro de serviço para o resto da vida, criando e servindo os filhos que teve com ele, filhos esses que crescerão para amar e servir ao Senhor e aos outros?

A razão pela qual esse pensamento não é óbvio para muitos por muito tempo é que a maioria das pessoas não entra no casamento com a visão de tornar-se um servo. O relacionamento do casamento é muitas vezes encarado como egoísta porque as motivações que nos levam ao casamento são egoístas. Nosso desejo, no entanto, é restaurar o estado do casamento

78 Dietrich Bonhoeffer, *The Cost of Discipleship* (Nova Iorque: Macmillan, 1963, rev.ed.), 149.

79 Oliver, *Conjugal Spirituality*, 1.

e reconhecê-lo como uma das situações menos egoístas que um cristão pode experimentar.

Para santificar plenamente o relacionamento conjugal devemos viver juntos como Jesus viveu sua vida – exercitando a disciplina de sacrifício e serviço como uma prática diária. Da mesma forma que Jesus entregou seu corpo por nós, devemos entregar nossa energia, nossos corpos e vidas pelos outros.

A maioria das pessoas não entra no casamento com a visão de tornar-se um servo.

Kathleen e Thomas Hart se referem ao "mistério pascal" do casamento – o processo de morrer e ressuscitar como um padrão de vida para as pessoas casadas. Cada dia devemos morrer para nossos próprios desejos e ressuscitar como um servo. Cada dia somos chamados a nos identificar com os sofrimentos de Cristo na cruz e, então, sermos cheios de poder pelo Cristo ressurreto. Morremos para as nossas expectativas, nossas exigências e nossos medos. Ressuscitamos para o compromisso, o serviço e a coragem.

Nesse sentido, uma verdadeira proposta de casamento cristão é uma oferta, e não um pedido. Em vez de dizer "Você fará isso por mim?" quando convidamos alguém para entrar em um relacionamento de casamento, a pergunta deveria ser: "Você aceita o que eu tenho para dar?"

Se o casamento é diariamente abordado dessa perspectiva, não pode haver sombra de desilusão por parte de nenhum dos parceiros, pois os dois estarão inteiramente ocupados pensando se estão desempenhando bem a tarefa de servir seu cônjuge.

Aquele que é "Digno"

É importante lembrar que o serviço é uma disciplina espiritual devida a Deus e só pode ser vivida quando é aplicada aos outros. Aprendi há muito tempo que Deus me chamou para servi-lo através de pessoas, sem levar em consideração se essas pessoas são "dignas" de serem servidas. Por anos trabalhei em um ministério de apoio a mulheres grávidas que não tinham condições de cuidar de seus filhos. Uma das dificuldades, pelo menos na mente de algumas pessoas, era o pensamento de que "essas mulheres estavam apenas colhendo o que plantaram, por que então deveríamos ajudá-las"?

Para João, não há menção de uma irmã ou irmão necessitado sem pecado.

Com certeza, muita gente passa por situações desesperadoras por causa de suas escolhas e atitudes pecaminosas. João, no entanto, examina o fato sob outro ângulo: *Se alguém tiver recursos materiais e, vendo seu irmão em necessidade, não se compadecer dele, como pode permanecer nele o amor de Deus?* (1Jo 3.17). Para João, não há menção de uma irmã ou irmão necessitado sem pecado. Seu ensino é muito mais direto, a necessidade deles define nossa obrigação. É uma questão de amor de Deus, não de avaliação ou julgamento humano.

Eu ajudo as pessoas porque Deus me amou e me pediu que eu, em troca, amasse os outros. Não é porque as pessoas que estou amando sejam "dignas" de amor ou porque elas me agradecerão por isso no fim. Não é meu papel julgar sua dignidade e, de qualquer forma, eu nem sei como poderia fazer isso. Eu preciso amar Deus amando outros.

Deus é sempre digno de ser obedecido e servido, então quando eu ajo em obediência a ele, a pessoa que recebe o meu serviço não precisa ser merecedora – ela está se beneficiando do que eu devo a Deus. Sim, essa verdade é difícil de ser aplicada no casamento, onde as exigências e as expectativas são tão abundantes, mas tento me lembrar desse fato: Deus sempre é digno de ser obedecido e me chama a servir meu cônjuge – portanto, a despeito de como ela me trata em qualquer momento em particular, sou chamado a responder como um servo.

Deus sempre é digno de ser obedecido e me chama a servir meu cônjuge.

O exemplo de Jesus tem me desafiado grandemente nesse aspecto. Nenhum dos discípulos merecia ter seus pés lavados na Santa Ceia, todos eles o abandonariam dentro de poucas horas. Ainda assim, Jesus foi em frente e lavou do mesmo jeito (veja Jo 13.1-17). De fato, Jesus lavou até os pés de Judas, que estava a poucas horas de traí-lo.

Precisamos ir além da aceitação de má vontade de uma realidade difícil. Parte do serviço cristão é desempenhá-lo com um belo espírito.

Deus não nos diz para amar somente aqueles que merecem ou servir somente àqueles que podem nos servir em troca. Se você está em um casamento de serviço unilateral, no qual você sente que está dando sempre e nunca recebendo, tem a total empatia do meu coração. Pode redimir em parte essa situação se voltando mais para Deus. Lembre-se também de que você está em uma posição em que pode crescer espiritualmente a passos largos. Se o cerne do cristianismo é o serviço, qualquer situação que molde em você o espírito de um servo vale a pena, mesmo que seja um casamento desigual.

No entanto, precisamos ir além da aceitação de má vontade de uma realidade difícil. Parte do serviço cristão é desempenhá-lo com um belo espírito.

O espírito de serviço

Um dos desafios da virtude cristã é viver os ensinos das Escrituras que enfatizam a verdade interior por trás da ação externa. Jesus disse que podemos fazer a coisa certa (dar dinheiro, por exemplo) pela razão errada (para se exibir), e nesse caso, perdemos nossa recompensa (veja Mt 6.1-4). Sem dúvida nosso serviço pode estar sujeito às motivações erradas.

Nosso serviço pode estar sujeito às motivações erradas.

Certamente, é possível que um cônjuge possa servir na tentativa de exercer sua superioridade: "Personalidades fortes são tentadas a assumir toda a responsabilidade pelo casamento. Em vez de pedir que o parceiro desempenhe certos serviços, querem fazer tudo sozinhos... Embora isso pareça amor sacrificial, demonstra um desejo de dominar a outra pessoa".[80]

80 Piper, *The Biblical View of Sex and Marriage*, 157.

"Servir" inclui permitir que seu cônjuge também dê. Se ele estiver disposto a isso, obviamente. Em outras palavras, o serviço não é só lavar os pés dos outros, às vezes é deixar que seus pés sejam lavados.

Outro aspecto do verdadeiro serviço cristão é que ele é desempenhado voluntariamente. Um serviço feito de má vontade e com murmuração não é um serviço cristão. Tenho um hábito que aposto ser muito irritante para noventa e nove por cento das esposas que estão lendo isso: eu gosto de assistir filmes da mesma maneira que eu leio um livro. Em vez de assistir um filme de duas horas de uma vez só, eu geralmente levo duas ou três noites. Eu assisto a primeira meia hora para me familiarizar com os personagens, a segunda parte de quarenta de cinco minutos para entender que tipo de conflito haverá e os trinta minutos finais para assistir a conclusão. Isso me dá tempo de pensar no filme e ainda ir para cama cedo, porque gosto de começar a trabalhar bem cedo pela manhã.

Aluguei um filme em um final de semana e comecei a assistir nesse ritmo: um pouquinho no sábado e um segundo bloco no domingo à noite. Estava ficando tarde (para mim, pelo menos), então mencionei que iria para a cama e terminaria o filme na segunda-feira.

"A máquina de lavar está quase no final da lavagem, fique e assista um pouquinho mais comigo."

Concordei e assisti mais quinze minutos. Lisa ainda não tinha terminado a roupa.

"Vou para cama", eu disse novamente. "Você pode continuar assistindo. Amanhã eu volto no ponto que parei. Se eu ficar mais um pouco, amanhã de manhã vou estar com raiva de você."

O verdadeiro serviço cristão é ofertado livremente.

Tecnicamente, se eu quisesse "servir" Lisa, acho teria ficado até que ela terminasse, mas também conheço meus limites. Se o meu serviço começa a ficar manchado com ressentimento, não estou servindo a Deus de verdade. O verdadeiro serviço cristão é ofertado livremente.

Aprendi a vigiar não somente minhas ações de servo, mas meu espírito de servo. Se eu sirvo Lisa com irritação, reclamando cada vez que eu levanto um dedo para ajudá-la, estou exibindo um arrogante e falso espírito de mártir, e não atitude de Jesus Cristo.

Volto no tempo e imagino a cena daquele dia em que Jesus lavou os pés de Judas. Você acha que Jesus apertou com força especial os dedos dele? Você acha que Jesus torceu o calcanhar de Judas, só para ele saber que já sabia o que estava para acontecer?

Acho que não.

Você acha que Jesus torceu o calcanhar de Judas, só para ele saber que já sabia o que estava para acontecer?

O princípio do casamento como palco para a livre doação de serviço deixa espaço para o entendimento de que cada parceiro terá um papel diferente e diferentes meios de serviço. Em nossos quinze anos de casados, Lisa e eu nos acostumamos a certos hábitos. Quando voltamos de uma viagem, invariavelmente, Lisa checa as mensagens da secretária eletrônica enquanto eu esvazio o porta-malas. Ela odeia encher o tanque de gasolina, então, antes de sair de viagem, eu me certifico de que o tanque esteja cheio. Se ela sabe que estou chegando, vai cuidando do nível do tanque até que o carro ande só com o cheiro da gasolina.

Eu não fico irritado com isso e Lisa não se ressente do fato de que ela geralmente está dobrando a roupa limpa enquanto assistimos a um filme e eu fico sentado no sofá como um folgado cinco estrelas.

Nós não estamos somente tentando imitar as ações de Jesus em nossa casa. Também queremos espelhar o espírito de Cristo e a atitude de Cristo. Há momentos de servir e momentos de ser servido.

A beleza desse compromisso é que nos torna, a mim e a Lisa, dependentes de Deus, em vez de dependentes do cônjuge. Se Lisa está me servindo fielmente, mesmo quando estou sendo grosseiro e não estou exatamente me desdobrando para mostrar minha apreciação, ainda recebe uma afirmação interior e um senso de realização vindos de Deus. Ela tem a alegria desse testemunho interior de que o Criador está feliz com ela.

Tornar-se um servo é tornar-se radicalmente *forte* espiritualmente. Isso significa estar livre das exigências deploráveis e aborrecimentos que destroem tantas vidas e transformam tantos corações em amargos caldeirões de desapontamento, egocentrismo e autocomiseração.

Há uma verdadeira alegria quando o verdadeiro serviço é oferecido com um coração sincero.

Dinheiro, dinheiro, dinheiro

Servir é muito mais do que ajudar a lavar os pratos ocasionalmente ou dar uma noite de folga para a esposa e tomar conta das crianças. O espírito de serviço dará o tom de todos os aspectos do casamento, incluindo como gastamos nosso dinheiro e nosso tempo. Dan Allender e Tremper Longman abordam tão bem esse assunto que vou citar o trecho todo:

> O dinheiro é um instrumento de poder. Muito frequentemente o problema não é o dinheiro, é o poder. A batalha não é sobre quem é confiável ou que coração deseja mais profundamente se sacrificar pelo outro, mas sobre quem controla os meios mais palpáveis da agenda da família.
>
> O tempo se torna um motivo de discórdia também. Uma esposa deve trabalhar fora, exigindo que o marido tome conta das crianças quando chega do serviço? O marido está passando muito tempo com os colegas de trabalho e negligenciando sua esposa?
>
> Esses conflitos sobre tempo e dinheiro encobrem o verdadeiro problema: estamos dispostos a nos sacrificar pelo bem e pela glória do outro? Disputas sobre dinheiro e tempo geralmente refletem uma necessidade de "ser dono" de nossa vida em vez de servir ao outro com a riqueza de nossa existência. A briga típica sobre quem deveria pegar as crianças na escola geralmente se trata de mostrar que o tempo de um tem mais valor do que o do outro; quem trabalha mais e quem é menos reconhecido. Não é errado alternar tarefas ou dividir as responsabilidades, mas as interações nocivas geralmente refletem que as linhas de batalha estão sendo traçadas cada vez mais sobre assuntos insignificantes.[81]

A próxima vez que você brigar com seu cônjuge sobre dinheiro ou tempo, pare e lembre-se de que as orações que você tem feito pedindo para se tornar mais como Jesus estão sendo colocadas à prova. Esteja disposto a perguntar-se honestamente: "Estou fazendo um joguinho de poder ridículo ou estou usando as realidades algumas vezes desagradáveis da vida para moldar minha natureza teimosa a fim de me tornar um servo?"

Como um marido e uma esposa usam o dinheiro e o tempo para servir, em vez de dominar e manipular? Apreciando seu cônjuge, buscando primeiro entendê-lo, esvaziando-se de si mesmo e não instantaneamente

81 Allender e Longman, *Intimate Allies*, 317-18.

pressupondo que sua tarefa, seu tempo e a necessidade que você acha que tem é a mais importante.

O mundo teve um quadro dramático do coração da avareza em 1998 e 1999 quando a Associação Nacional de Basquete dos Estados Unidos entrou em uma amarga batalha interna sobre como dividiriam os dois bilhões de dólares que obtiveram. Você poderia pensar que essa tarefa deveria ser um exercício agradável e que essa quantia assustadora (com relativamente poucas pessoas envolvidas) teria a tendência de criar bons sentimentos de gratidão, benevolência e generosidade. Mas não foi o caso. A situação foi marcada pelo rancor, julgamentos, acusações amargas e ataques pessoais.

Como um marido e uma esposa usam o dinheiro e o tempo para servir, em vez de dominar e manipular?

Tenho visto o mesmo rancor e maldade quando marido e mulher dividem trinta e cinco mil, cinquenta mil ou cem mil dólares. A quantia não importa tanto quanto o espírito por trás de como o dinheiro é usado. O fato é que o processo de gastar o dinheiro invoca motivações, prioridades e expectativas fundamentais.

Como posso gastar o meu dinheiro em um espírito de serviço? Lembrando que serei mais realizado como cristão quando usar tudo o que tenho – inclusive meu dinheiro e meu tempo – como um meio de servir os outros, sendo que meu cônjuge recebe a prioridade depois de Deus. Esse compromisso corta pela raiz os jogos de poder. Se eu humilho minha esposa, ressaltando como sou mais importante para o bem-estar financeiro da família, ou se ela me humilha comentando a forma desajeitada pela qual eu realizo alguma tarefa de casa, não somente estamos menosprezando um ao outro, estamos menosprezando a nós mesmos. Destruímos completamente a concepção de comunhão cristã, negando que cada parte tem seu lugar no corpo de Cristo (1Co 12.14-31).

O leito conjugal é outra área em que nossa habilidade de servir é colocada à prova.

Esses pequenos atos de sacrifício nem sempre serão recompensados, ou nem mesmo percebidos, por nosso cônjuge – é isso que os torna tão difíceis com o passar do tempo. No entanto, se guardarmos nossos corações da amargura e do ressentimento receberemos o reconhecimento de quem realmente importa: de nosso Pai celestial.

Assim como o espírito de serviço mostra como devemos gastar nosso dinheiro e nosso tempo, ele também afeta a forma como nos relacionamos sexualmente com nosso cônjuge. O leito conjugal é outra área em que nossa habilidade de servir é colocada à prova.

O poder absoluto corrompe ou serve?

Um repórter certa vez perguntou ao legendário jogador de golfe Gary Player o que ele faria se tivesse que escolher entre sua esposa Vivienne, com quem estava casado há quarenta e dois anos, e seu taco de golfe favorito. Sem hesitação ele respondeu: "Com certeza eu sentiria muito a falta dela". Quando voltou ao hotel, Player encontrou seu amado taco de golfe sobre a cama enrolado em uma camisola provocante.

A natureza do desejo sexual concede tremendo poder relacional. A única vida sexual que um cônjuge cristão pode desfrutar legitimamente é a vida romântica que seu cônjuge escolhe lhe oferecer. Isso faz com que a manipulação e a rejeição sejam expectadores sempre presentes no leito conjugal. Qualquer coisa negada fisicamente torna-se uma negação absoluta, porque não há outro meio de escape legítimo. (Por outro lado, colocar um fardo sexual insuportável sobre um cônjuge, na tentativa de atender outras necessidades não satisfeitas, pode também ser um abuso manipulativo de poder).

Algumas vezes, se não estou de bom humor, só de saber que ela está "a fim" fico tentado a me mostrar "desinteressado".

O velho ditado "o poder corrompe e o poder absoluto corrompe absolutamente" é particularmente verdadeiro no microcosmo do casamento. Poucas coisas na experiência humana se comparam ao absoluto poder do desejo sexual no casamento. Algumas vezes, se não estou de bom humor, só de saber que ela está "a fim" fico tentado a me mostrar "desinteressado".

Essa é uma vergonhosa demonstração de poder tirânico: "Eu tenho o que você quer e você não vai ter. Pronto!" Essa é uma forma de hitlerismo dentro do casamento, usando o poder para destruir, condenar e odiar.

Um exemplo contrastante do uso correto do poder é visto mais claramente na última noite de Cristo na terra. No versículo 3 do capítulo 13 de seu Evangelho, João nos diz que *Jesus sabia que o Pai havia colocado todas as coisas debaixo do seu poder*, mas em vez de agir como um tirano cruel, Jesus levantou-se da mesa e lavou os pés dos discípulos. Em vez de usar seu poder para ficar ofendido, castigar ou se enaltecer, Jesus o usou para servir.

A beleza espiritual da sexualidade é vista no serviço, atendendo amorosamente às necessidades físicas de nosso cônjuge. O significado espiritual de uma sexualidade cristã é encontrado na doação. Quando temos poder sobre outra pessoa e usamos esse poder responsavelmente, de forma correta e benevolente, crescemos em Cristo, nos tornamos mais parecidos com nosso Deus e refletimos o fato de que fomos criados para amar a Deus servindo aos outros.

Se a sexualidade será um serviço de celebração ou um ponto de discórdia depende muito do altruísmo de um ou de ambos os parceiros. O relacionamento sexual oferece, portanto, uma excelente oportunidade para que dois cristãos coloquem sua virtude à prova no mundo real. Não é exagero dizer que a verdadeira natureza de nosso caráter espiritual pode ser mais bem demonstrada quando estamos envolvidos em relações sexuais.

Não é exagero dizer que a verdadeira natureza de nosso caráter espiritual pode ser mais bem demonstrada quando estamos envolvidos em relações sexuais.

Quando o sexo deixa de ser recíproco, torna-se espiritualmente debilitante. Um dos problemas do despertamento na adolescência, da fascinação pela pornografia e coisas semelhantes, é que essas coisas estão dissociadas do conceito da doação. Rapidamente, o importante é a experiência, receber, entender o mistério, ou seja, o que importa é obter.

É tão fácil e espiritualmente fatal tomar um atalho aqui. O sexo possibilita que nos entreguemos a alguém de forma extraordinariamente única e humana. Ao mesmo tempo, o sexo é, muitas vezes, usado para tomar, exigir, coagir, envergonhar e ferir.

Responda honestamente a estas perguntas: O sexo é uma coisa que dou ao meu cônjuge ou retenho? O sexo é uma coisa que eu exijo ou ofereço? O sexo é um instrumento de manipulação ou expressão de amor generoso? Se Deus olhar somente para minha sexualidade, verá um cristão maduro ou um pagão?

Se Deus olhar somente para minha sexualidade, verá um cristão maduro ou um pagão?

Muitos livros enfocam a perícia técnica do sexo e eu suponho que esses livros tenham seu lugar. Creio, no entanto, que o desafio do sexo é o uso de seu aspecto espiritual. Uma vida sexual saudável, generosa e altruísta não é fácil de manter, ainda que ofereça um tremendo crescimento espiritual.

Destituída de sua ênfase de serviço, o sexo parece a antítese de uma vida ascética, controlada e disciplinada. Visto, porém, dentro do contexto de serviço, o sexo leva ao ápice da maturidade espiritual porque nos capacita a experimentar algo tão poderoso quanto o maior prazer humano e, ainda assim, usá-lo para servir em vez de exigir, explorar ou abusar. O filósofo católico Dick Westley observa: "O fato é que a atividade sexual, quando verdadeiramente é "fazer amor" e uma obra do espírito, torna-se a antítese da autoindulgência. É o ponto mais alto do ascetismo".[82]

Não é maravilhoso que Deus possa usar algo tão terreno e mundano como a angústia sexual ou a frustração financeira para nos amadurecer espiritualmente? Aprender a dar sexualmente ao invés de receber, aprender a reduzir nossas exigências e ser mais sensível para com as demandas de nosso cônjuge – essas pequenas escolhas colherão grandes dividendos em sua vida espiritual porque estão ensinando você a ser menos egoísta. Você está imitando Jesus Cristo e assumindo a natureza de um servo, o que consiste em seu chamado como cristão.

É maravilhoso quando um marido e uma mulher desfrutam de relações sexuais ricas, satisfatórias e até mesmo excitantes, e não há nada de

82 Citado em Whitehead e Whitehead, *A Sense of Sexuality*, 13.

errado em ter isso como alvo. No entanto, juntamente com esse alvo, e mesmo acima desse alvo – deve estar o desejo de se tornar um cristão melhor. Use o leito conjugal para aprender a servir um ao outro e a negar-se a si mesmo e os benefícios serão muitos.

Essa mesma motivação pode colorir todos os aspectos da vida conjugal. O serviço de casa, a conversa, o tempo e o dinheiro: entre em todas essas áreas de necessidade em seu casamento com um desejo de crescer na graça de dar. Ore para que Deus possa usá-las para arrancar seu egoísmo e ensiná-lo a se tornar gentil, perdoador, gracioso e bondoso.

Tornar-se como Jesus é a essência do cristianismo e nenhum de nós pode dizer com sinceridade que atingimos a perfeição em sermos servos. Nosso casamento oferece oportunidades todos os dias para que sejamos impulsionados nessa direção.

Perguntas para reflexão e discussão

1. Qual foi a última vez que você amou seu cônjuge de tal forma que lhe custou alguma coisa? O que você pode fazer por seu cônjuge nos próximos dias que atinja esse nível de amor?

2. Você concorda com Dietrich Bonhoeffer que "O casamento cristão é marcado por disciplina e autonegação"? Como essa visão se compara ou contrasta com a visão que você tinha antes de se casar?

3. Kathleen e Thomas Hart escrevem sobre "o mistério pascal do casamento: o processo de morrer e ressuscitar como padrão para os casados". A que você está sendo chamado para morrer em seu casamento? Para o que você está ressuscitando em seu casamento?

4. Quando você se recorda dos motivos pelos quais se casou, eles eram mais egoístas do que altruístas? Em que sentido? Como isso mudou (ou precisa mudar)?

5. Você acha difícil às vezes servir seu cônjuge deixando que ele/ela o sirva? O que você pode fazer para melhorar nessa área?

6. Quais são as mensagens do mundo para os homens que os impedem de servir suas esposas? Quais são as mensagens do mundo para as mulheres que as impedem de servir seus maridos? Como podemos combater essas mensagens em nosso casamento?

7. Quando pensa em seu casamento, você concorda que "as discussões sobre dinheiro e tempo geralmente refletem um anseio de tomar o controle de nossa vida em vez de servir o outro com as nossas riquezas e nossa existência?" Como você pode usar seu dinheiro e seu tempo a fim de servir seu cônjuge?

8. A sua atitude em relação ao relacionamento sexual é marcada mais pelo serviço ou pelo exercício de poder? Como você pode evoluir nessa área?

9. Em sua opinião, qual seria o maior benefício para seu casamento se você e seu cônjuge se tornassem mais servos um do outro?

11

Santos sexuais

A sexualidade conjugal pode oferecer percepção espiritual e desenvolvimento de caráter

Como todas as coisas verdadeiramente místicas, o amor está baseado profunda e diretamente neste mundo e nesta carne.

— Katherine Anne Porter

Presentes de um Criador amoroso, nossos corpos não são barreira para a graça. Se pudermos aceitar isso realmente, conheceremos Deus mesmo nas ambíguas delícias de nossa sexualidade.

— Evelyn e James Whitehead

Eu estava no final do ensino fundamental, caminhando em direção a um grupo de colegas, quando meu melhor amigo naquela época saiu do círculo e me segurou.

"Não", disse ele, "Você não quer isso".

"Do que é que você está falando?" perguntei, me sentindo magoado por que não esperava que justamente o meu amigo me pusesse de lado.

"Isso não é para você".

Descobri mais tarde que meu amigo não queria que eu visse um livro que estava rodando pela escola. Tinha alguma coisa a ver com sexo – completo e com fotos – e as orelhas de burro nos cantos de suas folhas atestavam que ele tinha sido jogado às pressas em gavetas de meias e debaixo de colchões em inúmeras casas ocupadas por adolescentes.

A maioria de nós foi apresentada ao sexo de formas vergonhosas.

A maioria de nós foi apresentada ao sexo de formas vergonhosas. Livros "sujos" ou abuso sexual nas mãos de pessoas mais velhas frequentemente nos encaminha prematuramente ao mundo do conhecimento sexual. O resultado natural é que a maior parte de nós tem que vencer algumas ansiedades profundamente arraigadas sobre sexo. Muitos cristãos não veem o sexo como um dom pelo qual deveríamos ser gratos, mas um fardo de culpa para ser carregado. E, naturalmente, qualquer coisa tão intimamente ligada com culpa dificilmente será vista como uma escada de acesso à santidade.

Um pouco dessa culpa – que o psicólogo Willard Gaylin chama "a guardiã de nossa pureza"[83] – é justificada. Quando nos desviamos da perfeita vontade de Deus, *deveríamos* nos sentir culpados. Mas a culpa não é infalível, nem se desliga quando deixa de ser aplicável.

A despeito do desconforto com o qual abordamos a sexualidade, a maioria dos casais cristãos sabe que a intimidade sexual pode produzir momentos de absoluta transcendência: breves relances da eternidade como um belo pôr do sol. Sob o êxtase captamos a sombra de uma profunda verdade espiritual.

Por essa razão, o paradoxo de que o sexo geralmente representa tanto os melhores quanto os piores momentos de nossa vida nos deixa perplexos. Enquanto o sexo pode, às vezes, criar momentos que marcam nossa mais profunda vergonha, também nos faz sentir mais vivos do que nunca.

Neste capítulo é minha intenção ir além da dor e da vergonha trazida pelo sexo experimentado fora das paredes protetoras da virtude e examinar como é possível que essa experiência tão carnal aguce nossa sensibilidade espiritual. Para que o sexo nos volte na direção de Deus e na direção um do

83 Citado em Whitehead e Whitehead, *A Sense of Sexuality*, 11.

outro, é vital que o examinemos do ponto de vista cristão. A espiritualidade cristã nos ajuda de pelo menos três maneiras: nos ensina que o sexo é bom e, ao mesmo tempo, nos recorda de que há coisas que são mais importantes do que o sexo; permite que experimentemos prazer sem fazer dele o ídolo de nossa existência e nos ensina que o sexo pode certamente adoçar nossa vida, nos lembrando, porém, de que ele nunca poderá alimentar nossas almas.

Para que o sexo nos volte na direção de Deus e na direção um do outro, é vital que o examinemos do ponto de vista cristão.

Para começar a ver o sexo nesse sentido positivo, como um espelho de nosso anseio e paixão por Deus, a instituição do casamento se torna extremamente importante. Se pensarmos no sexo *somente dentro do casamento* e, portanto, santificado, como era a intenção de Deus, a analogia do sexo nos conduzindo para Deus não parece tão fora de propósito. É verdade que o sexo pode ser abusivo também no casamento, portanto vamos dar um passo além. Como já mencionamos, se incluirmos nesse conceito que o sexo tem o objetivo de servir nosso cônjuge e que nossa ansiedade pela experiência sexual pode espelhar nossa ansiedade por Deus, o uso de nossa sexualidade como instrumento espiritual pode começar a fazer sentido.

Portanto, a fim de obter benefícios dos conceitos deste capítulo, procure vencer a dor, a vergonha e o sofrimento que você associou com o sexo em razão do que você possa ter experimentado, falado ou visto fora do contexto do casamento. O homossexualismo, o sexo pré-matrimonial, a masturbação movida à fantasia, a pornografia pesada, nenhuma dessas coisas constitui "sexo" como definimos aqui. Redefina-o como ele era no Éden, como ele era quando Adão "conheceu" Eva antes de povoar o mundo. Pense no sexo somente nesses termos e então pense em como Deus pode se revelar a você dentro de seu casamento através do dom do prazer sexual.

Pense em como Deus pode se revelar a você dentro de seu casamento através do dom do prazer sexual.

Pode parecer chocante, mas é verdade: Deus não fecha os olhos quando um casal casado vai para a cama. Isso nos leva à conclusão de que não deveríamos fechar os olhos para Deus quando compartilhamos momentos íntimos com o nosso cônjuge.

Ancestrais ambíguos

Por séculos, os autores cristãos têm encarado a sexualidade como um assunto, no mínimo, problemático. A igreja cristã tem andado na ponta dos pés delicadamente ao redor da essencialidade do sexo, tentando governar seu poder regulando suas marés, algumas vezes com efeitos cômicos:

> No segundo século, Clemente de Alexandria permitiu o sexo sem prazer e para a procriação somente durante doze horas (noturnas), das vinte e quatro horas do dia. Na Idade Média, por mais disparatado que pareça, a Igreja proibiu o sexo nos quarenta dias que antecediam festas cristãs importantes como o Natal, quarenta dias antes e oito dias depois do ainda mais importante festival da Páscoa, oito dias depois do Pentecostes, nas noites dos feriados, aos domingos em honra à ressurreição, nas quartas feiras para trazer à memória o início da Quaresma, sextas-feiras em memória da crucificação, durante a gravidez e trinta dias depois do parto (quarenta se a criança fosse menina), durante a menstruação e cinco dias antes da comunhão!
>
> Tudo isso soma 252 dias excluídos, sem contar os dias de festa. Se houvesse trinta dias de festa (um palpite conservador), haveria então oitenta e três dias restantes no ano, quando (desde que a mulher não estivesse menstruada, ou grávida, ou no período pós-parto e tivesse a intenção de procriação) os casais poderiam ter a permissão da igreja de praticar (não desfrutar!) do intercurso sexual.[84]

Tudo isso me lembra do meu tempo de criança quando ia à praia. A maré estava chegando e as crianças construíam castelos de areia. Por quarenta e cinco minutos lutávamos desesperadamente para salvar o castelo do mar incontrolável. Construíamos grandes barreiras em volta do castelo e carregávamos pedaços de madeira trazidos pelo mar para bloquear a água, mas finalmente, é claro, o mar ganhava e o castelo de areia era destruído.

A tentativa de colocar tantas restrições opressivas (mesmo dentro do casamento) em uma força tão poderosa como a expressão sexual é completamente inútil. É como tentar empurrar o mar para trás. O desejo de regular o sexo conjugal vem, pelo menos em parte, de nosso medo dele. O bom senso nos diz que o sexo é necessário para que a raça humana se perpetue. A ordem de Deus para Adão: *Sejam férteis e multipliquem-se!* (Gn

84 Oliver, *Conjugal Spirituality*, 13.

1.28) foi um mandamento explícito para que ele tivesse relações sexuais. A apreensão religiosa, no entanto, nos faz pensar que os "mais santos" dentre nós devem, de alguma forma, evitar o prazer. Isso, tragicamente, significaria que somente os "menos santos" poderiam criar filhos, o que não seria um bom presságio para a fé da geração seguinte.

Esse medo do sexo preparou seu ataque já no início, particularmente na interpretação de um livro obviamente erótico: Cântico dos Cânticos. A clara implicação da obra de Orígenes (185-254 d.C.) era que um prazer tão carnal e inebriante não teria lugar neste mundo. Somente as delícias espirituais é que tinham algum valor. Dan Allender e Tremper Longman comentam: "Orígenes interpretou o altamente sensual poema de Cântico dos Cânticos de forma alegórica e espiritual, fazendo com esse livro a mesma coisa que fez a si mesmo, tomando uma faca e castrando-se".[85]

O desejo de regular o sexo conjugal vem, pelo menos em parte, de nosso medo dele.

Um século mais tarde, no famoso Concílio de Niceia (325 d.C.) certos radicais começaram a sugerir que os bispos deviam ser celibatários. Um bispo asceta muito respeitado chamado Paphnutius, opôs-se vigorosamente, argumentando corretamente que, quando um homem coabita com sua esposa, isso também é "castidade".[86] É particularmente significativo que um bispo que tinha feito um voto de castidade tivesse a sabedoria de defender essa posição, já que não tinha nada a ganhar com isso. Paphnutius, no entanto, era certamente a exceção e sua opinião logo foi enterrada pelo peso do famoso pai da igreja, Agostinho (354-430).

Agostinho, que marcou o pensamento cristão como poucos, ensinava que o intercurso conjugal transmitia o pecado original ligando, portanto, (talvez involuntariamente, mas com certeza infelizmente) o pecado ao sexo nos séculos seguintes. Como resultado, a igreja geralmente tem tido dificuldade em reconciliar santidade com uma vida sexualmente ativa. Mary Anne McPherson Oliver lembra que poucos santos canonizados

85 Allender e Longman, *Intimate Allies*, 228.

86 João Calvino discute isso em suas "Institutes of Christian Religion", livro IV, cap. 12, par. 26.

foram casados e que "nenhum desses poucos foram canonizados como modelo de virtude conjugal".[87]

No quarto século, Ambrósio chamava o casamento de honrado, mas o celibato de "mais honrado". Institucionalmente havia um senso comum de que o intercurso era "desculpável", pelo bem da procriação. Todas as outras relações sexuais dentro do casamento ainda eram consideradas pecado venial (desculpável, mas com certeza, uma mancha negra).

No entanto, *houve* momentos de lucidez. Há evidência de que em tempos medievais, os sacerdotes algumas vezes abençoavam um casal recém-casado em seu leito matrimonial. É interessante que os puritanos pareciam supreendentemente à vontade quanto a acolher o prazer sexual. Richard Baxter escreveu que marido e mulher deveriam "deliciar-se" no amor, companhia e conversação um do outro. Ele escreveu: "Mantenha seu amor conjugal em constante calor e vigor". Ele acrescenta que os cônjuges não devem permitir que seu amor "ficasse morno".[88]

Agostinho, que marcou o pensamento cristão como poucos, ensinava que o intercurso conjugal transmitia o pecado original.

No entanto, a maior parte das vitórias era passageira, relativamente falando. Um antigo rito de Sarum (no qual o livro anglicano de orações do ano de 1549 estava baseado) continha, desde 1125 d.C. ritos nupciais com as palavras "com meu corpo eu te adoro". Isso é uma expressão bem picante para qualquer época da igreja, imagine na Idade Média, portanto talvez não seja de se admirar que essas palavras fossem retiradas do livro de oração em 1786.

A reconciliação do sexo e da santidade nunca se concretizou completamente até hoje, embora o Concílio Vaticano Segundo tenha, de certa forma, combatido a ideia de considerar os casados como cristãos de segunda classe. Em um documento intitulado "O Chamado de Toda a Igreja à Santidade", a Igreja Católica Romana "enfatiza que todas as pessoas de Deus são chamadas à plenitude da santidade cristã,

87 Mary Anne McPherson Oliver, "Conjugal Spirituality", in: *Spirituality Today* 43, nº1 (Primavera 1991), 54.

88 Edmund Leites, *The Puritan Conscience and Modern Sexuality* (New Haven: Yale Uni. Press, 1986), 12, 13.

e a santidade está disponível a todos em suas vocações particulares e através delas".[89]

Mesmo assim, os poucos santos canonizados no século 20 que estiveram em um relacionamento de casamento eram, como observa Mary Anne Oliver, rotineiramente mártires ou estigmatizados, viúvas fundadoras de ordens religiosas e maridos que deixaram suas esposas e famílias para tornarem-se missionários ou ermitões. Esses indivíduos foram enaltecidos *apesar* de serem casados e não porque demonstraram um compromisso de santidade fora do comum dentro do casamento.

Talvez pudéssemos ser compassivos com o desconforto dos antigos (e com o nosso) a respeito do sexo em parte porque poucos de nós podem negar a realidade de que, em certo sentido, "o sexo é um fardo pesado que Deus colocou sobre a humanidade".[90] Embora, sem dúvida alguma, a Bíblia tenha uma visão positiva e favorável do sexo – como testemunha o livro de Cântico dos Cânticos, por exemplo – os autores bíblicos são extremamente conscientes da tentação do pecado sexual e de nossa propensão a estragar o bem que Deus nos tem concedido.

Essa inclinação humana é precisamente a razão pela qual a instituição do casamento é tão crucial quando navegamos no mar do desejo sexual. É somente nesse contexto que a sexualidade torna-se espiritualmente útil e significativa.

Lançando os alicerces para o sexo espiritualmente significativo

Uma visão bíblica da sexualidade

Como em todas as coisas, a teologia correta entre os cristãos "leigos" é vital para adotarmos uma visão plenamente bíblica da sexualidade, que nos permita incorporar a experiência da intimidade física a uma visão de fé espiritualmente significativa. Nós cristãos podemos aprender algumas coisas dos fundadores judaicos de nossa fé.

89 Citado em Kathlen Fischer Hart e Thomas N. Hart, "The Call to Holiness in Marriage", in: *Spirituality Today* 36, nº 1 (Primavera 1984), 16

90 Piper, *The Biblical View of Sex and Marriage*, 79.

Há razões teológicas pelas quais a igreja cristã tem tido mais dificuldade de lidar com a sexualidade do que nossos ancestrais judeus. Para o judeu antigo, nada era mais importante do que a preservação e a pureza da linha familiar. Como o "povo escolhido", os judeus viam o divórcio em caso de esterilidade uma coisa perfeitamente aceitável. Praticamente, a pior coisa que você poderia fazer a um cônjuge era negar filhos a ele ou a ela porque, através da descendência, a raça incontaminada e escolhida de Deus prosseguiria.

Para o judeu antigo, nada era mais importante do que a preservação e a pureza da linha familiar.

A visão judaica do sexo ia além da procriação. Às mulheres judias da antiguidade eram concedidos três "direitos fundamentais": comida, roupas e o *onah* (intercurso sexual além da responsabilidade da procriação). Uma religião baseada em laços de sangue não pode se dar ao luxo de desprezar a atividade reprodutiva.

O antigo texto judaico *A Carta Santa* (escrito por Namanides no século 13) vê o sexo como uma experiência mística de encontro com Deus: "Através do ato [intercurso] eles se tornam parceiros de Deus no ato da criação. Este é o mistério do qual os sábios falam: 'Quando um homem se une a uma mulher em santidade, a *shekinah* está entre eles no mistério de homem e mulher' ".[91] A amplitude dessa afirmação é muito séria quando você considera que essa glória *shekinah* é a mesma presença que Moisés experimentou quando encontrou com Deus face a face (veja Êx 24.15-18).

Deus fez a carne e quando a fez, criou algumas sensações maravilhosas.

Em contraste às proibições cristãs medievais, Namanides recomenda que os casais casados o pratiquem regularmente aos sábados em celebração à sua fé. A razão que ele defendia era sua firme convicção de que tudo o que Deus fez é bom, inclusive os órgãos sexuais. Portanto, a sensibilidade ao toque sexual é uma coisa boa porque Deus declarou assim (Gn 1.31).

91 Namanides, *The Holy Letter*, 60.

Com cristãos, no entanto, a salvação não é algo relativo à linhagem, mas à fé espiritual. O objetivo supremo não é mais a procriação, e sim a fé. Todavia, se alguém evita a união sexual para que possa cultivar uma fé mais profunda, frequentemente considera-se que escolheu um caminho mais "elevado". No entanto, só porque (na visão cristã) o sexo não colabora com a salvação nem com a propagação do Reino de Deus na terra não significa que não tenha nada a nos ensinar no caminho da santificação (ou crescimento em santidade). Podemos continuar a crer que, para o propósito da salvação, a fé precede a procriação enquanto ainda apreciamos o conceito judaico de buscar a glória *shekinah* no leito matrimonial.

Para usar nossa sexualidade como disciplina espiritual, isto é, integrando nossa fé e nossa carne, por assim dizer, é indispensável que nos fundamentemos teologicamente a fim de incorporar em nosso modo de pensar uma visão judaica da sexualidade. Deus fez a carne e quando a fez, criou algumas sensações maravilhosas. Enquanto o órgão sexual masculino tem múltiplas funções, o clitóris feminino tem apenas uma: proporcionar prazer sexual. Intencionalmente Deus criou um órgão humano que não possui outro propósito a não ser proporcionar à mulher êxtase sexual. Essa não foi uma ideia de Satanás, foi ideia de Deus, e ele olhou para cada parte de sua criação e disse que tudo era "muito bom" (Gn 1.31).

Betsy Ricucci abordou esse assunto de uma perspectiva feminina: "Dentro do contexto de aliança de amor e serviço mútuo, nenhuma quantidade de paixão é excessiva. As escrituras dizem que nossa intimidade sexual deve ser embriagante (Pv 5.19)... Acredite ou não, glorificamos a Deus cultivando um desejo sexual por nossos esposos e acolhendo seu desejo por nós".[92]

Se a culpa, e não a gratidão, lançar uma sombra sobre nossa experiência com o sexo, exercite a gratidão a Deus pelas coisas que envolvem o sexo. Por exemplo, uma esposa pode orar bem explicitamente, mas com toda a santidade: "Deus, obrigada porque o Senhor me faz sentir excitada quando meu marido acaricia meus seios". Os casais poderiam até orar juntos, agradecendo a Deus pelo prazer envolvido na consumação matrimonial. Esse simples ato de ação de graças pode santificar uma ação que

92 Ricucci, *Love that Lasts*, 159.

muitos cristãos, infelizmente, dissociam de sua vida espiritual com Deus. A razão pela qual esse ato dá prazer é porque Deus o criou para esse fim.

Uma vez que avaliamos os fundamentos teológicos nos quais construímos nossa visão matrimonial do sexo, examinaremos, agora, nossas atitudes emocionais. Nesse caso, a gratidão precisa substituir a culpa.

A gratidão precisa substituir a culpa

Em seu livro *Through the Eyes of Faith* (Através dos olhos da fé), Harold Best conta a história real de um jovem que se envolveu em uma seita satânica. "Não se tratava de uma seita improvisada", Harold escreve, "as intenções eram profundamente sérias". A seita desenvolveu uma liturgia elaborada e sofisticada focada nas composições de Johann Sebastian Bach.

O jovem, que mais tarde tornou-se cristão, começou a frequentar os cultos de uma igreja local. Tudo ia bem até que a organista da igreja começou a tocar uma composição de Bach. O jovem foi tomado de pânico e terror e correu para fora do santuário.

Harold escreve que as peças de Bach "representavam um dos mais nobres fundos musicais para a adoração cristã, mas para esse jovem, Bach não tinha nada de nobre e resumia tudo o que era maligno, horrível e anticristão".[93]

O sexo é assim para alguns cristãos. Associações com situações do passado e sentimentos de culpa têm criado sérios obstáculos espirituais. Embora poucas pessoas sejam capazes de sugerir que as obras de Bach sejam inerentemente más, o jovem *se sentia assim* por causa da forma com que essas obras tinham sido usadas erroneamente em sua experiência passada. Da mesma maneira, alguns cristãos tentam não crer que o sexo é inerentemente mau, mas por causa das experiências negativas anteriores, eles sentem que é mau. Os efeitos dessas pedras de tropeço podem ser amenizados através de uma correta compreensão bíblica do sexo, bem como da prática da confissão e do arrependimento. Se você tem uma história de abuso, talvez possa considerar a possibilidade de buscar aconselhamento para obter uma nova e, se possível, mais favorável perspectiva do sexo.

93 Harold Best, *Music Through the Eyes of Faith* (São Francisco: Harper-San Francisco, 1993), 40.

O sexo não pode produzir lucro espiritual se estiver envolto em culpa ilegítima. A gratidão a Deus por essa extraordinária experiência é essencial, de outra forma, os poderosos sentimentos associados ao sexo nos levarão a nos concentrarmos em nosso ego.

Ironicamente, a idolatria do sexo ou a culpa excessiva a respeito do sexo levam ao mesmo resultado: mantém o foco no eu, seja por prazer ou por desespero. A gratidão, por outro lado, volta nossos corações para Deus.

O sexo não pode produzir lucro espiritual se estiver envolto em culpa ilegítima.

Levei algum tempo para perceber como eu estava insultando a Deus involuntariamente hesitando em aceitar a santidade do sexo e do prazer. Não tenho problema algum em imaginar alguém buscando Deus suportando a dor de um jejum, no entanto, que tipo de Deus tenho em mente se permito que somente a dor, e não o prazer, revele a presença dele em minha vida? Em vez de desconfiar do prazer e da intimidade física e da maturidade espiritual que advém de eu estar com minha esposa, preciso adotar uma atitude de profunda gratidão e reverência.[94]

Uma vez que reavaliamos nossa teologia e nossas atitudes emocionais, precisamos reconsiderar nossas expectativas, isto é, o tipo de intimidade que eu estou procurando.

Veja seu cônjuge como mais do que um amante

O terceiro passo para tornar-se plenamente preparado para usar a sexualidade como uma disciplina espiritual é lembrar-se de que, no casamento cristão, o marido e a esposa são mais do que amantes. Eles são irmão e irmã em Cristo.

Durante meu noivado com Lisa, escrevi para ela um poema intitulado "Minha irmã, noiva dele". Nele eu falava de como esse passo que estávamos dando em direção ao casamento era tão monumental nesse mundo, mas que já havia um laço eterno entre nós que permaneceria além de nossa posição de marido e mulher: éramos irmão e irmã em Cristo. Há um nível espiritual nesse relacionamento de irmão e irmã que muitas vezes é inexplorado.

94 A gratidão é uma virtude cristã fundamental que é essencial para uma alma saudável. Discuto esse assunto de forma mais ampla em meu livro *The Glorious Pursuit: Embracing the Virtues of Christ* (Colorado Springs: NavPress, 1988).

Otto Piper explica dessa forma: "O cristão que conduz seu casamento no Senhor procurará fazer com que ele transcenda a mera sexualidade enfatizando sua comunhão com Deus. O esposo, então, não é apenas um parceiro sexual, mas também e acima de tudo um irmão ou irmã em Cristo. Dessa maneira, o anelo instintivo inerente em todo o amor se torna real: nossas vidas terrenas são transformadas em vidas com Deus".[95]

Isso significa que, ainda que o prazer físico seja bom e aceitável, não podemos reduzir o sexo a uma mera experiência *física*. É muito mais que isso. Representa realidades espirituais muito mais profundas do que o mero prazer.

O sexo representa realidades espirituais muito mais profundas do que o mero prazer.

Quando Paulo nos diz que nossos corpos são templos do Espírito Santo (1Co 6.19) nossa contemplação na importância do sexo toma um significado inteiramente novo. O que a mulher está permitindo dentro dela e onde o homem tem desejo de entrar em um casamento cristão são corpos *santificados*, corpos nos quais Deus está presente através do Espírito Santo, corpos se unindo, celebrando, mas em espírito de reverência e santidade.

Se Paulo nos diz que um homem não deve se unir a uma prostituta porque seu corpo é um templo santo, isto é, se usamos essa analogia para *evitar* o pecado, não poderia o cristão usar a mesma analogia para ser conduzido à presença de Deus de forma singular ao unir seu corpo com sua esposa? Não está ele, de certa forma, entrando no templo de Deus, batendo à porta da glória *shekinah* quando se une a uma irmã em Cristo? E esse não seria um tácito incentivo para, talvez, até mesmo pensar em Deus quando seu corpo se une a sua esposa?

Otto Piper nos exorta a ver o sexo como uma analogia física de uma realidade mais profunda: "Nos unimos em Deus, somos chamados por ele, criamos uma família, servimos a ele, ele vive em nós dois e agora expressamos fisicamente a verdade espiritual que ele criou que não mais somos dois, somos um".[96]

---

95 Piper, *The Biblical View of Sex and Marriage*, 215.

96 Piper, *The Biblical View of Sex and Marriage*, 216.

Esse elemento espiritual de sexo é um auxílio crucial para ajudar os homens a experimentarem a libertação dos vícios sexuais. Quando o sexo é reduzido somente ao prazer, nenhuma esposa consegue atender às expectativas de seu marido. O prazer, por natureza é efêmero. É fugidio. Li um artigo escrito por um cristão que venceu um sério vício de pornografia que afirmava sempre precisar de uma revista nova. Embora ele possuísse fotos de mulheres sem roupa suficientes para revestir todas as paredes de sua casa (muito mais do que ele conseguiria olhar no decorrer de um dia), ele precisava da emoção de ter *novas* fotos de *novas* mulheres.

Uma esposa não pode se reinventar diariamente para que um homem consiga se livrar do vício da pornografia tentando fazer dela uma "garota da capa". Ele precisa buscar e encontrar algo muito diferente no leito matrimonial. Precisa buscar a satisfação mais profunda (mas muitas vezes mais tranquila) do sexo espiritualmente significativo, buscando a Deus e a comunhão cristã além do prazer. Sem fugir do prazer, com toda a certeza, mas sem fazer dele um ídolo.

Uma esposa não pode se reinventar diariamente para que um homem consiga se livrar do vício da pornografia tentando fazer dela uma "garota da capa".

Lembre-se, toda a fome que nos seduz na carne é uma exploração de uma necessidade que pode ser mais bem atendida por Deus. O único contexto para o sexo santo é o sexo matrimonial. O sexo ilícito é guloseima espiritual, imediatamente ele é doce, mas envenenará nosso apetite espiritual até nos levar à destruição. O sexo ilícito não fará nada além de diminuir nossa sensibilidade à santidade, à retidão e à presença de Deus em nossas vidas.

A experiência física e carnal de sexo pode ser desfrutada sem culpa, mas há uma satisfação espiritual inerente ainda mais profunda quando um homem e uma mulher têm relações sexuais. Não reduza o sexo a uma experiência somente física, nem somente espiritual. Ele é profundamente as duas coisas.

Agora que examinamos nossa teologia, nossas atitudes emocionais e nossas expectativas a respeito do sexo, devemos nos sentir mais à vontade com o muitas vezes temido anseio inerente do desejo sexual.

Reconciliando o poder do sexo

O sexo não é uma necessidade física do mesmo tipo que a comida. Você pode viver a vida inteira sem um único orgasmo. Mas ele é uma *força* fisiológica. É previsível e é físico ao mesmo tempo em que é emocional. Mais importante ainda: o desejo sexual (que é sentido como uma necessidade) que um homem e uma mulher têm um pelo outro está ali *pelo propósito de Deus. Deus* colocou essa "necessidade" em nós.

Como abordaremos esse senso de necessidade de uma perspectiva cristã? Pode ajudar se procurarmos nessa analogia o senso de necessidade que representa nosso anseio por Deus, isto é, que somos incompletos sem ele e precisamos sempre estar em sua presença. Thomas Hart observa que "nossa fascinação por sexo está fortemente relacionada com nossa fascinação por Deus".[97]

O sexo não pode *substituir* Deus, não serve como substituto. No entanto, um olhar saudável para o sexo oferece uma meditação útil sobre nossa necessidade e anseio de Deus. O sentimento de ser incompleto, seguido da alegria e da satisfação, faz tudo ficar mais doce depois de nos entregarmos um ao outro.

Se não houvesse uma grande necessidade, a realização não seria tão doce. Só quando estou realmente com fome é que eu posso apreciar plenamente uma refeição. A paixão amedronta alguns de nós. O sentimento de desejar algo ardentemente nos lembra de que somos incompletos em nós mesmos, mas o fato é que Deus nos fez incompletos. Precisamos dele e precisamos de outras pessoas.

Lembro-me de ler o livro de Cântico dos Cânticos com grande desconforto quando era jovem, em grande parte porque eu estava aterrorizado com a possibilidade de desejar alguém tão desesperadamente como aqueles dois amantes. Mesmo sendo muito jovem eu sabia que essa carência poderia levar a uma dor, desilusão e sofrimento tremendos.

É assustador ansiar por Deus. E se ele não aparecer? É ainda mais assustador desejar outro ser humano. E se ele rejeitar nosso avanço ou usar nosso desejo como arma contra nós?

97 Thomas N. Hart, *Living Happily Ever After: Toward a Theology of Christian Marriage* (Nova Iorque: Paulist, 1979), 44.

> *Não há garantia de que nosso cônjuge não usará nosso desejo contra nós.*

Aqui está a dificuldade: não há garantia de que nosso cônjuge não usará nosso desejo contra nós, mas ainda que isso ofereça um ponto de manipulação possível, também oferece um meio de aperfeiçoamento. Podemos usar esse senso de necessidade como forma de evoluirmos como servos uns dos outros. Em um casamento cristão saudável no qual tanto o marido quanto a esposa buscam amorosamente suprir os desejos sexuais um do outro, ambos podem aprender que Deus também ministrará aos dois. Jesus usa o exemplo (Mt 7.9) de um pai terreno que não dará a seu filho uma pedra quando ele pedir pão e incentiva seus seguidores a confiarem que Deus lhes dará boas coisas. Da mesma forma, um homem e uma mulher serão capazes de abrir seus corações para Deus quando virem como seu cônjuge é generoso em suprir sua necessidade de expressão sexual.

A verdade é que, sem essa força motriz fisiológica, muitos casais se afastariam. Somos por natureza seres egoístas que se escondem um do outro. Manter uma busca estável um pelo outro e uma empatia por outro ser humano vai contra nossa tendência pecaminosa e egocêntrica. Criando um desejo físico, Deus nos convida a participar da realidade espiritual de aprender a repartir, ter comunhão e entrar intensamente na vida e na alma de outro ser humano.

Os pensamentos acima têm como objetivo legitimar o uso da expressão sexual como um instrumento de desenvolvimento espiritual. Levaria um livro inteiro para explorar completamente esse assunto, mas na próxima seção consideraremos alguns exemplos de *como* um casal casado pode usar esses aspectos de sua intimidade física para crescer espiritualmente.

O desenvolvimento espiritual através da expressão sexual

Bernardo de Clairvaux (1090-1153) ensinava que o amor carnal ou terreno é, na verdade, o primeiro passo na experiência humana que nos conduz ao amor de Deus. Um tipo de jardim da infância onde aprendemos a conviver com os outros e nos sentarmos atrás da carteira antes de ir para a "escola de verdade" que começa no primeiro ano. Ele foi um passo além quando sugeriu que, carnais como somos, nosso amor por Deus nesta vida terá um elemento carnal correspondente. Certamente, como você já deve ter lido alguns dos testemunhos dos místicos cujo amor desavergonhado por Deus tinha esse elemento quase erótico.

Em vez de fugir desse elemento de expressão sexual, podemos canalizá-lo de maneira mais adequada. C. S. Lewis escreveu: "Os prazeres são flechas de glória que tocam nossa sensibilidade... Faça deles canais de adoração".[98] Nesta seção procuramos fazer isso, tornar os prazeres matrimoniais (e seus desafios) em canais para a adoração santa.

Muitos livros oferecem orientação em uma variedade de posições sexuais e formas de manter o sexo renovado. Aqui, eu gostaria de olhar para o lado espiritual da sexualidade, tentando descobrir como podemos transformar a espiritualidade através desse ato tão físico. Faremos isso procurando transformar nosso conceito de beleza, aprendendo a dar o que temos, sendo chamados para fora de nós mesmos, aprendendo a nos tornarmos apaixonados e cultivando a arte da celebração.

Recebendo a visão de Deus da beleza matrimonial

O casamento oferece um contexto que encoraja o crescimento espiritual, levando-nos a valorizar o caráter, a virtude e a santidade mais do que uma forma física idealizada.

O casamento toma a força bruta da sexualidade e a conecta com intimidade, companheirismo, responsabilidades familiares e um relacionamento permanente. Fazendo isso, ele oferece um contexto que encoraja o crescimento espiritual, levando-nos a valorizar o caráter, a virtude e a santidade mais do que uma forma física idealizada.

Para se preparar para um papel em um grande filme no qual a nudez seria prevalente, uma atriz internacionalmente famosa passou cinco horas por dia na academia, se exercitando com um personal trainer. Tudo isso iria ressaltar a

98 Lewis, *Cartas de um diabo a seu aprendiz*.

presença de uma prótese que ela havia implantado anteriormente. Com dinheiro e tempo suficientes, um cabeleireiro profissional e uma equipe de maquiadores, praticamente qualquer mulher ficaria "bonita".

Não nego que uma das razões pelas quais Lisa me atraiu foi sua beleza, mas e se ficar bonita se tornasse uma obsessão para a Lisa? Será que Deus acha que três horas por dia em uma academia de ginástica, trabalhando febrilmente contra as realidades da natureza para preservar uma barriga de adolescente (com os quadris de uma mulher madura e os seios de uma mãe) é uma forma útil de aproveitar o tempo?

Pedro, o discípulo de Jesus não nos deixa dúvida. Ele diz explicitamente que a mulher não deve focar na beleza externa que exige "adornos externos", mas, em vez disso, buscar uma beleza *no ser interior, que não perece, beleza demonstrada num espírito dócil e tranquilo, o que é de grande valor para Deus* (1Pe 3.4).

Perceba que, em sua busca pela beleza, as esposas são direcionadas a criar uma beleza que é de grande valor *aos olhos de Deus.* Os maridos podem focar nas coisas erradas às vezes, mas Pedro ainda pede que as esposas direcionem suas vidas para a visão de beleza de Deus. Essa instrução é crucial por uma série de razões.

No livro *Cartas do Inferno,* de C. S. Lewis, o demônio Screwtape lamenta que seu sobrinho Wormwood tenha permitido que seu homem vencesse a tentação sexual. O próximo passo de Screwtape é o seguinte: "se não pudermos nos servir de sua sexualidade para fazê-lo licencioso, devemos tratar de usá-la para promover um matrimônio conveniente". Tenha em mente que esse "conveniente" é sob a perspectiva de um demônio, significando "desastroso" sob a perspectiva cristã. Referindo-se às hostes demoníacas, Screwtape continua:

> É o trabalho desses grandes mestres produzir, em cada época, uma separação geral do que possa se chamar "gosto" sexual. Eles alcançam isso trabalhando com o pequeno círculo de artistas populares, costureiros, atrizes e anunciantes que determinam o que se considera "na moda". Seu propósito é separar cada sexo dos membros do outro com quem teria matrimônios provavelmente mais espiritualmente úteis, felizes e férteis.
>
> A respeito do gosto masculino variamos bastante. Em uma época o direcionamos para o tipo de beleza escultural e aristocrática, mesclando a vaidade dos homens com seus desejos e estimulando à raça a se reproduzir, sobretudo, das mulheres mais arrogantes e pródigas. Em outra, selecionamos um tipo exageradamente feminino, pálido e lânguido, de forma que a loucura e a covardia e toda a falsidade e estreiteza mental geral que as acompanham, fossem muito solicitadas...

> E isso não é tudo. Conseguimos obter um grande aumento na licenciosidade por parte da sociedade na representação do nu aparente (não do verdadeiro nu) na arte em sua exibição nas artes cênicas ou na praia. É uma falsificação, é claro, os corpos da arte popular são falsamente desenhados; as mulheres de verdade em traje de banho... estão preparadas para fazer com que pareçam mais firmes e magras... do que a natureza permite que uma mulher desenvolvida seja... Assim estamos mais e mais direcionando os desejos dos homens para uma coisa que não existe – fazendo com que o papel dos olhos na sexualidade seja cada vez mais importante e ao mesmo tempo tornando suas exigências mais e mais impossíveis. Você pode facilmente prever o resultado![99]

A obrigação cristã do casamento é reverter essa propensão e fazer com que o papel dos olhos na sexualidade seja menos importante ao compreendermos a realidade espiritual que está ocorrendo. O olhar sempre será importante para o homem, é assim que Deus nos *liga*, no entanto, podemos nos tornar mais maduros no que ansiamos ver. *Os apetites podem ser cultivados.* Culturas diferentes gostam de comidas diferentes porque os habitantes têm comido esses alimentos a vida toda. Meus filhos torceriam o nariz se minha esposa colocasse um prato de arroz diante deles no café da manhã, mas na China as crianças olhariam torto para uma tigela de cereais.

O mesmo princípio se aplica ao desejo sexual. Eras diferentes apreciaram formas diferentes nas mulheres porque dependia do que estava na moda. Enquanto as supermodelos se aproximam do tipo esquelético (busto de adulto e barriga e quadris de adolescente), uma antiga palavra em sânscrito (*gajagamini*) descrevendo o tipo ideal da época da beleza feminina na Índia antiga é literalmente traduzido por "mulher que tem o andar de um elefante". A história não tem uma beleza definitiva. O debate nunca chegará a uma conclusão. O que molda o desejo de homens e mulheres são suas obsessões, suas fantasias e aquilo em que se concentram.

Um casamento santo molda nossa visão da beleza em qualidades interiores. No livro *The Holy Letter* (A Carta Santa), Namanides argumenta que quando um homem escolhe uma mulher somente por sua beleza física "a união não é por amor ao céu".[100] A beleza é maravilhosa, mas não é o único, nem o mais elevado valor quando buscamos um casamento cristão.

Uma mulher solteira pode enfrentar fortes tentações para se tornar o tipo de mulher com quem um homem se casaria e isso pode ser

99 Lewis, *Cartas de um diabo a seu aprendiz*.

100 Namanides, *The Holy Letter*, 116.

contrário ao tipo de mulher que vive uma vida digna diante de Deus. No entanto, as mulheres solteiras sabem que os homens são atraídos por certo tipo físico e portanto, podem estar inclinadas a se esforçar mais por mudar fisicamente do que mudar interiormente, crescendo em santidade. O casamento pode libertar a mulher dessa busca vã, uma vez que elas estão casadas podem se concentrar mais intensamente na beleza que Deus considera atraente.

Um casamento santo molda nossa visão da beleza em qualidades interiores.

Isso não quer dizer que homens e mulheres devam relaxar no cuidado de seus corpos e negligenciar a boa forma. Um corpo em boa forma é um presente que podemos oferecer a nosso cônjuge. Podemos também oferecer a graça da *aceitação*, particularmente por parte dos maridos, reconhecendo que a idade e, no caso das mulheres, a gravidez, transforma o corpo de todos os indivíduos. O casamento ajuda a tirar o homem da obsessão pelo corpo "que não existe" e reconsiderar prioridades e valores.

Por exemplo, o casamento nos leva a redirecionar nossos desejos a fim de que eles sejam focados em *uma mulher* ou *um homem em particular*, em vez da visão da sociedade de homens e mulheres atraentes em geral. Nós, homens, somos casados com mulheres cujos corpos conhecemos intimamente e desses corpos nossos filhos foram gerados. Deus nos concede os corpos um do outro como um presente para desfrutarmos, mas ao receber o nosso, não devemos cobiçar os presentes dos outros.

No dia em que me casei, comecei a orar: "Senhor, me ajude a definir a beleza a partir do corpo de Lisa. Molde meus desejos para que eu seja atraído somente por ela". Eu sabia pelo livro de Provérbios que deveria me deleitar somente em *minha esposa*, não nas mulheres em geral. O autor diz: "*Alegre-se com a esposa da sua juventude. Gazela amorosa, corça graciosa; que os seios de sua esposa sempre o fartem de prazer, e sempre o embriaguem os carinhos dela. Por que, meu filho, ser desencaminhado pela mulher imoral? Por que abraçar o seio de uma leviana?* [ou da mulher de outro homem?]" (Pv 5.18-20).

Não posso explicar completamente esse texto sem constranger minha esposa, portanto vou falar de forma geral. Deus respondeu minha oração.

As características físicas que geralmente considero atraente em minha esposa são as que eu acho mais atraentes em outras mulheres.

No entanto, é igualmente importante uma esposa que trabalha em sua beleza interior, que faz da busca da santificação uma busca ainda maior do que desejar caber em um vestido tamanho 36. Essa é uma beleza que nunca sai de moda.

A sexualidade de uma pessoa casada ajuda a formá-la espiritualmente porque molda as prioridades daquilo que valorizamos e temos em alta estima. Muitos de nós não percebemos o quanto esse mundo e seus valores são superficiais. Um jovem ou uma jovem podem ficar ridiculamente ricos e incrivelmente famosos se estiverem dispostos a se despir no último sucesso de Hollywood, não tendo a menor importância se ele ou ela seja uma pessoa de caráter ou não, tenha moral ilibada ou sabedoria exemplar. O efeito é que muitas pessoas que não conseguem exibir um tipo de corpo em particular se sentem *desvalorizadas*.

Estou convencido de que o Espírito de Deus em nós pode nos enamorar das coisas pelas quais Deus se enamora. Recusando apetites errantes, meditando e alimentando minha mente das coisas certas, treino a mim mesmo a desejar somente aquilo que é correto desejar. Isso não significa que eu não posso apreciar a beleza de outra pessoa. Significa que posso apreciar sem ficar obcecado. Posso ver sem querer me relacionar sexualmente ou emocionalmente de maneira incorreta.

A sexualidade de uma pessoa casada ajuda a formá-la espiritualmente porque molda as prioridades daquilo que valorizamos e temos em alta estima.

A maturidade exige que adotemos essa visão. Evelyn e James Whitehead colocam isso de forma simples e forte: "Quando o corpo é a única habitação do amor, a mudança se torna um inimigo".[101] Da perspectiva cristã, *a mudança não é um inimigo, mas é, de fato, o propósito do casamento*, pois essa mudança que desejamos é o anseio de sermos mais santos. Se a aceitação de minha esposa é baseada somente em sentimentos sobre sua aparência externa em vez de suas qualida-

101 Whitehead e Whitehead, *A Sense of Sexuality*, 75.

des interiores, o tempo certamente corroerá pouco a pouco minha afeição.

Aqueles que vivem para o prazer e a estimulação sexual conhecem apenas uma vida limitada e, provavelmente, experimentam um alto grau de frustração com a ação do tempo sobre seus corpos. Aqueles que encontram significado e satisfação além da sexualidade, criando seus filhos, servindo a Deus, tendo uma vida de oração consistente e vivendo virtuosamente, têm uma base muito mais ampla para desfrutar a vida. Um casamento sensível e santo nos conduzirá nessa direção.

Dê o que você tem

Você se lembra da primeira vez que viu seu cônjuge nu? Um casal de amigos meus tentaram "ir devagar" na noite de núpcias. Eles decidiram tomar um banho de banheira com as luzes apagadas. Infelizmente a banheira começou a transbordar. Como estava escuro, não perceberam que o banheiro do hotel estava inundando e para total constrangimento dos dois, foram forçados a acender as luzes e começar a enxugar o chão, *nús*. A sutil transição à meia luz se transformou em um espetáculo sob os holofotes.

Uma coisa é ficar nu na frente de seu parceiro quando você está relativamente em forma em seus vinte anos, mas e aos trinta e tantos, quarenta ou sessenta? E depois que sua esposa deu à luz uma criança (ou duas ou três) e o metabolismo do marido diminuiu de ritmo colocando belos pneus em volta da cintura?

Continuar a oferecer seu corpo ao seu cônjuge, mesmo quando você se vê como "mercadoria danificada", pode ser tremendamente recompensador em termos espirituais. Isso leva à humildade, ao serviço e ao foco na outra pessoa, além de reafirmar um princípio espiritual poderoso: dê o que você tem.

Continuar a oferecer seu corpo ao seu cônjuge, mesmo quando você se vê como "mercadoria danificada", pode ser tremendamente recompensador em termos espirituais.

Há momentos em que somos chamados a servir a Deus mesmo que a situação não seja ideal. Talvez desejemos compartilhar o Evangelho com um vizinho, mas não achamos que somos inteligentes o bastante ou que conhecemos a Bíblia o suficiente. Ou talvez ouvimos falar de um trabalho beneficente com o qual gostaríamos de contribuir com milhões de dólares, mesmo sabendo que seria difícil darmos uma nota de vinte.

O casamento nos ensina a dar o que temos. Deus nos deu um corpo. Ele mandou que nosso cônjuge se deleitasse com esse corpo e só com ele. Se negarmos a nosso cônjuge nosso corpo, isso se transforma em uma negação absoluta. Nós podemos achar que não é um corpo perfeito, mas é o único corpo que temos que dar.

De forma alguma estou sugerindo que dar seja uma coisa *fácil*, o que estou dizendo é que vale a pena dar. É recompensador dizer: "Estou disposto a dar o meu melhor ainda que eu não ache que o meu melhor seja tão bom assim". Esse tipo de compromisso me faz lembrar Pedro dizendo ao mendigo em Jerusalém: *Não tenho prata nem ouro, mas o que tenho, isto lhe dou. Em nome de Jesus Cristo, o Nazareno, ande* (At 3.6).

Tanta gente não consegue dar a Deus ou aos outros nada simplesmente porque acha que não tem tudo. Aprenda a dar pequenos passos de obediência oferecendo o que você tem, com todos os seus defeitos e limitações, ao seu cônjuge.

Um chamado para fora de nós mesmos

Um dos problemas que me deixa perplexo quando penso na espiritualidade cristã é admitir o quanto somos afetados pela química. É impressionante ver alguém virtualmente curado de sérios distúrbios através de um reajuste de seu equilíbrio químico.

Os cientistas têm demonstrado que os homens se tornam mais carinhosos com a idade e a consequente diminuição do nível de testosterona. Uma mulher mais velha geralmente se torna mais ambiciosa quando os níveis de estrogênio se alteram. Conforme os hormônios deixam de comandar o show, as diferenças de sexo começam de certa forma a diminuir.

Nossa sexualidade é indelevelmente conectada às necessidades físicas, que são químicas por natureza. Posso me abster por bastante tempo, mas abstinência muda de natureza com o passar do tempo. Nem sempre gosto do fato de que uma luta espiritual tenha esse alívio físico, mas é assim que Deus fez a mim e a você.

Há outra maneira de se encarar isso, no entanto. O sexo pode ser a maneira de Deus de nos conectarmos um com o outro. Essa necessidade de expressão física algumas vezes nos força a trabalharmos para resolver conflitos emocionais e espirituais. Aqui, a visão bíblica de divórcio e do novo casamento se torna essencial. Muitos cristãos entram no processo de divórcio achando que podem se casar novamente assim que os papéis sejam assinados. Vamos dizer, porém, que devêssemos aceitar a visão bíblica (e que nossas leis e os líderes da igreja apoiassem isso); na maioria dos casos, seria declarar o seguinte: "Você pode optar pelo divórcio, mas nunca mais poderá ter sexo com ninguém pelo resto de sua vida". Se fosse assim, a maioria dos homens iria achar alguma forma de se reconciliar. Eles não escolheriam o celibato.

Lembro-me de uma conversa que tive com dois homens cristãos sobre os ideais do casamento cristão. Eu os quebrei quando confessei abertamente: "Pode apostar que eu já engoli meus argumentos porque queria outra coisa de minha esposa naquela noite". Ambos admitiram, meio sem graça, que também já tinham feito a mesma coisa. Não me orgulho em dizer que não estou disposto a lutar por minhas convicções quando estou "a fim", e particularmente não gosto que uma necessidade física dirija minhas atitudes espirituais, mas posso aprender a usar essa necessidade física para meu benefício espiritual.

O sexo pode ser a maneira de Deus de nos conectarmos um com o outro.

Deixe-me colocar de forma sucinta: podemos aprender a usar o desejo sexual para lapidar nosso caráter. Da necessidade de intimidade com nossas esposas, os maridos podem aprender a demonstrar ternura e empatia. As esposas podem usar a intimidade física para ajudar a captar o interesse de seus maridos emocionalmente. Idealisticamente procuraríamos oportunidades de nos desenvolvermos porque esse é o nosso chamado cristão. Realisticamente, não é nada mal ter uma necessidade física nos empurrando na mesma direção do aperfeiçoamento de nosso caráter.

Lembre-se: somos santos *caídos*. Deus nos redimiu, com certeza, mas todos nós ainda estamos atolados no pecado. Nossa santificação nunca será perfeita deste lado do céu. Uma coisa tão importante quando a preservação do casamento não pode ser deixada meramente sob a responsabilidade do altruísmo, especialmente nos primeiros anos quando os filhos são pequenos e a estabilidade é extremamente importante.

O desejo sexual literalmente nos chama para fora de nós mesmos e para dentro de outra pessoa. Esse é um exercício útil, desde que essa outra pessoa seja nosso cônjuge. Isso reforça o conceito de "cair para frente" de que falamos no capítulo 9. Ao sermos chamados para fora de nós mesmos, alimentamos a interdependência e a comunhão, duas práticas cristãs muito valiosas.

O preço da paixão

A partir dos relatos da vida de Davi e seus Salmos, vemos claramente que ele era um homem extraordinariamente apaixonado. Quando o profeta Natã conta a história do homem rico que roubou a única ovelhinha do homem pobre, Davi se enfurece: *Juro pelo nome do Senhor que o homem que fez isso merece a morte!* (2Sm 12.5), gritou ele sem perceber que Natã estava falando dele mesmo. E quando Davi escreve sobre sua paixão por Deus, ele o faz com uma fervorosa emoção sem paralelo: *a minha alma tem sede de ti! Todo o meu ser anseia por ti, numa terra seca, exausta e sem água* (Sl 63.1).

Podemos aprender a usar o desejo sexual para lapidar nosso caráter.

Não há dúvida de que a paixão de Davi ocasionalmente o colocava em dificuldades (a história de Bate-Seba é conhecida), mas em nenhum lugar das Escrituras somos chamados a ir para o outro extremo e escolher uma existência sem paixão. De fato, o livro de Apocalipse nos diz que Deus preferiria que fôssemos ou frios ou quentes, qualquer coisa é melhor do que a mornidão pútrida (Ap 3.16).

O filósofo alemão Martin Heidegger diz que nossa paixão nos sintoniza com o mundo. *Nos sintoniza com o mundo...* Pense nisso por um instante. Uma esposa ativa e que nos satisfaz sexualmente irradia energia. Um homem que está sexualmente satisfeito com sua esposa exala um senso de bem-estar. A paixão é uma coisa saudável.

Assim como o amor nos expande, a paixão também pode fazer isso. Ela não é distribuída de modo a diminuir cada vez que é expressa. Na verdade ocorre o contrário, quanto mais apaixonados nos tornamos sobre alguma coisa, mais apaixonados tendemos a nos tornar sobre muitas outras coisas. Um homem apaixonado por sua esposa pode ser apaixonado pela justiça, pelo Reino de Deus, por seus filhos, pelo meio ambiente. Por outro lado, se ele está enfrentando problemas sérios dentro do casamento, um sentimento de frustração e certo abatimento pode se estabelecer como uma nuvem sobre seu trabalho, sua fé e sua comunhão. Ele terá a tendência de se tornar egoisticamente preocupado e totalmente voltado para si mesmo.

Assim como o amor nos expande, a paixão também pode fazer isso.

O estoicismo nunca foi uma filosofia cristã. Para falar a verdade, nós servimos a um Deus que possui sentimentos profundos.

Nossas paixões nos mantêm vivos. Uma pessoa apática é uma pessoa patética. Embora muitas vezes tenhamos medo de nossas paixões porque elas podem nos levar a ter um caso extraconjugal, uma briga ou algum comportamento destrutivo, a solução não é ser "menos apaixonado", mas encontrar as coisas certas para nos apaixonarmos.

A história contada na Bíblia e os dois mil anos de cristianismo atestam que a espiritualidade cristã está muito ligada em manter nossa sede e nossa paixão por Deus e seus propósitos neste mundo. É verdade que nossas paixões podem, às vezes, nos desencaminhar, mas o casamento cristão nos ajuda a administrar essas paixões como a barragens que cercam uma represa. Minha família mora no Estado de Washington, nos Estados Unidos, onde há muitas represas e conhecemos bem o sistema: às vezes, os administradores optam por deixar a água fluir livremente, outras eles reduzem o fluxo a poucas gotas.

É isso que o casamento nos ensina: algumas vezes é bom e saudável deixar as paixões conjugais correrem soltas, mesmo que sintamos que estamos quase cruzando a linha da luxúria. Algumas pessoas cometem o erro de crer que porque no passado foram feridas por suas paixões e pelo desejo sexual que o antídoto é cortá-las completamente. Eles fazem com o sexo o que o anoréxico faz com a comida: "Eu não quero comer demais e ficar gordo, então não vou comer nada".[102] Isso não é uma atitude saudável, é demência.

A vida saudável é uma vida que diz sim e não. Viajo muito, isso faz com que muitas vezes eu e minha esposa façamos jejum de nossa expressão sexual. Os casais com crianças pequenas, especialmente bebês, logo aprendem que não podem se expressar sexualmente sempre que tiverem vontade. Em outras fases da vida, nosso cônjuge pode estar doente ou cansado e seria falta de amor depositar uma expectativa sexual sobre eles. Nessas situações, o jejum sexual é apropriado e necessário.

Algumas vezes, porém, o "banquete" também é necessário. De fato, cada "não" que dizemos ao sexo deve ser colocado no contexto de um "sim" correspondente:

> Jejuar do contato sexual porque o *eros* é mau não é uma disciplina cristã, mas uma fuga insalubre e profana da criação. O "não" do jejum é útil somente se temos valorizado profundamente o "sim" em nossa vida. A árdua disciplina do jejum complementa nosso banquete: precisamos de alguma coisa da qual jejuar. Sem alguns valores urgentes para buscarmos e defendermos, não temos razão para conter qualquer emoção ou impulso.[103]

A vida saudável é uma vida que diz sim e não.

Em outras palavras, a abstinência não é um beco sem saída, é uma longa rampa ascendente. A negação de minha expressão sexual quando estou longe de minha esposa é fortalecida pelo que o futuro reserva quando eu voltar para casa. Não estou dizendo "não" de verdade, mas "espere". Em vez de ser uma negação completa é a canalização do desejo para o lugar apropriado. A abstinência sexual para os solteiros (que não têm

102 Veja a discussão Whitehead e Whitehead, *A Sense of Sexuality*, 150.

103 Whitehead e Whitehead, *A Sense of Sexuality*, 151.

o chamado para o celibato) tem essa mesma natureza. Os adolescentes são orientados a *esperar* porque, fazendo isso, seu futuro relacionamento matrimonial será muito mais doce. A fidelidade tempera o leito conjugal de muitas maneiras profundas e deliciosas.

Não quero espiritualizar exageradamente. Não precisamos sempre ter pensamentos espirituais quando estamos desfrutando de nossas relações conjugais. As paixões nos convidam a entrarmos plenamente na vida. A paixão está no coração do mandamento de guarda do sábado que, por sua vez, tem dois lados: "seis dias você trabalhará" – envolva-se vigorosamente – e no sétimo dia você descansa. Trabalhar duro e depois descansar bem. Ambas as coisas são necessárias para que tenhamos uma vida cheia de significado. Às vezes, o sexo terá distintivamente uma harmonia espiritual, outras vezes, será uma celebração de puro prazer físico. As duas coisas são santas dentro do casamento.

O fundamental é que a paixão e o compromisso são extremamente importantes. Eles deveriam ser cultivados no casamento e afetar a vida toda.

Celebração

Tenho a tendência de levar a minha vida espiritual exageradamente a sério, por essa razão tive muita dificuldade quando encontrei o livro de Elton Trueblood intitulado *The Humor of Christ* (O humor de Cristo). "Todo cristianismo que não consegue se expressar em alegria, em algum momento, é claramente espúrio".[104] Ele tem amplo apoio bíblico para sustentar sua posição. Havia pelo menos três festas prescritas no Antigo Testamento: Páscoa, das Semanas e dos Tabernáculos, assim como outras celebrações religiosas (veja Lv 23; Nm 28 e 29). Essas festas podiam ser bem sofisticadas. Na Festa dos Tabernáculos, por exemplo, os israelitas eram *obrigados* a se regozijar e eram *proibidos* de se entristecer.

O fato é que Deus é digno de celebração infinita. Jesus disse certa vez que, se as multidões não rompessem em louvor, as próprias pedras clamariam (veja Lc 19.40). Deus nos livre de sermos humilhados por um monte de pedras!

104 Elton Trueblood, *The Humor of Christ* (Nova Iorque: Harper e Row, 1964), 32.

Tenho que vencer constantemente meu jeito sério. É assim que eu sou. Tenho a tendência de ver a celebração como uma "fuga" ou um evento menos reverente, mas esse é um preconceito pessoal que estou tentando vencer.

O fato é que Deus é digno de celebração infinita.

A sexualidade matrimonial oferece um contexto único para a celebração: nus, nos braços um do outro, não importa se o seu currículo vale um milhão de dólares ou se você está lutando contra as realidades de um saldo negativo. Você pode estar deitado em uma cama luxuosa no alto do Hotel Waldorf-Astoria ou desfrutando uma noite sem as crianças em um hotelzinho bem simples. Você pode estar se deliciando em sua lua de mel celebrando a vida aos vinte anos ou renovando sua paixão aos sessenta ou setenta. Não importa sua posição ou momento da vida, você está celebrando uma profunda dança humana, uma experiência transcendente criada por nada mais, nada menos do que o próprio Deus Todo-Poderoso.

Existem horas para jejuar. Há tempos de "tomar a sua cruz todos os dias". Há tempos em que somos "temperados com fogo". No entanto, há tempo de ser virtualmente transportado a outro mundo através do íntimo compartilhar e explorar do corpo de nosso cônjuge.

Alguns de nós precisamos ser lembrados de celebrar com zelo. Outros precisam ser lembrados de que a sobriedade sensível, a silenciosa reverência e a obrigação deliberada têm seu lugar. O relacionamento do casamento nos disponibiliza uma experiência plena, humana e responsiva, pressupondo responsabilidade, com certeza, mas, juntamente com essa responsabilidade, saboreando o prazer muito real e terreno da atividade sexual, uma celebração intensa que suavemente nos recorda da existência celestial que espera os filhos de Deus.

Além do toque

Alguns casais podem levar muitos meses para se sentirem à vontade vendo sua intimidade sexual como uma forma de expressão espiritual, de fé e de maturidade. Infelizmente, enquanto os cristãos devessem estar na vanguarda desse pensamento, outras fés nos precederam no âmbito popular. Há inúmeros livros hoje que buscam integrar a filosofia oriental e a espiritualidade tântrica com a sexualidade, mas na maioria dos casos os livros são usados para aguçar as sensações físicas. Estamos sugerindo justamente o contrário: que as sensações físicas possam aguçar nossas sensibilidades espirituais. A cosmovisão cristã não deprecia o físico, ela o acolhe. No entanto, quando o faz, nos recorda de que há valores mais elevados do que o prazer físico, de que esse mundo está passando e a verdadeira alegria e satisfação podem somente ser encontradas em um relacionamento com Deus e na santa comunhão com seus filhos.

Para abraçar plenamente a sexualidade conjugal e tudo o que Deus planejou que ela fosse, os casais precisam trazer seu cristianismo para a cama e quebrar o muro entre a intimidade física e espiritual. Donald Goergan escreve: "A dicotomia entre a sexualidade e a espiritualidade e entre o celibato e o casamento é destrutiva e incorreta. A integração repousa na busca de como podemos ser sexuais e espirituais simultaneamente e a escolha de um tipo de vida não implica na inferioridade do outro tipo".[105]

A cosmovisão cristã não deprecia o físico, ela o acolhe.

O sexo é toque físico, com certeza, mas vai muito além dele. É o que acontece dentro de nós. O desenvolvimento de uma vida sexual que nos realiza significa que eu me preocupo mais em trazer para a cama generosidade e serviço do que uma barriga de tanquinho. Significa que eu vejo meu cônjuge como o santo templo de Deus e não apenas um corpo humano sarado. Significa até que o sexo se torna uma forma de prazer, uma figura da intimidade celestial que rivaliza com a glória *shekinah* de Deus.

Nosso Deus, que é espírito (Jo 4.24) pode ser encontrado no enrosco ofegante, suado e prazeroso de membros do corpo. Ele não vai embora. Ele quer que pratiquemos o sexo, mas que o façamos com sua presença, suas prioridades e virtudes marcando nossa busca. Se experimentarmos o sexo dessa forma, seremos transformados no leito matrimonial tanto quanto somos transformados ajoelhados em oração.

105 Citado em Oliver, *Conjugal Spirituality*, 28.

Perguntas para reflexão e discussão

1. De que maneiras seu passado teve um impacto negativo na sexualidade de seu casamento? Como o fato de procurar aconselhamento ajudaria você a lidar com esse passado?

2. Você ficou chocado com a afirmação de Gary de que "Deus não fecha os olhos quando um casal casado vai para a cama"? Como você se sente a respeito disso? Considere orar com seu cônjuge agradecendo a Deus especificamente pelo dom da intimidade sexual.

3. O sexo tem sido um fardo ou uma bênção em seu casamento? Sempre foi assim? Se não, o que pode ter mudado e por quê?

4. Você tem conseguido cultivar apetites santos? Como isso pode estar afetando sua intimidade física?

5. A vergonha o tem impedido de dar o que você tem a seu cônjuge? Cite uma pequena coisa que você pode fazer para confrontar esse egoísmo.

6. Em sua opinião, quanto o egoísmo afeta o casal comum na vida sexual? De que maneiras uma atitude de serviço pode transformar a experiência da sexualidade conjugal?

7. Como a gratidão pela experiência sexual pode ajudar um casal a vencer a culpa por experiências sexuais anteriores ao casamento?

8. De acordo com Gary, "a abstinência não é um beco sem saída, é uma longa rampa... Não estou dizendo 'não' de verdade, estou dizendo 'espere' ". O que você pode aprender da dinâmica que envolve a abstinência e o desfrutar inerente à expressão sexual dentro do casamento? E em outros aspectos da vida de casados? E na vida em geral?

9. Como você está evoluindo no aspecto espiritual de sua sexualidade (generosidade e serviço)? O que gostaria de ver acontecer em você? O que gostaria de deixar de ver acontecer em você?

10. Diga uma coisa que você pode fazer no mês que vem para demonstrar a seu cônjuge seu desejo de melhorar na área da intimidade física.

12

PRESENÇA SAGRADA

COMO O CASAMENTO PODE NOS TORNAR MAIS CONSCIENTES DA PRESENÇA DE DEUS

A família cristã é um produto da fé. Ela oferece uma oportunidade incomparável de inundar todo o relacionamento da vida diária com o Espírito de Deus. Como os cônjuges devem viver juntos e não conseguem escapar um do outro, cada momento do dia e cada atividade no lar formam um desafio de viver em comum de acordo com o propósito divino.

— Otto Piper

Sinceridade não é suficiente.

Descobri isso da pior maneira possível já no início do nosso casamento. Apenas algumas semanas depois de nos casarmos, Lisa completou seu vigésimo aniversário. Eu era um jovem marido, completamente não iniciado na fina arte da conversação conjugal, então, quando Lisa disse: "Não se preocupe com o meu aniversário, não tem importância", cometi um erro terrível.

Acreditei nela.

O que mais eu podia fazer? Meu pastor do seminário disse: "Procure as mulheres santas". E foi isso que eu fiz. Lisa era, realmente, uma das mulheres mais santas que eu conheci na faculdade. O único problema é que meu pastor nunca me advertiu que as mulheres santas ocasionalmente mentem.

Consequentemente, não pensei muito no que fazer no aniversário de Lisa. Além do mais, eu era novo no emprego e não estava bem de saúde. Por essa razão, não estava preparado para atender as altas expectativas de algo "sem importância".

No dia anterior ao aniversário de Lisa, entrei em uma livraria e comprei três livros para ela. No dia seguinte, de manhã cedo, entreguei os livros a ela com um sorriso.

Foi bom ter sorrido naquela manhã, porque pelo menos um de nós estava sorrindo. Tive que aprender que dar livros a Lisa porque eu gosto de livros não é amor – é esperança! (eu me confundo às vezes). Amor é escolher uma coisa que afirmará e demonstrará para a Lisa que eu a conheço e a aprecio.

Um amigo meu cometeu um erro semelhante. Jim, uma vez, comprou um copo medidor de ingredientes para o aniversário de Peggy. De acordo com Jim esse era o "pai de todos os copos medidores", duplo, modelo superluxo. De acordo com Peggy esse foi o maior erro conjugal de Jim.

Jim e eu tivemos que aprender que quando queremos amar nossas esposas, a sinceridade não é suficiente. Precisamos de substância.

Tiago, o autor do livro que leva seu nome na Bíblia, nos diz que o mesmo acontece com nosso relacionamento com Deus. "Espiritualidade" tornou-se uma palavra muito popular em nossa cultura, mas o maior valor que as pessoas depositam na espiritualidade em nossos dias é a sinceridade. De acordo com a visão popular não importa em que cremos, ou mesmo em quem cremos, desde que sejamos sinceros.

No entanto, essa não é uma verdade bíblica. Tiago 1.27 encerra a discussão com uma dúzia de palavras que introduzem a verdade sobre espiritualidade: *A religião que Deus, o nosso Pai aceita como pura e imaculada é esta...* Se há uma religião que Deus considera aceitável, então deve haver uma religião que ele considera inaceitável. Se há uma forma pela qual Deus deseja ser amado, deve haver uma maneira que ele não deseja ser amado.

Em outras palavras: sinceridade não é suficiente.

Este não é o lugar para apresentar uma definição exaustiva ou decisiva da "espiritualidade cristã", mas um de seus componentes mais importantes dessa espiritualidade se refere a seu aspecto relacional. A espiritualidade cristã não é a busca de iluminação espiritual, novas experiências ou sabedoria esotérica. Ao contrário, ela é fundamentada em uma busca apaixonada e em resposta a um ser espiritual: o próprio Deus. Gosto da definição dos Whitehead: "A espiritualidade cristã pode ser descrita como nossos esforços consistentes de responder às delícias e exigências da presença de Deus em nossa vida".[106]

A palavra funcional aqui é *presença*. Os grandes autores cristãos do passado enfatizaram a importância de viver em constante consciência da presença de Deus. Os que têm progredido na vida cristã aprenderam a desenvolver uma espécie de memória mística que os mantém sintonizados ao fato de que Deus sempre está com eles, sempre pronto para sussurrar suas palavras de desafio, encorajamento, afirmação e repreensão amorosa. Ele sempre está observando, sempre cuidando, sempre ouvindo.

Uma das formas de descrever a prática da presença de Deus como uma disciplina espiritual é voltar-se para ele.

Uma das formas de descrever a prática da presença de Deus como uma disciplina espiritual é *voltar-se* para ele. François Fénelon, um dos grandes místicos cristãos de todos os tempos, escreveu o seguinte no século 17:

> Uma regra geral para o bom uso do tempo é acostumar-se a viver em contínua dependência do Espírito de Deus, recebendo, momento a momento, tudo o que lhe agrade nos dar, conversando com ele imediatamente nas dúvidas que necessariamente enfrentamos, *voltando-se* para ele na fraqueza na qual a bondade esvai-se pela exaustão, clamando a ele e elevando-se a ele quando o coração, varrido pelas coisas materiais, se vê levado imperceptivelmente para fora do caminho e se encontra esquecido e desviado de Deus [ênfase do autor].[107]

Talvez a mais clássica obra literária nesse aspecto da vida cristã seja *Practicing the Presence of God* (Praticando a presença de Deus), do irmão

106 Evelyn Eaton Whitehead e James D. Whitehead, *Marrying Well: Stages on the Journey of Christian Marriage* (Nova Iorque: Doubleday, 1983), 187.

107 Fénelon, *Christian Perfection*, 4.

Lawrence. Lawrence, um humilde monge do século 17, aprendeu a se deleitar de forma especial na presença contínua de Deus e, como resultado, sentia-se igualmente perto de Deus, fosse descascando batatas na cozinha ou ajoelhado no altar em oração.

O irmão Lawrence disse que deveríamos "nos colocarmos na presença de Deus continuamente falando com ele", sugerindo que é uma coisa vergonhosa permitir que pensamentos triviais interrompam nossa conversação espiritual. Ele nos convida a "alimentarmos nossa alma em elevados pensamentos a Deus e assim encontrarmos grande alegria em estar com ele".

No princípio, praticar a presença de Deus é, em geral, uma disciplina, mas com o tempo a disciplina de praticar a presença de Deus começa a ser mais natural. Como o irmão Lawrence observa: "No início, é necessário um esforço persistente para formar o hábito de falar continuamente com Deus..., mas depois de um pouco de cuidado, seu amor nos leva a isso sem dificuldade alguma."[108]

Em vez de deixar que o casamento anule nossa sensibilidade espiritual, não podemos usá-lo para despertar nossas almas de uma maneira nova e mais profunda?

É essa busca da presença de Deus que leva tantos homens e mulheres aos mosteiros e conventos. Essas almas ansiosas creem que poderiam experimentar melhor as delícias da presença de Deus engajando-se em uma vida livre das incumbências de ganhar a vida e cuidar de uma família. Embora antigas ordens religiosas difiram substancialmente, muito da vida de uma freira ou de um monge era estruturada em torno desse pensamento – essa constante consciência de Deus. O dia começava e terminava com oração, geralmente havia períodos de silêncio obrigatório e a própria comunidade criava um ambiente que incentivava seus cidadãos a olharem em direção ao céu.

Como podemos, como santos casados, usar a correria das atividades diárias e o caos aparente da vida em família como uma lembrança da presença de Deus? Com certeza temos muitos obstáculos para vencer, mas será

108 Irmão Lawrence, *Praticando a presença de Deus* (Rio de Janeiro: Danprewan, 1997).

que não há uma forma de usarmos o casamento para nos aproximarmos mais de Deus, em vez de permitir que ele entorpeça nossos sentidos e nos conduza a um ateísmo prático, no qual oferecemos um serviço a Deus proveniente dos lábios, mas vivemos como se Deus não existisse? Em vez de deixar que o casamento anule nossa sensibilidade espiritual, não podemos usá-lo para despertar nossas almas de uma maneira nova e mais profunda?

Há uma maravilhosa ilustração no Antigo Testamento que nos diz que sim!

Entre os querubins

A arca do testemunho tinha dois querubins de ouro batido colocados de frente um para o outro e as pontas de suas asas se tocavam. Na união deles a Palavra diz: *Ali, sobre a tampa, no meio dos dois querubins que se encontram sobre a arca da aliança, eu me encontrarei com você* (Êx 25.22).

A presença de Deus "entre os querubins" veio a ser uma imagem comum do Antigo Testamento. No tempo de Samuel, os israelitas queriam trazer a arca de volta, referindo-se a ela como *a arca da aliança do Senhor dos Exércitos, que tem o seu trono entre os querubins* (1Sm 4.4). O salmista escreve: *Escuta-nos, Pastor de Israel,... tu, que tens o teu trono sobre os querubins* (Sl 80.1). Isaías usa a mesma figura: *Senhor dos Exércitos, Deus de Israel, cujo trono está entre os querubins* (Is 37.16). Essa figura também aparece no Novo Testamento: *Acima da arca estavam os querubins da Glória* (Hb 9.5).

A presença de Deus vem a nós no encontro de dois seres. Deus habita no meio desse encontro. É uma bela figura.

Há uma longa tradição da busca de Deus na solitude, mas há claramente uma garantia bíblica de busca de Deus no relacionamento e na comunidade. Considere as palavras de Jesus em Mateus: "*Também lhes digo que se dois de vocês concordarem na terra em qualquer assunto sobre o qual pedirem, isso lhes será feito por meu Pai que está nos céus. Pois onde se reunirem dois ou três em meu nome, ali eu estou no meio deles*" (Mt 18.19s).

Note que Jesus diz "*onde se reunirem dois ou três em meu nome...*" A família que vai desfrutar da presença de Jesus como uma parte costumeira de sua união é uma família que está reunida precisamente porque o marido e a esposa querem convidar Jesus para os aspectos mais profundos de seu casamento. Eles não estão juntos para escapar da solidão, nem para obter uma situação mais favorável de seus recursos financeiros, ou meramente encontrar um escape para seus desejos sexuais. Acima de todas essas outras razões, eles se uniram como uma forma de viver e aprofundar sua fé em Deus.

Mesmo que você não tenha entrado no casamento por essa razão, pode tomar a decisão de *manter* seu casamento sobre esse fundamento. O dia em que fizer isso descobrirá que o casamento é um caminho favorável que direcionará a presença de Deus para dentro de sua vida diária, fazendo com que nos comuniquemos, nos lembrando de nossa dor transcendente, nos ajudando a contemplar a imagem de Deus e permitindo que participemos da criação.

Conversação

Quando eu era jovem, pensava que o silêncio era o melhor caminho para o coração de Deus. A igreja que eu frequentava colocou no boletim um anúncio mais ou menos assim: "Por favor, mantenha uma atitude de reverência para que preparemos nossos corações para a adoração". Realmente, há profundas raízes na tradição cristã testificando o valor espiritual do silêncio. Por exemplo, por causa da obrigação dos monges trapistas de se manterem em silêncio, os membros dessa ordem geralmente se comunicam com linguagem de sinais. Há registros antigos de monges que não se comunicaram por três décadas ou mais.

Assim como o silêncio dos monges trapistas é uma disciplina criada para atraí-los ao domínio da santidade, assim a conversação no casamento pode nos levar a Deus. No início deste século, desenvolveu-se na França a ideia de que a conversa deveria ser vista como um exercício espiritual. A partir disso surgiu *le devoir de s'asseoir*, o que significa literalmente "a obrigação de assentar-se".[109]

No casamento, é nossa obrigação nos comunicarmos. Com toda a certeza, todo casamento precisa de tempos de silêncio e meditação, mas no relacionamento com nosso cônjuge, a comunicação é uma disciplina de amor.

109 Oliver, *Conjugal Spirituality*, 61.

Nossa busca um do outro espelha a busca de Deus por nós e, quando ele faz isso, conhecemos melhor sua presença e seu caráter. O fato de que Deus usa os sonhos para se comunicar no Antigo e no Novo Testamento revela que ele está tentando se aproximar de nós todas as horas do dia e da noite. Deus nos ama com palavras em vez de braços físicos que abraçam. Podemos amar nossos cônjuges com essas mesmas palavras e crescer com isso.

Allender e Longman observam que "somos chamados para cultivar Cristo em nossos cônjuges pelo poder da palavra falada".[110] Como as palavras podem fazer isso? Desta maneira (pelo menos em parte): "A palavra de Deus subjuga o caos e produz alegria e vida, palavras más produzem caos e nos levam ao desespero e morte".[111]

Nessa visão, nossa língua convida a presença de Deus ou o afasta de nós. Cada palavra falada a um membro da família é um convite para uma experiência com o sagrado ou com o caos.

A carta de Tiago vê o controle das palavras como uma das disciplinas cristãs fundamentais:

> *Todos tropeçamos de muitas maneiras. Se alguém não tropeça no falar, tal homem é perfeito, sendo também capaz de dominar todo o seu corpo. Quando colocamos freios na boca dos cavalos para que eles nos obedeçam, podemos controlar o animal todo. Tomem também como exemplo os navios; embora sejam tão grandes e impelidos por fortes ventos, são dirigidos por um leme muito pequeno, conforme a vontade do piloto. Semelhantemente, a língua é um pequeno órgão do corpo, mas se vangloria de grandes coisas. Vejam como um grande bosque é incendiado por uma simples fagulha. Assim também, a língua é um fogo; é um mundo de iniquidade. Colocada entre os membros do nosso corpo, contamina a pessoa por inteiro, incendeia todo o curso de sua vida, sendo ela mesma incendiada pelo inferno.* (Tg 3.2-6)

Do ponto de vista de Tiago, nossa língua serve como termômetro espiritual registrando com suas palavras nossa temperatura espiritual.

A língua pode ser cruel de duas formas: falando o mal ou refreando-se de falar o bem. Precisamos reconhecer o quanto é ofensivo o silêncio penetrante dentro do casamento. Há momentos em que o silêncio cura, mas há também o silêncio maligno. Quando nos recusamos a falar por covardia, egoísmo ou cansaço, recuamos em nosso crescimento cristão.

110 Allender e Longman, *Intimate Allies*, 89.

111 Allender e *Longman, Intimate Allies*, 99.

Cada palavra falada a um membro da família é um convite para uma experiência com o sagrado ou com o caos.

Deus me chama a falar, *mas a falar cuidadosamente*. Tenho que aprender a me comunicar com minha esposa, para descobrir por que às vezes eu a exaspero por não falar ou por falar da maneira errada. Em outras palavras, para estar casado amorosamente tive que aprender a domar minha língua.

A comunicação nos força e entrar em outro mundo. Para me comunicar com minha esposa tenho que ir além de meu próprio padrão de referência e entender como a mesma palavra pode significar duas coisas diferentes para cada um de nós. Esse é um exercício que produz um enorme benefício espiritual.

As palavras faladas com maldade podem ferir profundamente. Elas podem destruir, magoar e construir paredes de separação. Dan Allender e Tremper Longman nos lembram dessa verdade e nos encorajam a escolher as palavras cuidadosamente:

> Tenho que semear palavras como sementes que tragam uma colheita de frutos que bendigam a Deus... Devemos escolher nossas palavras como se escolhêssemos um instrumento de vida ou morte. Se conhecemos o poder das palavras, então não nos recusaremos a falar por medo nem a falar muito e semear palavras de destruição. Devemos falar palavras de encorajamento para trazer o coração de Deus àqueles que amamos. Temos que falar palavras de repreensão para romper a inclinação natural para o orgulho e autojustificação de nossos corações.[112]

Deus me chama a falar, mas a falar cuidadosamente.

O outro lado da comunicação é aprender a ouvir, e essa é a área onde geralmente eu luto com todas as minhas forças. Muitas vezes estou perdido em meus próprios pensamentos e, consequentemente, me ressinto do fato de que alguém queira interrompê-los para compartilhar os seus. Quando me casei com Lisa, porém, fiz o compromisso de me comunicar com ela.

Minha esposa é leitora inveterada de uma revista cristã chamada *Guideposts*. Ela ama as histórias de tragédia, de quase tragédia e da lacrimosa coluna "Seus misteriosos caminhos". Por coincidência – não estou

112 Allender e Longman, *Intimate Allies*, 101.

inventando! – no exato momento em que estou digitando essas palavras, ela me pediu para dar uma paradinha para que ela pudesse ler para mim uma história da *Guideposts*.

Lisa sabe que não é o tipo de coisa que eu normalmente leria. Leio cerca de trinta a quarenta livros por anos e muitas revistas, mas não esse tipo de literatura que relata experiências pessoais. Mesmo assim, ouvir essas histórias tem se tornado uma parte de meu compromisso de entrar no mundo de Lisa. O amor é um movimento intencional em direção ao outro.

A comunicação nos chama para sairmos de nós mesmos.

Como o ato de ouvir convida a presença de Deus? Uma parte significativa da oração envolve ouvir Deus. Lembrei-me do capítulo três quando citei o dr. John Barger e cabe aqui uma citação:

> [Quando as mulheres] amam, amam em silêncio; elas falam em sussurros e temos que ouvir cuidadosamente, atenciosamente, para ouvir suas palavras de amor e conhecê-las.
>
> Deus também não é assim?
>
> Ele não intervém em nossas vidas, na maioria das vezes, na forma de sussurros que não ouviremos se não conseguirmos nos recordar e prestar muita atenção – se não lutarmos constantemente para ouvir esses sussurros de amor divino? As virtudes necessárias para amar verdadeiramente uma mulher e ter retorno desse amor – as virtudes da disposição em ouvir, a paciência, a humildade, o serviço e o amor fiel – são as mesmas virtudes necessárias para amarmos Deus e termos o retorno desse amor.

A comunicação nos chama para sairmos de nós mesmos. Aprender como fazer isso é um pré-requisito tanto para criar uma vida de oração significativa quanto para edificar um casamento significativo. O ato da comunicação convida a presença de Deus para dentro de nossa existência diária. A verdade é que, através de nossas palavras, atraímos a presença de Deus ou a afastamos.

Dor transcendente

Em algum momento do relacionamento com a pessoa que seria seu cônjuge, você estava disposto a deixar todos os outros possíveis candidatos (ou candidatas) e ficar junto dele para o resto da vida. Para um solteiro as opções de um parceiro por toda a vida são praticamente ilimitadas, desde que a pessoa concorde. Ainda assim, de todos os bilhões de pessoas do mundo, você escolheu essa pessoa: o seu cônjuge.

Como exercício espiritual, lembre-se novamente de que, não importa qual seja o resultado de sua opção, você *voluntariamente escolheu* esse homem ou essa mulher. Depois de muita consideração, você pediu essa pessoa em casamento, ou disse "sim" quando foi pedida em casamento. Naquele momento, sua decisão fazia todo o sentido do mundo. Você, literalmente, foi capaz de apostar sua vida nisso e tinha todas as razões para acreditar que o casamento com aquela pessoa seria um relacionamento que zelaria pelos anos que viriam, até que a morte interviesse para separar vocês.

O relacionamento no casamento cria para nós uma oportunidade de sermos relembrados de nossa necessidade de Deus quando ficamos desiludidos por não conseguirmos receber todo o amor que necessitamos e desejamos por parte de outros seres humanos. A decepção inevitável pode nos levar à angústia de múltiplos casamentos. Em vez de compreender que nossas verdadeiras necessidades só podem ser atendidas por Deus e em Deus, algumas pessoas continuam tentando encontrar sua realização em novos relacionamentos, pensando que o que elas realmente precisam é apenas encontrar a "pessoa certa" que, traduzido, geralmente significa uma "nova pessoa". O cristianismo não nos direciona para nos concentrarmos em *buscar* essa pessoa certa, ele nos chama a *nos tornarmos* a "pessoa certa".

Use sua insatisfação, ou até seu tédio, para com a vida e os relacionamentos como uma bússola para dirigir você para o Norte Verdadeiro da paixão do seu coração: o próprio Deus. Lembre-se de que nos múltiplos casamentos o mesmo processo se repetirá inevitavelmente: uma grande excitação, a emoção da descoberta e então, em algum nível, decepção severa e crescente.

Todas essas coisas me levam de volta à analogia do computador que usei no primeiro capítulo: não adianta nada trocar meu 486 por outro 486. A tela pode parecer nova nas primeiras semanas, pode ser um pouco mais brilhante, mas em pouco tempo vou descobrir que estou lidando com as mesmas limitações.

Todos nós, seres humanos, somos como os 486, e nossos corações anseiam pelo modelo mais avançado. Outra pessoa simplesmente não pode nos completar. Elas podem parecer novas nos dois primeiros anos, podem ser um pouco mais brilhantes com um pouco menos de rugas, mas com o tempo descobrimos que têm as mesmas limitações que as pessoas que nós substituímos. A famosa frase de Agostinho tem sido tão usada que hesito em mencionar, mas ainda assim é verdadeira: "Nossos corações não têm descanso até que encontrem descanso em ti".

Um cuidado deve ser tomado: embora nossos corações encontrem seu descanso somente quando Deus é parte dessa equação, é um fato bíblico surpreendente que, depois de ter criado Adão, Deus tenha dito não é bom que o homem esteja só (Gn 2.18), mesmo que se deleitasse em seu relacionamento com o homem. Deus claramente nos criou com uma necessidade de desfrutar de outros relacionamentos além dele exclusivamente[113], mas ele deve estar no centro de nossos corações e a ele são acrescentados os outros.

Deixe seu relacionamento com seu cônjuge lhe mostrar o que você mais precisa acima de todas as coisas: o amor e a presença viva de Deus em sua vida. Acima de tudo, não culpe seu cônjuge por sua falta de realização, culpe a si mesmo por não estar buscando um pleno relacionamento com Deus. Monges e freiras que encontraram deleite em sua busca solitária de Deus testemunham que a falta de intimidade conjugal não é garantia de infelicidade nem inibidor de alegria espiritual. Quando você descobre essa verdade é impressionante como pode encontrar satisfação, não importa com quem esteja vivendo.

> *Deixe seu relacionamento com seu cônjuge lhe mostrar o que você mais precisa acima de todas as coisas: o amor e a presença viva de Deus em sua vida.*

A insatisfação conjugal, em qualquer aspecto, é resolvida com a oração: "É por isso que preciso de ti, ó Deus". Somos relembrados da dor transcendente de nossa alma que nem mesmo essa pessoa tão especial consegue aliviar completamente sozinha. Por mais

113 Allender e Longman colocam melhor: "Deus não preenche exclusivamente o coração humano. Ele faz a humanidade necessitar mais do que a si mesmo. A extraordinária humildade de Deus para fazer algo que não seja plenamente satisfeito com o Criador e a criação é incompreensível" (*Intimate Allies*, 146).

estranho que pareça, tenho descoberto em minha própria vida que minha satisfação ou insatisfação com meu casamento tem muito mais a ver com meu relacionamento com Deus do que com meu relacionamento com Lisa. Quando meu coração esfria para Deus, meus outros relacionamentos sofrem, então, se sinto uma crescente alienação de minha esposa ou falta de afeição, a primeira coisa que verifico é como estou com o Senhor. Lisa é quase literalmente meu termômetro de Deus.

Contemplando a imagem de Deus

Todas as noites, eu durmo com um espelho de Deus deitado a meu lado.

A Bíblia nos ensina que tanto o homem quanto a mulher é feito à imagem de Deus (veja Gn 1.26s). Compreender essa verdade deve nos conscientizar regularmente da presença de Deus porque ela nos permite compreender que nosso parceiro está nos ajudando a compor um quadro mais completo da natureza e da pessoa de Deus.

Dan Allender e Tremper Longman afirmam como é importante para o homem e para a mulher modelarem os elementos da existência de Deus um para o outro: "A força do marido ajuda a refletir a força de Deus e, assim, ele pode ajudar sua esposa a entender esse aspecto do ser de Deus mais claramente, encarnando-o, ainda que o faça de forma imperfeita. Por outro lado, a ternura e a compaixão de uma mulher podem ampliar a consciência de seu esposo sobre a misericórdia de Deus (1Pe 3.1s)".[114]

Eu praticamente implorei para um amigo chegado da faculdade que não se casasse. Ele e sua namorada brigavam o tempo todo, em parte porque ocupavam extremos opostos do espectro da personalidade. Steve podia ser grosseiro, estúpido e de uma impressionante falta de tato. Sua namorada, Laura, era uma das mulheres mais sensíveis que já conheci. Certa ocasião, Steve confrontou Laura mostrando que ela estava falhando como namorada de sete formas diferentes. Quando expressei minha incredulidade de que ele pudesse ter despejado tantas coisas de uma vez na cara dela, Steve respondeu: "Mas, Gary, eu poderia ter dito muito mais!"

114 Allender e Longman, *Intimate Allies*, 161.

Ainda assim, Steve e Laura se aperfeiçoaram em seu relacionamento com Jesus Cristo e ambos mudaram de forma positiva. Steve pode ter crescido sem tato, mas começou a praticar a virtude cristã da humildade, dispondo-se a aprender com a sensibilidade de Laura. Ela respeitava a coragem de Steve de dizer a verdade, não importando as consequências, e compreendeu que "pegar leve" não é a postura adequada para todas as circunstâncias. Depois de quinze anos de casamento, eles tinham um relacionamento maravilhoso, de fato, um dos mais sólidos que eu já vi. Cada um ajudou o outro a chegar mais perto do caráter de Deus representando quase que ao extremo a força e a ternura de Deus.

Ser casado não somente nos faz lembrar da natureza e do caráter de Deus, mas também suas exigências morais para nossas vidas.

Ser casado não somente nos faz lembrar da natureza e do caráter de Deus, mas também suas exigências morais para nossas vidas. Uma das maiores dificuldades da espiritualidade cristã é o problema aparentemente simples do esquecimento. Deus pede que adotemos certas prioridades e ajamos de acordo com elas, mas as esquecemos e seguimos nosso próprio caminho. Deus está sempre conosco, mesmo assim esquecemos sua presença imediata e tratamos nossa esposa e filhos de uma forma que jamais trataríamos se nosso pastor ou os membros de nossa igreja estivessem sentados em volta de nossa mesa da cozinha.

Maridos e esposas consagrados fazem Deus parecer mais real e vivo no lar. Eu sempre gostei de assistir filmes, mas eles nem sempre são uma recreação "segura". Nessa atividade, Lisa funciona como um tipo de consciência para mim. Por alguma razão de que não me orgulho, desconfio que meus padrões seriam um pouquinho mais baixos se eu soubesse que Lisa não estaria comigo na sala assistindo ao filme. Mesmo depois de quinze anos de casados, assistir um filme com Lisa é um pouco como assistir um filme com Deus. Eu posso imaginar Deus pensando: "Você alugou *isso*?"

Dietrich Bonhoeffer chocou o mundo da teologia quando, como um teólogo luterano do começo do século 20, defendeu que os protestantes deveriam restituir a prática da confissão. Não que ele sentisse que a confissão a um ser humano fosse necessária para obter o perdão de Deus, mas acreditava que a ela tinha um propósito prático: tornar o pecado mais real para nós.

Se você questiona a verdade disso, pergunte a si mesmo: porque é tão mais fácil confessarmos nossos pecados para Deus do que para o nosso pastor? Por que há mais vergonha quando outro ser humano pecador observa minhas fraquezas do que quando as pronuncio diante de um Deus Todo-Santo?

Será porque a presença de Deus seja fraca demais em nossas vidas? Se verdadeiramente entendêssemos e amássemos a beleza e a santidade de Deus, tremeríamos um pouco quando nos aproximássemos dele. Sua invisibilidade, porém, geralmente cria um amortecedor, amaciando assim o impacto de sua presença.

Em nosso cônjuge, e através dele, Deus se torna real para nós em forma humana.

Em nosso cônjuge, e através dele, Deus se torna real para nós em forma humana. Há uma pessoa de carne e osso sentada junto a mim que franze a testa quando vê alguma coisa que deveria me fazer franzir a testa, mas não faz, e eu vejo o meu coração duro exposto por seu coração manso.

Funciona de ambos os lados, é claro. Algumas vezes tento ajudar Lisa a compreender como ela age quando está cansada e desconta nas crianças. Quando ela vê a reação no meu rosto, sabe que deixou o pecado dos outros incitar seu próprio pecado.

Podemos ajudar um ao outro a se conscientizar da presença de Deus encorajando-nos mutuamente a crescer em santidade. Ainda assim devemos nos certificar de fazer isso com extremo cuidado, pois *queremos trazer a presença de Deus para dentro da vida do outro, e não o nosso próprio julgamento.* No entanto, apontar a presença de Deus um ao outro é certamente uma disciplina fundamental para os cônjuges.

Um casamento com discernimento espiritual será um instrumento de santificação. Ao olharmos para nosso cônjuge somos lembrados da presença e da imagem de Deus e, na presença de Deus, desejamos nos tornar mais santos. O autor de Hebreus escreve: *Esforcem-se para viver em paz com todos e para serem santos; sem santidade ninguém verá o Senhor* (Hb 12.14).

Essa cooperação na santificação não é uma disciplina fácil. Minha tendência é *ocultar* minhas faltas em vez de trabalhar para transformá-las. Todos os dias escolho gastar minha energia cobrindo meus erros e tentando criar uma falsa e brilhante imagem, ou estou me arrependendo e cooperando com Deus para me tornar uma pessoa mais santa? Viver com uma mulher criada à imagem de Deus me chama à honestidade e ao crescimento em santificação, *desde que eu permita que meu casamento me lembre da presença de Deus e de suas exigências para minha vida.*

Criando

Subi a colina de Marye, na cidade de Fredricksburg, Virgínia, palco de uma terrível batalha da guerra civil americana em 1862 e não consegui parar de murmurar para mim mesmo: "Que desperdício". Nesse local as tropas da União imprudentemente tentaram transpor uma barreira impenetrável em um ataque colina acima com o objetivo de capturar a cidade. Para os Confederados foi como um exercício de tiro ao alvo. A primeira onda de assalto da União foi massacrada. O general da União, Ambrose Everett Burnside, ordenou um segundo ataque. Os Confederados louvaram sua bravura, esperaram que cada inimigo estivesse na mira e mataram até o último soldado.

Burnside enviou outra onda com o mesmo resultado. Cada homem perdido era um filho, um marido, um pai ou um irmão. Sem dúvida, cada vida perdida foi sentida profundamente por alguém e essas vidas foram, literalmente, jogadas fora em uma missão estúpida.

Poucas coisas me dão mais raiva do que o desperdício de vidas. Quando ouço falar de jovens que morrem em acidentes de carro causados por sua imprudência antes de seu décimo nono aniversário; quando leio a respeito de jovens universitários que morrem de coma alcoólico em uma farra antes de seu aniversário de vinte anos ou quando leio sobre uma morte que poderia ter sido evitada, sinto uma tristeza profunda.

Poucas coisas me dão mais raiva do que o desperdício de vidas.

Parte disso surge de minhas convicções teológicas de que nós, como pessoas criadas à imagem de Deus, temos a responsabilidade de criar. Seja abrindo um negócio, construindo uma casa, formando uma família, escrevendo um livro, mantendo uma vida (seja pela educação ou pelo cuidado da saúde) ou qualquer coisa que escolhamos edificar, não devemos desperdiçar nossas vidas, mas usá-las produtivamente.

O casamento nos leva para dentro do reino da criação. Fica implícito que não há maneira santa de ter filhos e ajudar a criar uma nova vida se você não é casado. O absoluto mistério e completo milagre do nascimento é algo que simplesmente transcende esse mundo. Quando aquele bebê ensanguentado e nu foi colocado nos braços de minha esposa, tive emoções que nunca havia conhecido antes. Do dia para a noite deixei de ser uma pessoa passiva. Não repensei minhas posições intelectuais a respeito do envolvimento cristão em conflitos armados, mas apenas soube, no fundo do meu coração que eu faria o que fosse necessário para proteger aquela criança e a mulher que a deu à luz.

Quando criamos uma família chegamos o mais perto possível de compartilhar a imagem de Deus. Ver essa criança, feita parcialmente à sua imagem, é quase assustadoramente comparável demais com sermos feitos à imagem de Deus. Sou um "provocador" inveterado de crianças pequenas. Gosto de brincar com elas e aprontar travessuras. Agora, meu filho de nove anos faz a mesma coisa quando está com crianças pequenas. Fico maravilhado e minha fé é renovada quando acordo pela manhã e vejo que meu filho também descobriu uma nova sede de Deus. É muito sério perceber que minhas atitudes estão moldando três pequenas vidas.

No entanto, é preciso de esforço para empreender esse tipo de criação. Uma vez visitei a casa de um pastor e seus filhos eram inacreditavelmente bem comportados. Depois de sua filha adolescente demonstrar sua habitual fineza, voltei-me para outro amigo e perguntei: "Será que sai sangue quando eles se cortam?", e meu amigo riu.

Na manhã seguinte, porém, estava tomando o café da manhã com o pastor e ele confessou que passou mais de uma hora e meia conversando com sua filha sobre uma questão difícil depois que eu saí de sua casa na noite anterior. Ele também estava tendo longas conversas com seu filho *diariamente*. Sempre surgia alguma coisa que requeria sua atenção.

Fiquei chocado com o esforço, o tempo e a atenção que esse homem de Deus estava dedicando à sua família. Ele estava envolvido com ela de uma forma que eu não estava com minha. Estava sacrificando enormes porções de sua própria vida para ajudar a criar essas outras vidas. Percebi que criar uma família não é uma tarefa secundária. Ela requer tremenda energia, concentração e autonegação.

Quando perdemos esse senso de criação, o casamento perde um pouco de sua transcendência espiritual.

Quando perdemos esse senso de criação, o casamento perde um pouco de sua transcendência espiritual. Dan Allender e Tremper Longman conta a história de um homem chamado Jack para ilustrar as consequências que a perda dessa força criativa tem em nosso propósito de vida:

> [Jack] recusava-se a imaginar o que ele poderia ser se Deus reinasse mais profundamente em seu coração. A recusa de Jack de ver sua própria alma como o solo principal dessa criação o deixou sem sonhos sobre sua esposa e filhos. Ele não tinha mais a visão de quem eles eram e o que eles se tornariam além da visão que tinha de si mesmo. Em suma, Jack os amava, mas nunca teve sonhos para a existência deles. Era um criador em seu trabalho, mas não em sua família. Por essa razão, ela foi abandonada no caos da classe média, movendo-se sem rumo no círculo vicioso cansativo, escuro e solitário do *status quo*.[115]

Se não alimentarmos um santo senso de criatividade, experimentaremos um vazio pelo qual podemos perversa e erroneamente culpar nosso casamento. O vazio não vem de nosso casamento, no entanto, mas do fato de que não estamos *engajados* em nosso casamento. Não estamos usando esse poderoso relacionamento para criar alguma coisa.

Em muitos de meus seminários digo aos meus ouvintes que fomos criados para adorar. Se não nos aperfeiçoarmos em nossa adoração a Deus, nos rebaixaremos a adorar outra coisa ou outra pessoa: poder, dinheiro, nossa reputação, nosso time. Pode ser qualquer coisa. Da mesma forma, se não criarmos em nosso casamento, se não preenchermos nossas almas com o significado que vem do propósito para o qual fomos feitos, rapidamente ficaremos insatisfeitos. Receber uma promoção não preencherá

115 Allender e Longman, *Intimate Allies*, 78.

nossas almas, pelo menos não por muito tempo. Acompanhar o último programa de TV ou a nova novela certamente não trará satisfação à alma.

Você já notou como a nossa cultura vive dos atos de criação das outras pessoas? A agenda da televisão americana está lotada de premiações dos programas mais assistidos: Grammy, People's Awards, Blockbuster's Awards, MTV Awards, Globo de Ouro, Dove Awards, Emmy, e a lista continua enquanto nossa cultura vive vicariamente através das realizações e do reconhecimento dos outros.

Você foi feito por Deus para criar. Se não cria com diligência e por adoração, seja preparando refeições, decorando a casa, realizando um sonho vocacional ou educando seus filhos de forma responsável, você se sente menos humano porque está, de fato, agindo de maneira sub-humana. Uma vida desperdiçada em um emprego sem perspectivas de avanço e sem alegria, noites desperdiçadas em frente à televisão e finais de semana gastos em passatempos faz você se sentir no inferno na terra, porque é um inferno na terra. É um desperdício de vida desprovido de energia criativa de Deus. Não há um único casamento em toda a história humana que possa preencher uma vida esvaziada de propósito através de uma vida que não cria nada.

Você foi feito por Deus para criar.

O casamento nos chama para criar a cada dia, todos os dias. No conduz a muitos atos variados de criação. Minha esposa organiza festas incríveis para os meus filhos. Recentemente preparou uma mesa para uma festa de minha filha mais nova que merecia aparecer em uma revista! Deveríamos aproveitar essas oportunidades e nos dedicarmos a elas sem reservas. Quando fazemos isso podemos nos surpreender com o silencioso sentimento de realização que o ato de criação traz.

A criação, é claro, deve ter um foco correto, ou seja, a glória de Deus. Criar filhos tão superficiais quanto nós não é a mesma coisa que criar crianças maduras no Senhor e que vivem para servi-lo. Abrir um negócio que honra a Deus não é mesma coisa que criar um monumento ao nosso sucesso. A hospitalidade egoísta, que é feita com o objetivo de impressionar e colher elogios é facilmente perceptível e está muito longe do serviço genuíno.

O que torna a espiritualidade no casamento difícil é uma atitude de "deixe estar".

No entanto, um homem e uma mulher dedicados a ver um ao outro crescer em maturidade com Deus, educando filhos que conhecem e honram ao Senhor, envolvidos em negócios que sustentam a obra de Deus na terra e executados no contexto dos relacionamentos e da boa mordomia, tanto de tempo quanto de dinheiro – esses cristãos estão participando da criatividade que concede à alma saudável uma alegria, um propósito e uma realização imensuráveis.

Deus nos deu o privilégio e a oportunidade de nos colocarmos, a nós e a nossa família, em uma "busca gloriosa"[116]: participando da natureza divina (veja 2Pe 1.4) e refletindo a própria imagem de Jesus Cristo. Quando conduzimos nossas famílias ativa e gentilmente nesse caminho de santificação progressiva, começamos a refletir a glória de Deus.

Torna-se claro que o casamento cria um contexto que nos leva diretamente a atos de criação. Essa é uma obrigação e uma disciplina espiritual da mais elevada categoria.

O casamento com propósito

De muitas maneiras, o casamento é um terreno escorregadio. Se não formos vigilantes, cairemos.

Essas realidades deveriam deixar abundantemente claro que o casamento, por si só, não deve tornar, e não torna, difícil a busca de Deus e o desfrutar de sua presença. O que torna a espiritualidade no casamento difícil é uma atitude de "deixe estar". Quando não nos comunicamos, quando ignoramos a dor divina em nossa alma e tentamos suavizá-la somente com o companheirismo humano; quando fracassamos em contemplar a imagem de Deus em nosso cônjuge e, em

116 Discuto esse assunto em detalhes em meu livro *The Glorious Pursuit*.

vez disso, embarcamos em uma vida enganosa; quando nos alienamos e não nos alegramos no chamado que temos no casamento para criar – *isso*, sim, é o que pode nos levar à absoluta separação de Deus.

De muitas maneiras, o casamento é um terreno escorregadio. Se não formos vigilantes, cairemos. Se formos apáticos, nossa sensibilidade espiritual esfriará. No entanto, se entrarmos no casamento completa e decididamente, e com intenções santas, nosso matrimônio nos moldará de forma que poucas experiências da vida podem fazê-lo. Ele nos conduzirá à presença de Deus.

Perguntas para reflexão e discussão

1. Como você e seu cônjuge podem convidar mais conscientemente a presença de Deus para dentro de seu casamento?
2. As palavras que você pronuncia estão convidando a presença de Deus para o seu lar ou a estão afastando?
3. Você experimentou o "silêncio cruel" em seu casamento? Como isso ofende a Deus?
4. Como o ato de ouvir convida Deus para dentro de nossos lares?
5. Como a insatisfação conjugal nos lembra de nossa necessidade de comunhão com Deus?
6. Você concorda com Gary quando ele escreve: "Descobri... que minha satisfação ou insatisfação com meu casamento tem muito mais a ver com meu relacionamento com Deus do que com meu relacionamento com [minha esposa]"? Em que sentido?
7. Como seu cônjuge espelha uma qualidade de Deus que possa estar faltando em sua vida de alguma forma?
8. Gary sugere que se o nosso pastor vivesse conosco, poderíamos tratar nossos cônjuges de forma diferente por causa de sua presença. No entanto, Deus está presente! Como podemos estar mais conscientes da presença de Deus, criando um ambiente mais acolhedor e alegre em casa?
9. Gary adverte: "Não existe casamento algum em toda a história humana que pudesse satisfazer uma alma que tivesse sido esvaziada de propósito por uma vida sem criatividade". Os afazeres da vida têm impedido que você esteja totalmente envolvido na tarefa de criar uma família junto com seu cônjuge? O que você pode fazer para ser mais criativo em sua família?

10. "A família que desfruta da presença de Jesus como parte costumeira de sua união é uma família que está unida precisamente porque o marido e a esposa querem convidar Jesus para entrar nos compartimentos mais profundos de seu casamento." Quais são algumas das partes de seu casamento para as quais você nunca pensou em convidar Jesus para participar? O que você faria para convidá-lo? Quais seriam as implicações desse passo?

13

Missão sagrada

O casamento pode desenvolver nosso chamado, nossa missão e nosso propósito espiritual

O cristianismo nos chama há muito tempo à seguinte verdade: a razão do casamento deve ir além dele porque o amor que não serve à vida, morre.

— Evelyn e James Whitehead

"Esta Lisa?", perguntei.

A isso, seguiu-se uma conversa em espanhol que eu não consegui entender.

"Esta Lisa?", repeti, esperando que a senhora mexicana pegasse a dica e colocasse minha namorada no telefone.

Finalmente, Lisa atendeu, mas a conexão não estava nada boa. Com toda a honestidade, houve um suspiro longo, mútuo e meio frustrado de ambas as partes. Nós tínhamos ficado noivos no verão anterior e Lisa estava em uma viagem missionária na cidade do México. Suas cartas foram ficando cada vez mais distantes com o decorrer do verão. Cada vez menos ela mencionava como estava indo pessoalmente e como estava se sentindo. Em contrapartida, cada vez mais fornecia informações sobre o que ela estava fazendo e sobre o excelente assistente com quem ela estava passando bastante tempo.

A ausência em suas cartas de qualquer menção sobre nós, ou sobre sentir minha falta, levantou uma bandeira vermelha. Então, de forma tão casual que fez com que doesse o dobro, escreveu uma linha mencionando que estava pensando em prolongar sua estadia pelo ano todo. Lembro-me de que o assistente estava cogitando a mesma possibilidade.

Eu não tinha telefonado antes para a Lisa. Naquele tempo o serviço telefônico era monopólio e uma chamada internacional era tremendamente cara, especialmente para um universitário quase sem dinheiro. E-mail, então, ainda era coisa de ficção científica.

Nossa luta para ficarmos juntos e servir a Deus tinha começado antes mesmo de nosso noivado.

Não me lembro de como a conversa começou, mas no meio houve um grande silêncio. Mais de um minuto, pelo menos. Finalmente quebrei o silêncio com um comentário nada gentil (nem muito inteligente): "Você tem ideia de quanto esse silêncio está me custando?"

Nossa luta para ficarmos juntos e servir a Deus tinha começado antes mesmo de nosso noivado. Eu queria que Lisa servisse ao Senhor, tudo bem, desde que fosse comigo. Naquele momento eu não estava aberto para nenhuma outra possibilidade.

Eu poderia ter aprendido algumas coisas com um dos meus heróis daquele tempo, Dietrich Bonhoeffer, que era noivo quando entrou em sua cela na prisão de Tigel, depois de ter sido preso por tomar parte em um complô para depor Adolf Hitler. Cheio da paixão de um novo amor e a confirmação do amor correspondido, Bonhoeffer sem dúvida sentiu-se tentado a reconsiderar os efeitos de sua missão pessoal de derrubar Hitler a qualquer custo. Se ele voltasse atrás, poderia sonhar com uma vida agradável e fácil: casar-se com Maria e trabalhar como professor de seminário. Ainda assim, Dietrich voluntariamente arriscou uma vida relativamente tranquila pela incerteza do envolvimento revolucionário.

Deitado em sua cela da prisão, Bonhoeffer fez algumas duras perguntas fundamentais. Em um poema escrito durante seu confinamento Bonhoeffer propôs a seguinte questão: "Quem sou eu?" Ele observou como frequentemente era elogiado por ser uma pessoa amigável, alegre e pacífica.

Ainda assim, dentro de si, experimentava um sentimento diferente de quem ele poderia ser. Em meio à angústia de espírito ele continuou a fazer a si mesmo perguntas comoventes:

> Quem sou eu? Este ou o outro?
> Sou uma pessoa hoje e outra amanhã?
> Sou ambos simultaneamente? Um hipócrita diante dos outros
> E diante de mim mesmo um fraco desprezivelmente miserável?...
> Quem sou eu? Elas debocham de mim, essas minhas perguntas solitárias.
> Seja lá quem eu for tu o sabes, ó Deus, eu sou teu.
> É nessa última linha que eu gostaria de me concentrar: "Seja lá quem eu for, tu o sabes, ó Deus, eu sou teu".[117]

A intimidade do relacionamento do casamento é desejada pela maioria de nós, mas como entraremos nessa união sem sacrificar nosso senso de missão pessoal diante de Deus? Como prometeremos ser fiéis sem reserva e continuar a "cair para frente" em direção a nosso cônjuge, quando já prometemos estar totalmente dispostos para o serviço de Deus?

A maior parte dos antigos autores pressupõe que os cristãos "realmente" sérios permanecerão solteiros.

Não é fácil equilibrar a competição de exigências de um relacionamento humano intenso e uma devoção espiritual predominante e totalmente envolvente. Um dos maiores (e muitas vezes inexplorados) desafios do casamento é

117 Dietrich Bonhoeffer, *Resistência e submissão: cartas e anotações escritas na prisão* (São Leopoldo: Sinodal, 2003).

manter um senso de missão individual enquanto vivemos em um relacionamento de cooperação.

Não há muita literatura sobre esse assunto pela simples razão de que a maior parte dos antigos autores pressupõe que os cristãos "realmente" sérios permanecerão solteiros. Descobri um autor clássico, no entanto, que abordou de frente esse problema, um homem chamado Francisco de Sales (1567-1622). Ele era versado tanto na lei quanto na teologia e tinha um ativo ministério de direcionamento espiritual por correspondência, semelhante a muitos ministérios de hoje. Seus conselhos são tão profundos, práticos e úteis que gostaria de dedicar uma seção inteira neste capítulo às respostas que ele escreveu às cartas enviadas por alguns ansiosos cristãos vivendo "no mundo".

Cartas a pessoas que vivem no mundo

Uma mulher casada certa vez escreveu a Francisco para expressar a preocupação de que sua devoção e seu estado civil estivessem em conflito. Ele dispersou sua preocupação imediatamente, encorajando-a: "Sejamos o que somos e o sejamos bem". Em outras palavras, se somos casados, somos casados e não devemos tentar viver como se não fosse assim. Francisco de Sales afirmou que vivendo com essa atitude nós "Honramos o Mestre a quem pertence a obra na qual nos encontramos".[118]

Para aceitar esse conselho é preciso que não cometamos o mesmo erro de John Wesley: casar-se, mas recusar-se a ajustar sua vida. Wesley disse que era inflexível em não permitir que o casamento o atrasasse nem em um único sermão. Esse tipo de visão não é realista e é até injusta para com nosso cônjuge, com certeza. Estar casado traz obrigações, algumas delas particularmente intensas para os que possuem uma natureza ambiciosa. Há momentos em que devo sacrificar minha ambição de obter sucesso no serviço de Deus para que eu possa estar completamente presente e envolvido na vida da minha esposa e dos meus filhos. Com toda certeza a tensão deve levar a fazer a seguinte pergunta: "Se eu ignoro a filha de Deus [ou o filho de Deus] para realizar a sua obra, estou honrando a Deus?"

118 De Sales, *Thy Will Be Done*, 20.

Os homens cristãos, em particular, podem ser tentados mais do que todos a deixar a ambição corroer sua devoção conjugal, até o ponto de usarem linguagem religiosa para justificar o fato de estarem prejudicando suas esposas, mas Francisco de Sales adverte que mesmo a devoção espiritual pode sair dos limites. Quando nos casamos prometemos a nosso cônjuge que devotaremos uma considerável quantidade de energia, iniciativa e tempo para desenvolver e alimentar o relacionamento. É uma fraude espiritual entrar no casamento e depois viver como um homem ou uma mulher solteiros.

A outra mulher com uma preocupação similar, pois desejava ser freira e sentia-se presa dentro de seu matrimônio, Francisco aconselhou: "Deus não olha seus servos de acordo com a dignidade da posição que eles exercem", mas de acordo com a *fidelidade* com que a exercem. Se uma mulher supervisiona um hospital ou ajuda os filhos a fazer a lição de casa pouca diferença faz aos olhos de Deus, desde que ela esteja sendo fiel ao seu chamado particular em sua vida.

Ainda a outra, que escreveu porque estava tendo grande dificuldade em harmonizar o casamento e a devoção, Francisco escreveu: "Os meios de se alcançar a perfeição são vários de acordo com a variedade de vocações: pessoas religiosas, viúvas e casadas, todas devem buscar essa perfeição, mas nem todas com os mesmos meios". Ele encorajou a mulher sugerindo vários exercícios espirituais, então advertiu: "Em tudo isso, tenha um especial cuidado para que seu marido, seus servos e seus pais não sofram em razão de longos períodos passados na igreja, demasiados retiros para a oração ou deixando de cuidar de sua casa... Você não deve apenas ser devota e amar a devoção, mas tornar isso amável para todos".[119]

Deus não é bem servido se desligarmos todas as pessoas ao nosso redor em nossa busca egoísta pela devoção.

Deus não é bem servido se desligarmos todas as pessoas ao nosso redor em nossa busca egoísta pela devoção. "Devemos, às vezes, deixar o Senhor", afirma Francisco, "a fim de agradar outros por amor a ele".

119 De Sales, *Thy Will Be Done*, 46.

Conheci mulheres que, por serem casadas com maridos não cristãos, sentiam-se frustradas por não participar tão completamente da vida da igreja como gostariam. Francisco pede às mulheres que convivam com essa frustração, argumentando que não é a melhor demonstração de santidade deixar que as obrigações espirituais de uma pessoa eclipsem suas responsabilidades conjugais.

Um dos grandes desafios do casamento para mim são as tarefas sem fim que acompanham a vida de casado. Como experimentar paz e serenidade, me concentrar na presença de Deus e me dedicar à adoração quando a grama precisa ser cortada, o lixo precisa ser levado para fora, as crianças querem um tempo a sós comigo, a roupa precisa ser lavada, as refeições precisam ser preparadas, o carro precisa ser consertado...

Para uma mulher com as mesmas preocupações, Francisco de Sales foi gentil, em vez de condená-la. "Lembro-me de que você me falou como suas múltiplas tarefas pesam em você", ele escreve, e então, não a censura, mas encoraja: "Essa é uma boa oportunidade para adquirir verdadeiras e sólidas virtudes."

De acordo com Francisco de Sales, a quantidade dessas preocupações, na verdade, alimentam em vez de esvaziar nosso crescimento espiritual quando as encaramos com a atitude de continuamente morrermos para nós mesmo e ressuscitarmos para o crescimento interior: "A multiplicidade de tarefas é um martírio contínuo, assim como as moscas causam mais dor e irritação àqueles que viajam no verão do que a própria viagem, assim a diversidade e a multidão de tarefas causam mais dor do que o peso das próprias tarefas".

Sales escreveu sob o maravilhoso pressuposto, tão esquecido em nossa cultura, de que quanto mais difícil é alguma coisa, mais benéfica espiritualmente descobriremos que será para a formação de nosso caráter. É natural que, quando encaramos essas responsabilidades, nossas almas clamem por alívio, mas Francisco nos pede que extraiamos o máximo de benefício delas clamando por paciência, virtude e crescimento à semelhança de Cristo.

Aqui está o X da questão: a paciência só pode ser formada no cadinho da frustração, fazendo do casamento, com suas múltiplas tarefas, uma das melhores escolas de paciência que existem. Francisco de Sales nos suplica a "resolver se restaurar para a paciência no decorrer do dia tantas vezes quantas sentimos que nos dispersamos".

Ele encoraja essa mesma mulher a continuar praticando a mortificação, não perdendo "nenhuma ocasião, por pequena que seja, para exercitar a bondade de coração em relação a todos". A prática dessa virtude da bondade é particularmente desafiadora (Francisco de Sales admite que sua correspondente obterá sucesso somente com a assistência de Deus), porque uma coisa é fazer a coisa certa e outra muito diferente é fazer a coisa certa *com o espírito certo*. Sabemos que nossos motivos e nosso caráter com certeza são testados no casamento. Francisco prossegue explicando: "Digo 'terna diligência', porque a diligência violenta estraga o coração e não é diligência, mas desperdício e tribulação".

Tornar-se uma pessoa mais madura é honrar a Deus tanto quanto fazer as coisas certas.

Ele aceitava a pressuposição de que *tornar-se* uma pessoa mais madura é honrar a Deus tanto quanto *fazer as coisas certas*. Não há dúvida de que o casamento limita o quanto podemos fazer, mas multiplica o que podemos nos tornar. Se um homem ou uma mulher foca o crescimento espiritual em vez de aquisição de bens ou realizações pessoais, verá o casamento como o meio para a missão cristã.

Sabendo que lidar com muitas preocupações pode se tornar um fardo pesado, Francisco de Sales encoraja a mãe a perseverar, lembrando-se da eternidade:

> Logo estaremos na eternidade e então veremos como todos os problemas desse mundo são coisas tão pequenas e quão pouco importa se eles se resolvem ou não... Quando éramos crianças com quanto cuidado juntávamos pedacinhos de azulejo, madeira e lama para construirmos casinhas e edifícios! E se alguém os destruísse, ficávamos entristecidos e chorávamos, mas agora sabemos bem que tudo aquilo tinha muito pouca importância. Um dia acontecerá o mesmo conosco no céu, quando veremos que nossas preocupações neste mundo eram na verdade, apenas brincadeira de criança.

Isso não sugere, Francisco apressou-se em dizer, que esses "problemas desse mundo" não têm valor algum: "Não quero tirar o cuidado que devemos ter a respeito dessas ninharias, porque Deus as confiou a nós nesse mundo para exercê-las, mas gostaria realmente de retirar a paixão e a ansiedade desses cuidados".[120]

Em outra ocasião, Francisco de Sales se dirigiu a uma mulher grávida que estava muito desanimada. Ela estava decepcionada com o pesar de seu espírito, mas Francisco a confortou: "Um corpo delicado que é afligido pelo fardo da gravidez, enfraquecido pelo labor de gerar uma criança e tribulado com muitas dores, não permite ao coração ser tão vigoroso, tão ativo, tão pronto em suas operações, mas isso de maneira alguma fere os atos da porção mais elevada da alma".[121]

Ele ternamente a exortou: "Minha querida filha, não devemos ser injustos e exigir de nós mesmos o que não está em nós... Tenha paciência consigo mesma".

As preocupações conjugais necessariamente provocam mais flutuações emocionais do que a vida celibatária. Lembro-me de uma manhã de domingo em particular. Eu tinha dado uma palestra em um banquete na noite anterior, deveria pregar em todos os quatro cultos na igreja local e dois de meus filhos decidiram iniciar a III Guerra Mundial em nossa cozinha. Lisa estava se aprontando para ir à igreja e eu tinha que disciplinar as crianças. Eu estava tão esgotado que perdi a paciência.

"Isso é ótimo!", queria gritar. "Como é que posso pregar se eu vivo nesse caos?"

Fui mancando emocionalmente para a igreja aquela manhã e pedi a várias pessoas que orassem por mim, explicando o que aconteceu. Só "me aqueci" de verdade depois do primeiro culto. Embora eu desejasse que as coisas tivessem sido diferentes naquela manhã, olhando para trás agora, a experiência foi em todos os aspectos benéfica a longo prazo (no que diz respeito ao meu caráter), embora não tivesse sido a melhor preparação para o meu "desempenho".

Francisco de Sales continuamente me desafia com sua extraordinária habilidade de ver cada dificuldade na vida como uma oportunidade de avanço espiritual. Quando escreveu para ele uma mulher cujo marido lutava contra uma enfermidade, Francisco respondeu aos seus sentimentos

120 De Sales, *Thy Will Be Done*, 47-48.

121 De Sales, *Thy Will Be Done*, 85.

de aflição: "Verdadeiramente, se a caridade permitisse, eu poderia voluntariamente amar as doenças de seu amado esposo porque penso que são úteis a você para a mortificação de suas afeições e sentimentos... Quantas vezes o mundo chama de mau aquilo que é bom!"

Em todas essas cartas e outras mais, podemos perceber que Francisco de Sales não via o casamento como um empecilho à nossa missão diante de Deus. Isso ocorre precisamente porque, se somos conduzidos ao casamento, ele *se torna* um elemento essencial de nossa missão, não nossa *única* missão, com certeza, mas pelo menos as linhas de frente pelas quais ela é lançada.

Podemos tirar essa conclusão porque nossa missão inclui não somente o que *fazemos*, mas o que *nos tornamos*. O cristianismo é uma das raras religiões que une a realidade interior com a obediência externa. Não podemos simplesmente nos concentrar na adesão exterior, cometendo o erro fatal dos fariseus. Por outro lado, a piedade interior que não demonstra preocupação com o serviço no mundo e para o mundo é um erro lamentável. Nossos casamentos serão, de fato, fortalecidos por um foco para fora.

Nossa missão inclui não somente o que fazemos, mas o que nos tornamos. O cristianismo é uma das raras religiões que une a realidade interior com a obediência externa.

Limite exterior

Um amigo meu chamado Mike é um homem extraordinariamente talentoso. Ele é um dos melhores comunicadores que já conheci. É um desses raros indivíduos que faz você rir de ficar com dor nas bochechas e então passa para um penetrante desafio espiritual. Seu material escrito é de igual qualidade.

Ele fundou um ministério em universidades que começou com sessenta pessoas e chegou a ter mais de seiscentas em poucos anos. Então, surpreendeu todo mundo deixando o ministério e lançando um negócio de consultoria e gerenciamento de muito sucesso. Além de tudo isso, ele publica um boletim para capelães de faculdades, organiza um conferência nacional para pastores de campi universitários, escreve artigos e livros e desenha quadrinhos.

Dá para imaginar, o homem é muito competente!

Ainda assim, lembro-me um dia, anos atrás, quando ele veio ao meu escritório na igreja (eu era seu pastor ajudante naquela época) vibrando com sua esposa: "Você devia vê-la a noite passada, fiquei tão orgulhoso dela!"

Um casamento espiritualmente vivo permanecerá um casamento de dois indivíduos em busca de uma visão comum fora de si mesmos.

Sherri tinha apresentado à diretoria da igreja um ministério com mães. Ela reconhecia que se uma moça não for ganha para o Senhor na faculdade, talvez esteja mais aberta a considerar o chamado de Deus para sua vida quando der à luz seu primeiro filho. Com isso em mente, elaborou um plano no qual a igreja enviaria um pequeno presente e uma carta para cada mulher em nossa comunidade que desse à luz, convidando-a para adorar e ter comunhão na igreja caso não pertencesse a nenhuma. O plano seria surpreendentemente fácil de ser executado porque todos os nascimentos eram anunciados no jornal local.

Colocando o foco na expansão do Reino, Sherri ganhou o coração de seu esposo. É irônico, mas servindo fora de seu casamento, ela fortaleceu seu relacionamento com o marido.

Um casamento espiritualmente vivo permanecerá um casamento de dois indivíduos em busca de uma visão comum fora de si mesmos. Esse fato tem se comprovado através da história. Fiquei particularmente comovido ao ler as cartas de outro herói alemão, Conde Helmuth James Von Moltke, que, como Dietrich Bonhoeffer, foi um conspirador contra os nazistas.

A paixão de Von Moltke por sua esposa estava clara em suas cartas. Veja isso:

> Você não é um dos agentes de Deus para me tornar o que eu sou, antes, você é eu mesmo. Você é meu capítulo treze da Primeira Carta aos Coríntios... É somente em nossa união – você e eu – que formamos um ser humano completo. Nós somos... um pensamento criativo.

Ainda que Moltke amasse profundamente sua esposa, ele perdeu sua vida por participar da obra de Deus na terra. Apenas algumas horas antes de sua execução, Von Moltke escreveu outra carta apaixonada a sua esposa. Antes de ler, pergunte-se: "O que eu escreveria para meu cônjuge se soubesse que essa seria minha última carta?"

> Minha querida, minha vida chega a seu fim e posso dizer verdadeiramente a meu respeito: "Ele morreu na plenitude dos anos e de experiência de vida". Isso não significa que eu não continuaria vivendo alegremente, que eu não caminharia alegremente a seu lado nesta Terra. *Para isso, no entanto, eu necessitaria de uma nova comissão de Deus*, pois aquela para a qual ele me criou está cumprida[122] [ênfase acrescentada].

Mesmo com um casamento enriquecedor, apaixonado e recompensador, Von Moltke diz que para continuar vivendo, ele precisaria de uma nova comissão de Deus. Que declaração tremenda, vinda de um homem que em poucas horas seria enforcado! O que ajudou a tornar seu casamento tão rico foi o fato de Moltke ter olhado para fora de seu casamento para encontrar significado, o que, ironicamente, o tornou mais significativo.

Anteriormente neste livro eu falei sobre como é essencial que no casamento nos vejamos como "nós" em vez de "eu". Esse "nós", no entanto, não é alcançado através da absorção de um parceiro pelo outro, da esposa pelo marido ou do marido pela esposa. O apóstolo Paulo deixa claro que a cada um de nós são concedidos dons próprios e um papel específico para serem exercidos no Reino de Deus (veja Rm 12.4-8; 1Co 12.1-11). Cada um de nós deve ser apaixonadamente dedicado ao nosso próprio serviço fiel.

Um casamento maduro olha para além de si mesmo, abandonando não somente a tirania dos desejos individuais, mas também a tirania do conforto do casal. Um casal descreveu isso como a transição do *nós somos* para *nós nos importamos*. Essa transição se estabelece gradualmente. A vida sexual e o lazer de um casal são radicalmente transformados quando os filhos nascem. Mesmo o simples ato de se aprontar para ir à igreja se torna uma experiência exaustiva, só de trocar a fralda do bebê e preparar sua bolsa. O egoísmo da paixão inicial e a virtual intoxicação do amor jovem são colocados à prova para receber essa pessoa minúscula e exigente.

---

122 Conde Helmuth James von Moltke, *A German of the Resistence. The Last Letters of Count Helmuth James von Moltke* (Londres: Oxford Univ. Press, 1946), 51.

No primeiro estágio da criação dos filhos, os casais gradualmente começam a aprender o valor de servir. O que eles conseguem fazer fora de casa é limitado. Idealmente, conforme os filhos se tornam independentes e se mudam, o casal continuará a alimentar a vitalidade do serviço. Livre das exigências de criar filhos pequenos, um homem e uma mulher são liberados para focalizar um mundo mais amplo.

Vi meus próprios pais passarem por esse processo. Aos setenta anos de idade, meu pai completou seu décimo ano de aposentadoria, mas sua liberdade vocacional tem, na realidade, se tornado apenas um redirecionamento de serviço. Meus pais acabam servindo até nas férias.

Uma vez os visitei em um remoto local de acampamentos e eles contaram como, na noite anterior, tinham passado duas horas e meia consolando um homem que perdera a esposa recentemente. Eles nunca tinham visto aquele homem antes, mas ele percebeu que meus pais tinham ouvidos para ele. Eles foram constrangidos a desistir de participar do "Festival Musical" para aliviar a solidão de um homem em luto.

Logo depois, um jovem que acabara de sair de uma clínica psiquiátrica chegou ao acampamento com a família. Ele se apegou aos meus pais quase imediatamente a ponto de chamá-los de "vovô" e "vovó".

A aposentadoria pode ser um tempo solitário, mas meus pais mergulharam de cabeça na tarefa de fazer essa fase da vida representar alguns dos anos mais recompensadores e até mais agitados de suas vidas. Ainda que seja hora de diminuir o ritmo, tirar férias ocasionais e até sair em um cruzeiro marítimo, a maior parte do sentimento de realização e propósito tem vindo da constante disponibilidade para servir. Meu pai repete muitas vezes: "Eu não sei como é que eu arranjava tempo para trabalhar!"

Sem esse envolvimento e esse compromisso de servir, o casamento rapidamente se torna muito solitário. Um casamento egoísta é vazio. Fomos feitos para servir a Deus e não há afeição humana que possa aliviar essa fome por muito tempo.

Duas visões, uma vida

A ambição pode ser fatal.

Lou Kasischke participou de uma expedição comercial para escalar o Monte Everest em 1996. Ele testemunhou um dos piores desastres da história do alpinismo, uma calamidade que apareceu nos jornais no mundo inteiro, na qual várias pessoas pereceram na montanha mais alta da Terra. No decorrer daquele dia fatal, muitos alpinistas se recusaram a voltar, ainda que estivesse ficando tremendamente tarde para fazer a subida. Lou decidiu voltar e essa decisão salvou sua vida.

Embora ele estivesse seriamente decidido a alcançar o topo da montanha, não estava disposto a arriscar sua vida para chegar lá. Ele explicou por que:

> Eu achei que não conseguiria chegar lá e voltar vivo, ou, na melhor das hipóteses, perderia alguns dedos do pé e da mão. Outra coisa foi que [...] eu não estava realmente sujeito às mesmas pressões. [...] Na minha perspectiva das coisas, não era um caso de vida ou morte, não era a coisa mais importante do mundo, meu nome não iria aparecer nos jornais. A mídia, a fama, a fortuna, recordes e toda aquela coisa, que estavam em jogo [...] para alguns dos que faziam parte de nossa expedição. [...] Significava muito para mim, não quero que pensem que não. No entanto [...] minha ambição de chegar lá não sufocava todos os outros pensamentos da minha mente.[123]

A ambição pode ser fatal.

Aquela última frase ("minha ambição de chegar lá não sufocava todos os outros pensamentos da minha mente") fala muito. Tenho visto homens e mulheres cegos por sua própria ambição, até mesmo ambição religiosa, e esse tipo de ambição tem a tendência de sufocar tudo e todos à sua volta. Eles não enxergam o preço que estão obrigando seus queridos a pagar por causa de sua busca cega e obsessiva. Se o cônjuge não se alinha, geralmente acontece um assassinato espiritual, alguma coisa morre: a afeição, o relacionamento, a virtude. A morte de alguma coisa é certa.

123 Citado em Anatoli Boukreev e Weston DeWalt, *The Climb* (Nova Iorque: St. Martin's, 1997), 142.

Misturar ambição com relacionamentos é como misturar fogo e dinamite: a explosão é inevitável. Se vamos aprender como viver nossa missão no casamento, precisamos aprender a ser menos egoístas e mais conectados um com o outro. Temos que nos lembrar de que nossos cônjuges têm um chamado, assim como nós, e precisamos nos interessar pelo chamado *deles* o suficiente para saber o que os move e os enche de energia.

Quando Lisa e eu nos casamos estávamos em busca de duas missões aparentemente conflitantes.

Quando Lisa e eu nos casamos estávamos em busca de duas missões aparentemente conflitantes. Mais do que tudo, eu queria ser um escritor e a maioria dos escritores profissionais diria para os aspirantes o que geralmente digo: "Você realmente quer ser escritor? Case com uma mulher que possa sustentar você por dez anos!"

Lisa *nunca* quis trabalhar fora. Ela dedica-se ao *homeschooling* (sistema americano em que as crianças recebem a educação formal em casa em vez de frequentar a escola) e a criar um ambiente que conduz as crianças ao desenvolvimento intelectual, cultural e espiritual.

Diante disso você pode facilmente ver o potencial para a criação de tensão no relacionamento, não? Como escritor, não ganho nem um décimo do dinheiro que Lisa precisaria para realizar seus sonhos. Como dona de casa, ela não ganha um salário para me ajudar a construir uma carreira de escritor autossuficiente.

Estaria mentindo se sugerisse que essa situação não provocou discussões acaloradas em nosso lar. Olhando para trás, essas "diferenças irreconciliáveis" podem ser vistas como complementares, porque nenhum de nós insistiu que o outro perdesse o debate. Respeitando o chamado que Deus fizera a cada um de nós, conseguimos fazer progressos, ainda que mais demoradamente do que os dois gostariam. Mesmo assim, quando olhamos novamente para trás, a aparente lentidão nos ajudou a criar mais paciência e menos egoísmo em cada um de nós. Duas qualidades de extraordinário valor espiritual.

A questão é que *nós* pensávamos que estávamos com a razão: "*Deus, porque o Senhor não permite que as coisas corram como eu quero?*" O problema é que nossas pressuposições estavam totalmente equivocadas. O que nós queremos pode ter o potencial de nos destruir. Se nossos olhos estão fixos no topo do Everest a ponto de esquecermos que precisamos voltar enquanto há tempo, podemos muito bem afundar com nossos próprios desejos.

Há mais de dois mil anos um jovem governador da Espanha chegou até uma estátua de Alexandre, o Grande, e chorou abertamente. Esse governador tinha acabado de fazer trinta anos e se encheu de vergonha ao comparar suas realizações com as que o grande conquistador tinha alcançado na mesma idade. Muitos de nós podemos pensar que se tornar o governador da Espanha aos trinta anos não é coisa para se envergonhar, mas esse jovem estava arrasado.

O que nós queremos pode ter o potencial de nos destruir.

Menos de três décadas mais tarde, um governador de nome Júlio Cesar tinha se tornado um dos líderes e generais mais poderosos da história. De fato, ele se tornou tão poderoso que seus amigos e conselheiros mais próximos fizeram um complô para matá-lo. Eles acharam perigoso que um homem, ainda que nobre, possuísse tanto poder.

O assassinato ocorreu dentro de um edifício. Para que ninguém pudesse ser acusado pelo assassinato (não é fácil acabar com um rei!), cada conspirador concordou em infligir pelo menos uma facada nele. Os malfeitores fizeram um círculo ao redor de Júlio com suas facas apontadas para ele. Cesar lutou ferozmente, causando, por sua vez, não pouco dano. Ele era um homem forte e alguns de seus conspiradores pagaram caro por sua traição.

Cesar continuou lutando até o momento em que viu seu bom amigo Brutus. A dor do reconhecimento trouxe o fim da resistência. Houve um estranho silêncio. Nesse momento, Cesar pronunciou as famosas palavras "Et tu Bruto" ("Até tu, Brutus?"). Ao ver Brutus fugiu-lhe o desejo de lutar. Uma coisa é ser traído por seus colegas, outra completamente diferente é ser atacado por um grande amigo. Cesar parou de lutar, cobriu-se com sua capa e deitou-se, deixando que seus conspiradores o esfaqueassem à vontade.

Quando Júlio César desejou essa fama, nunca pensou que ela voltaria seus melhores amigos contra ele. Posso imaginar poucas coisas mais agoniantes do que ser ferido e traído por seus amigos mais queridos e confiáveis.

A ambição é um esforço violento, com certeza, no qual sacrificamos tudo para alcançá-la e ela pode se voltar contra nós e nos enterrar, mesmo no ponto máximo de sua realização. Talvez Deus tenha nos dado o casamento para moderar e redirecionar nossos sonhos. Forçados a fazer concessões, aprendemos a reavaliar o que realmente importa. Somos solicitados a reconsiderar nossas prioridades e diminuir o ritmo o bastante para olhar para as opiniões ou as necessidades de outra pessoa.

Entre as coisas mais tristes que já li estão as três autobiografias de Donald Trump. Não me pergunte por que eu li todas as três. Nem eu sei. No final da terceira você tem a clara figura de um homem que perseguiu cegamente seus sonhos financeiros e perdeu a intimidade que poderia ter dado significado a esses sonhos. Um dos problemas com sua primeira esposa, Ivana, é que ela queria conversar sobre o trabalho em casa e Donald queria descansar. Em seguida, ele casou-se com uma jovem chamada Marla que não tinha o menor interesse na administração de hotéis e queria construir um lar, mas nesse caso, ironicamente, Donald foi ficando irritado com uma mulher que queria que ele chegasse *a tempo em casa para a hora do jantar.*

Em vez de fazer concessões e descobrir o que poderia ter aprendido com sua mulher, Donald trocava de esposa. Ele havia experimentado os dois extremos do espectro: ambição no trabalho e na vida doméstica e nenhuma dessas coisas lhe trouxe satisfação. Podemos imaginar o calor humano que todos esses edifícios e cassinos que ele tem produzem tarde da noite quando ele dorme sozinho ou na companhia de uma mulher que não tem uma história importante com ele.

Entre as coisas mais tristes que já li estão as três autobiografias de Donald Trump.

As obrigações do casamento exigem que saiamos de nós mesmos para nos ajudar a lembrar de que a nossa visão do mundo não é a única. Deus está edificando toda uma igreja e cada membro é crucial. O olho, a mão, o pé, a boca, tudo tem um papel a desempenhar (veja 1Co 12.14-31). Somos apenas uma engrenagem da máquina e, francamente, Deus pode substituir qualquer um de nós sem hesitação.

Quando estava na faculdade, fiquei profundamente triste com a morte de Keith Green, um grande músico cristão que tinha uma capacidade extraordinária para alcançar adolescentes. Como Deus poderia permitir que um líder tão importante pudesse morrer? No entanto, nem Dietrich Bonhoeffer, o grande escritor e professor alemão, nem Blaise Pascal, o brilhante pensador e apologista cristão chegaram aos quarenta anos. Nem o próprio Jesus viveu até os quarenta anos nesta Terra.

Essa realidade me ensina de forma clara que minha fidelidade é importante, mas meu serviço não é essencial. A igreja cristã pode muito bem continuar se eu não escrever mais nenhum livro, nem falar em mais nenhum retiro. Ela não vai deixar de dar nem um único passo.

Essa realidade me ensina de forma clara que minha fidelidade é importante, mas meu serviço não é essencial.

Gostaria de ter dado a Lisa a casa de seus sonhos e sei que ela desejou que eu fosse um escritor desde o início de nosso casamento. Nós dois somos fracos o suficiente para, se pudéssemos escolher, voltar atrás e tomar o caminho mais fácil. No entanto, não sei se no final isso seria bom para nós. Como César, atingir nosso objetivo da mocidade pode nos destruir.

Olhando além do casamento

A importância do serviço, olhando além do relacionamento do casamento, é necessária, porque o próprio casamento não é eterno. Quando Deus nos providencia um cônjuge não há garantia de que esse cônjuge estará conosco por toda a vida. Certamente esperamos que seja assim, mas poucos casamentos terminam com mortes simultâneas. O casamento é para este mundo, e este mundo está morrendo – em tempos diferentes para cada um de nós e para todos nós. Otto Piper sugere: "a perda de um cônjuge não é simplesmente um acontecimento triste [...] é uma intervenção divina pela qual o casamento é encerrado a fim de que o parceiro sobrevivente se dedique totalmente ao serviço de Deus na igreja".[124] Ouça cuidadosamente a esta conclusão: "Portanto, cada estágio do desenvolvimento

124 Piper, *The Biblical View of sex and Marriage*, 78.

sexual do indivíduo depende de se estar sujeito à lei de Deus e também é uma execução parcial do plano divino de redenção".

Quando o casamento é colocado no contexto do plano redentor de Deus, permanecemos casados, no que depende de nós, como um meio de expressar o compromisso de Deus para com seu povo. Quando um casamento é terminado pela vontade de Deus, ou seja, através da morte, nosso propósito final não mudou. Agora estamos "livres" para, quem sabe, servirmos mais ativamente a Deus trazendo o conhecimento de seu plano redentor a outras pessoas.

Quando o casamento se torna nossa busca principal, nosso prazer no relacionamento será prejudicado pelo medo, pelo sentimento possessivo e pelo egocentrismo. Fomos criados para admirar, respeitar e amar alguém que tem um propósito maior do que nós mesmos, um propósito centrado na obra incansável de Deus de atrair seu povo para seu coração de amor.

Quando o casamento se torna nossa busca principal, nosso prazer no relacionamento será prejudicado pelo medo, pelo sentimento possessivo e pelo egocentrismo.

Permitimos que o casamento aponte para além de nós quando aceitamos duas missões centrais: tornarmo-nos as pessoas que Deus nos criou para ser e realizarmos a obra que Deus nos deu para fazer. Se abraçarmos – não só aceitarmos, mas abraçarmos ativamente – essas duas missões, teremos uma vida rica, significativa e de sucesso. A ironia é que, provavelmente, teremos também um casamento feliz, mas isso virá como um subproduto do ato de colocar todas as outras coisas em ordem.

Perguntas para reflexão e discussão

1. Antes de se casar, o que você sentia que Deus queria fazer em sua vida? Qual era a missão de vida de seu cônjuge antes de vocês se casarem? Como o casamento afetou essas missões de vida? Como você se sente sobre isso?

2. De alguma forma, você já cometeu o que Gary chama de "fraude espiritual", isto é, concordando em se casar, mas depois agindo como solteiro depois do casamento? O que você precisa fazer para renunciar a esse pecado?

3. Como podemos encontrar o equilíbrio entre a fidelidade ao nosso chamado e a fidelidade ao nosso voto matrimonial?

4. Você acredita que sua ambição ou a ambição de seu cônjuge possa estar sufocando seu relacionamento? Se isso for verdade, qual seria a melhor maneira de confrontar isso?

5. Honestamente considere como uma antiga ambição que se concretizou possa ter prejudicado você e/ou seu casamento.

6. Em que ministérios da igreja você está envolvido? Em que ministérios seu cônjuge está envolvido? Quais vocês exercem juntos? Seu casamento é mais saudável (ou mais enfraquecido) porque vocês servem em um ambiente fora de seu lar?

7. Considere os efeitos que esses estágios da vida familiar podem trazer ao ministério:
   - Recém-casados, sem filhos;
   - Casados com crianças pequenas;
   - Criando adolescentes;
   - Casais com o ninho vazio.

   Quais são as vantagens e os desafios de cada fase da vida no que se refere a viver seu chamado para o ministério?

8. O que você acha que aconteceria em um casamento se o casal se preocupasse somente com a satisfação emocional um do outro e excluísse qualquer envolvimento ou serviço com a obra de Deus?

9. Como o fato de você ser casado molda e fortalece a maneira pela qual você exerce seu ministério?

Epílogo

O CASAL SANTO

Em nosso casamento dizemos à próxima geração como os cristãos veem o sexo, o casamento e a fidelidade. Somos profetas na alegria ou na tristeza do futuro do casamento cristão.

— Evelyn e James Whitehead

Nossos casamentos são campos de prova para que Deus nos ganhe para si mesmo. São treinamento básico para aquele Casamento que não decepcionará.

— Dan Allender e Tremper Longman III

Eu estava sozinho dirigindo meu carro. Estava longe de minha família há mais de uma semana devido a uma viagem a trabalho quando ouvi uma canção que me fez parar para pensar. Depois de apresentar realisticamente uma desavença relacional, o cantor anima o ouvinte com o seguinte coro: "Ninguém aqui vai dizer adeus, não, ninguém aqui vai embora. Dessa vez, querida, estou aprendendo a amar você, a amar você. Ninguém... nunca tentou amar você como eu te amo".

Tirando o inglês ruim da letra original, essa é uma declaração profunda. Ela é inegavelmente bíblica porque o foco está em aprender a amar mais do que qualquer outra coisa. Compreendo que, se eu conseguir amar Lisa como ninguém jamais amou ou amará, estarei sendo apenas um "bom" marido. Meu alvo é que, no final da vida, Lisa possa dizer: "Gary tinha seus defeitos e houve alguns contra os quais lutou a vida toda, mas apesar de tudo, ele me amou como ninguém poderia me amar ou me amará".

Os pais de Lisa tiveram cinco filhos, portanto não puderam dar a ela o amor exclusivo que eu posso dar. Nossos filhos têm pai e mãe, portanto não podem se concentrar em Lisa como eu. É minha tarefa, chamado e missão passar pelos obstáculos e dificuldades do casamento e declarar: "Ei, eu nunca irei embora e, acima de tudo, (você pode perceber que não tenho jeito para poeta), vou amar você como nunca foi amada".

Estou melhorando. Depois daquele aniversário desastroso anos atrás, aprendi a comprar presentes para Lisa. Para falar a verdade ela reluta em me dar ideias porque acha que eu faço um trabalho melhor sozinho e ela gosta de surpresas. Passeando por uma loja em um Natal recente sabia que Lisa adoraria ganhar um travesseiro japonês de trigo sarraceno, mesmo que ela nunca tivesse ouvido falar de sua existência. As crianças acharam maluquice, mas eu tinha certeza de que ela gostaria e sabia que isso mostraria a ela como eu a tinha estudado e a conhecia mais do que qualquer outra pessoa.

E eu estava certo.

Tenho errado em muitas coisas em meu casamento. Houve momentos de traição, apatia, grosseria, egoísmo, mas o casamento é uma longa caminhada. Podemos começar meio devagar, algumas vezes errar o caminho e, ainda assim, salvar a jornada mais importante da vida.

Se encararmos o casamento como uma oportunidade de buscar a excelência no amor, não importa o quão difícil seja a pessoa a quem somos chamamos a amar, não importa se esse amor é ou não correspondido. Ainda assim podemos ser excelentes em amar. Ainda podemos dizer: "Goste ou não, vou amar você como ninguém nunca amou".

Isso reflete o próprio amor de Cristo, um amor sem comparação, infinitamente mais profundo do que qualquer amor humano que possamos conhecer. É um amor grávido da oportunidade de um nascimento e um renascimento espiritual. O sacerdote da igreja ortodoxa russa Yelchaninov escreveu que "uma única experiência vívida de amor nos fará progredir muito mais e certamente protegerá muito mais nossas almas do mal do que a mais árdua batalha contra o pecado".[125]

Não precisamos mais estudar o poder do amor humano para alimentar nosso amor divino. Em vez de ver o casamento como um competidor cósmico do céu, podemos encará-lo como uma escola de fé. Maximus, o Confessor (580-662 d.C.) observou que o amor que temos por Deus e o que temos pelas outras pessoas não são dois amores distintos, mas "dois aspectos de um único amor total".[126] Jesus afirmou a mesma coisa quando respondeu a uma pergunta sobre qual seria o maior mandamento: ele declarou que não havia um, mas dois mandamentos: devemos não só amar a Deus, mas também nosso próximo.

Esse é um amor que pode ser praticado pelos dois parceiros no casamento. Se o seu cônjuge não está disposto a participar, você ainda pode aprender a crescer amando-o.

Há, porém, outro desafio quando dois cristãos estão comprometidos a buscar uma realidade mais profunda no casamento: a formidável tarefa de trabalhar para se tornar, não apenas um cônjuge santo, mas um casal santo.

Pioneiros

Certa vez comentei em uma igreja que seria um grande elogio se alguém me dissesse: "Esse foi o sermão menos original que eu já ouvi". Minha missão tem sido integrar as Escrituras, a história da igreja e os escritores cristãos clássicos aplicando essa sabedoria hoje. Não estou tão interessado em apresentar ideias novas como estou em recapturar a relevância contemporânea das ideias antigas que têm sido esquecidas.

---

125 Alexander Yelchaninov, "Fragments of a Diary: 1881-1934", in: *A Treasury of Russian Spirituality*, citado em Oliver, *Conjugal Spirituality*, 53

126 Citado em Oliver, *Conjugal Spirituality*, 24.

Noventa por cento do ensino a respeito da vida espiritual deve ser colocado no contexto do casamento.

No entanto, embora não estejamos apresentando novas ideias quanto à espiritualidade conjugal, certamente estamos caminhando com a minoria. A espiritualidade cristã tem sido inegavelmente focada no celibato, em uma busca solitária de Deus. Essa ênfase precisa mudar. A maior parte da igreja serve a Deus dentro do relacionamento familiar, o que nos faz pensar que noventa por cento do ensino a respeito da vida espiritual deva ser colocado no contexto do casamento.

Inspiro-me nas palavras de Mary Anne McPherson Oliver:

> A santidade conjugal é um ideal removido para longe da maior parte do que vemos e experimentamos... Se há casais santos por aí, talvez nem os reconheçamos, e se nunca procuramos a obra do Espírito na sexualidade, provavelmente não a notamos. Além disso, os santos são raros e os casais santos devem ser estatisticamente ainda mais raros. Logicamente pode-se esperar uma proporção de três para um, pois não há somente dois seres humanos, mas um relacionamento a ser aperfeiçoado.[127]

E se alguns casais cristãos assumirem esse desafio pioneiro e conseguirem se tornar um "casal santo"? Não mais definindo seu relacionamento com Deus em termos solitários, mas trabalhando juntos para apresentarem-se como uma unidade santa, um par de querubins no meio dos quais a presença de Deus é radicalmente vivida?

Esse é, no mínimo, um convite interessante. Alguém quer atender a esse apelo em tempos como os de hoje?

---

127 Oliver, *Conjugal Spirituality*, 75.

Perguntas para reflexão e discussão

1. Você pretende fazer a seguinte oração pelo menos algumas vezes por semana? "Senhor, como posso amar meu cônjuge hoje como ele ou ela nunca foram amados?"

2. O que mais o atrai a respeito do desafio de Gary de você e seu cônjuge tornarem-se um "casal santo"? O que o preocupa a respeito desse desafio?

3. Ao considerar tudo o que você leu, cite uma ou duas áreas que você pode começar a remodelar para que seu casamento honre a Deus.

Bibliografia

ALENDER, Dan e LONGMAN, Tremper. *Intimate Allies.* (Wheaton, Il.: Tyndale House, 1995).

ALSDURF, Phyllis. "McCartney on the Rebound", In: *Christianity Today* (18 de maio de 1998).

BAILEY, Derrick Sherwin. *The Mystery of Love and Marriage: A Study in the Theology of Sexual Relations* (Nova Iorque: Harper and Brothers, 1952).

BARGER, John. "Do You Love me?" (folheto) (Manchester Sophia Institute, 1987).

BARRET, C. K. "A Commentary on the second Epistle to the Corinthians" (2ª ed.), In: *Harpers's New Testament Commentaries* (Nova Iorque: Harper e Row, 1973).

BERG, A. Scott. *Lindbergh* (Nova Iorque: G. P. Putnam's Sons, 1998).

BEST, Harold. *Music Through the Eyes of Faith* (São Francisco: Harper-San Francisco, 1993).

BONHOEFFER, Dietrich. *The Cost of Discipleship* (Nova Iorque: Macmillan 1963 rev.ed.), 149.

______________. *Resistência e submissão: cartas e anotações escritas na prisão* (São Leopoldo: Sinodal, 2003).

BOUKREEV, Anatoli e DEWALT, Weston. *The Climb* (Nova Iorque: St. Martin's, 1997).

CARNEGIE, Dale. *Como fazer amigos e influenciar pessoas*. (52ª Ed.) (São Paulo: Nacional, 2012).

CHADWICK, Roxanne. *Anne Morrow Lindbergh: Pilot and Poet* (Mineápolis: Lerner, 1987).

DRAPER, Robert. "Death Takes a Honeymoon", In: *GQ* (Junho 1998).

ELLUL, Jacques. *Prayer and Modern Man* (Nova Iorque: Seabury, 1979).

FEE, Gordon. *New International Commentary on the New Testament* (Grand Rapids: Eerdmans 1994).

FÉNELON, François de Salignac de la Mothe. *Christian Perfection* (Mineápolis: Bethany House, 1975).

FOOTE, Shelby. *The Civil War: A Narrative* Vols. 1 e 2 (Nova Iorque: Random House, 1958, 1963).

FRIEDMAN, Jack e SANDLER, Barbara. "Winning a Home", In: *People* (11/1/99).

GILBERT, Elizabeth. "Losing is not na Option", In: *GQ* (setembro de 1999).

GLASPER, Terry. *Pathway to the Heart of God* (Eugene, Or.: Harvest House, 1998).

HART, Thomas N. *Living Happily Ever After: Toward a Theology of Christian Marriage* (Nova Iorque: Paulist, 1979).

HART, Thomas N. e HART, Kathleen Fischer. *The First Two Years of Marriage* (Nova Iorque: Paulist, 1983).

______________. "The Call to Holiness in Marriage", In: *Spirituality Today* 36, n° 1 (Primavera 1984).

HERMANN, Dorothy. *Anne Morrow Lindbergh: A Gift for Life* (Nova Iorque: Ticknor and Fields, 1993).

HUGHES, Philip E. *The Second Epistle to the Corinthians: New International Commentary on the New Testament* (Grand Rapids, Eerdmans, 1962, 1982).

IRMÃO LAWRENCE. *Praticando a presença de Deus* (Rio de Janeiro: Danprewan, 1997).

JENKINS, Jerry. *Hedges: Loving Your Marriage Enough to Protect It* (Brentwood, Ten.: Wogelmuth and Hyatt, 1989).

LANE, Belden C. "Rabinical Stories", In: *The First Two Years of Marriage* (Nova Iorque: Paulist, 1983).

LAW, William. *A Serious Call to a Devout and Holy Life* (Nova Iorque: Paulist, 1978).

LEITES, Edmund. *The Puritan Conscience and Modern Sexuality* (New Haven, Yale Uni. Press, 1986).

LEWIS, C. S. *The Four Loves* (Nova Iorque: Harcourt Brace, 1971).

______________. *The Allegory of Love: A Study of Medieval Tradition* (Nova Iorque: Oxford Univ. Press, 1985).

______________. *Cartas de um diabo a seu aprendiz*, 2ª ed (São Paulo Martins Fontes, 2009).

LINCOLN, Abraham. *Speeches and Writings, 1832-1858* (Nova Iorque: The Library of America, 1989).

LINDBERGH, Anne Morrow. *Bring Me a Unicorn.* (Nova Iorque: Harcourt Brace Jovanovich, 1971).

______________. *Hour of Gold, Hour of Lead.* (Nova Iorque: Harcourt Brace Jovanovich, 1973).

MAHANEY, C. J. "God's Purpose and Pattern for Marriage", In: *According to Plan* (série em audio) (Gaithersburg, Md.: PDI Communications, 1994).

______________. "A Husband's Responsibilities", In: *According to Plan* (série em audio) (Gaithersburg, Md.: PDI Communications, 1994).

MOLTKE, Conde Helmuth James von. *A German of the Resistence. The Last Letters of Count Helmuth James von Moltke* (Londres: Oxford Univ. Press, 1946).

MORRIS, Leon. *The Gospel According to John: New International Commentary on the New Testament* (Grand Rapids: Eerdmans, 1971).

OLIVER, Mary Anne McPherson. *Conjugal Spirituality: The Primacy of Mutual Love in Christian Tradition* (Kansas City: Sheed e Ward, 1994).

______________. "Conjugal Spirituality", In: *Spirituality Today* 43, n°1 (Primavera 1991).

OWEN, Frederick. *Abraham Lincoln: The Man and His Faith* (Wheaton, Il: Tyndale House, 1976).

OWEN, John. *Sin and Temptation*. (Portland: Multnomah, 1983).

PASCAL, Blaise. *Pensées*. (Nova Iorque: Penguin, 1966).

PETERSON, Eugene. *Take and Read* (Grand Rapids: Eerdmans, 1996).

PIPER, Otto. *The Biblical View of Sex and Marriage* (Nova Iorque: Scribner's, 1960).

PORTER, Katherine Anner. "The Necessary enemie", In: *The Collected Essays and Ocasional Writings of Katherine Anne Porter* (Nova Iorque: Delacorte, 1970).

PSEUDO-ATANÁSIO, "The Life and Activity of the Holy and Blessed Teacher Syncletica", In: *Ascetic Behavior in Greco Roman Antiquity*. Vincent Winbush, ed. (Mineápolis: Fortress, 1990).

RICUCCI, Gary e RICUCCI, Betsy. *Love That Lasts: Making a Magnificent Marriage* (Gaithersburg, Md.: PDI Communications, 1993).

SALES, Francisco de. *Thy Will Be Done: Letters to Persons in the World* (Manchester: Sophia Institute, 1995).

THOMAS, Gary. *The Glorious Pursuit: Embracing the Virtues of Christ* (Colorado Springs: NavPress, 1988)

TRUEBLOOD, Elton. *The Humor of Christ* (Nova Iorque: Harper e Row, 1964).

TYLER, Anne. *A Patchwork Planet* (Nova Iorque: Knopf, 1998).

TYTELL , John. *Passionate Lives* (Nova Iorque: Birch Lane, 1991).

WHITEHEAD, Evelyn Eaton e WHITEHEAD, James D. *Marrying Well: Stages on the Journey of Christian Marriage* (Nova Iorque: Doubleday, 1983).

_____________. *A Sense of Sexuality: Christian Love and Intimacy* (Nova Iorque: Dobleday, 1989).

YANCEY, Philip. *Maravilhosa Graça* (São Paulo: Vida, 1999).

YELCHANINOV, Alexander. "Fragments of a Diary: 1881-1934", In: *A Treasury of Russian Spirituality.*

Sobre o livro:
Formato: 16 x 23
Tipo e tamanho: Palatino Linotype 11/16
Papel: Capa - Cartão 250 g/m2
Miolo - Polen Soft 70 g/m2